Sobrevivir a toda velocidad

SOBREVIVIR A TODA VELOCIDAD

UN AÑO EN LA FÓRMULA 1

GUENTHER STEINER

PRÓLOGO DE STEFANO DOMENICALI

Traducción de Joan Eloi Roca

PRINCIPAL

Primera edición: mayo de 2023
Título original: *Surviving to Drive. A Year In The Pit Lane With Formula 1's Biggest Character*

© Guenther Steiner, 2023
© de la traducción, Joan Eloi Roca, 2023
© de esta edición, Futurbox Project, S. L., 2023
Todos los derechos reservados, incluido el derecho de reproducción total o parcial

Diseño de cubierta: Anthony Maddock/TW
Fotografía de cubierta: ©Team Haas
Corrección: Alicia Álvarez

Publicado por Principal de los Libros
C/Aragó, 287, 2.º 1.ª
08009, Barcelona
info@principaldeloslibros.com
www.principaldeloslibros.com

ISBN: 978-84-18216-66-4
THEMA: SMF
Depósito Legal: B 9934-2023
Preimpresión: Taller de los Libros
Impresión y encuadernación: Liberdúplex
Impreso en España — *Printed in Spain*

«Mucha gente critica la Fórmula 1 por considerarla un riesgo innecesario. Pero ¿cómo sería la vida si solo hiciéramos lo necesario?».
NIKI LAUDA

Índice

PRÓLOGO DE STEFANO DOMENICALI

Guenther Steiner es, sin duda, uno de los seres humanos más singulares que he tenido el placer de conocer y no me refiero solo al ámbito del automovilismo, sino a todos los ámbitos de la vida. Es desgarradoramente honesto; franco hasta rozar lo peligroso; a veces, testarudo de forma exasperante; fiable de manera inusual; en ocasiones, inspirador; divertido en todo momento y, a menos que haya niños en la sala, ¡no tiene filtro! Incluso la forma de hablar de Guenther es única. Después de todo, ¿conoce a alguien que suene como Guenther Steiner? Porque yo no.

Conocí a Guenther hace veintidós años cuando él trabajaba para Niki Lauda en el equipo de Fórmula 1 de Jaguar. Recuerdo que, después de conocerlo, pensé: «Vaya, ¿de dónde demonios ha salido este tipo?». Cuando supe que Guenther había nacido y crecido en la ciudad italiana de Merano, en la frontera italo-austriaca, y que había trabajado varios años en el circuito de *rallies* antes de irse con Niki, todo cobró sentido. La gente que trabaja en *rallies* rara vez tiene pelos en la lengua, igual que tampoco los italianos originarios de esa zona del país. En gran medida, era y sigue siendo un producto tanto de su pueblo como de su entorno.

No fue hasta que él se acercó a mí en Ferrari, muchos años después, cuando empecé a conocerlo. Tenía el sueño de crear un equipo estadounidense de Fórmula 1 y quería mi ayuda. Guenther contará la historia él mismo, pero lo que quiero decir aquí es que su pasión por el proyecto y su conocimiento del deporte y del automovilismo fueron tan decisivos para que yo apoyara su sueño como el propio concepto en sí. Aquello, por supuesto, se convirtió en el equipo Haas F1 y, aunque es obvio que no soy imparcial por mi cargo de director general de la Fórmula 1, estoy orgulloso del papel que desempeñé en dar vida al equipo.

Tras entablar una relación comercial, Guenther y yo forjamos una amistad que ha evolucionado a lo largo de los años y que creo que ambos valoramos mucho. A veces me preguntan si imaginaba que la docuserie *Drive to Survive* catapultaría a mi amigo de ser un director de equipo por lo general anónimo, pero muy respetado, a una superestrella mundial. La verdad es que, por mucho que valore a Guenther como amigo, nunca me planteé ni por un momento el efecto que su personalidad y su carácter tendrían en el público o, ya que estamos, en el deporte. De haberlo sabido, ¡habría advertido a todos de lo que se les venía encima! Sin embargo, el hecho es que esta docuserie ha creado un monstruo que parece que ha encandilado a medio mundo y que creo que es una auténtica fuerza positiva en nuestro deporte.

Cuando me di cuenta de que Guenther había captado el interés del público, le di un consejo: asegúrate de que sigues siendo tal como eres. «No cambies nunca, Guenther», le dije. «Sé tú mismo en todo momento». Por suerte, creo que siempre lo será.

Espero que disfrutes del libro.

Stefano Domenicali
Londres, enero de 2023

FUERA DE TEMPORADA

Lunes, 13 de diciembre de 2021 - Circuito de Yas Marina, isla de Yas (Abu Dabi)

Es probable que a mucha gente no le sorprenda que empiece mi libro con una palabrota, pero todo lo que puedo decir es: ¡gracias a Dios que se ha acabado la puta temporada! Ha sido una pesadilla de principio a fin. No bebo mucho, pero este año he estado tentado de dedicarme a ello de manera profesional. Inyectarme *whisky* en vena con un maldito gotero. ¡Eso es lo que me habría hecho falta en algunos momentos!

Aunque no ha sido solo este año; la mierda se remonta incluso más atrás. Puede que todo empezase al cancelarse la carrera en Melbourne a principios de 2020. Pensábamos que volveríamos a competir en un par de semanas, pero lo que en realidad teníamos por delante eran meses y meses de incertidumbre. ¿Sobreviviremos? ¿Volveremos a competir? Nadie lo sabía. No es ningún secreto que lo más probable es que hubiese cuatro equipos que podrían haberse hundido con facilidad durante ese período, incluido el nuestro. Pete Crolla, nuestro director de equipo, mantenía reuniones con la FIA y la Fórmula 1 dos o tres veces por semana y, luego, nos lo contaba todo a Gene Haas y a mí, que intentábamos mantener todo a flote. Incluso el propio deporte de la Fórmula 1 estuvo en peligro durante un tiempo porque no sabíamos cuánto duraría la pandemia. ¿Serían tres meses? ¿Tres años? ¿Tres generaciones?

Al final, básicamente se clausuró la Fórmula 1 durante unos noventa días. Es increíble, si lo piensas, sobre todo para un deporte famoso por su progresión. El único momento en el que se acerca al cierre es durante las vacaciones de verano y en Navidad, pero, incluso entonces, hay muchas cosas en marcha. Yo, por ejemplo. ¿Crees que desconecto en verano y en Navidad? No seas ridículo, tengo cosas que hacer. Esos noventa días, sin embargo, fueron una época bastante jodida.

Lo que la Fórmula 1 en su conjunto hizo bien durante esos noventa días fue seguir adelante como si las cosas fueran a mejorar, al menos, en la medida de lo posible. Esto significaba que, en cuanto pudiéramos salir a respirar y empezar a correr de nuevo, estaríamos listos para hacerlo. Mucha gente trabajó duro para que eso sucediera y fue un gran riesgo. Quiero decir, ¿cuánto tiempo puedes mantener un motor en marcha antes de que, al final, se quede sin gasolina o se estropee? Fue un momento de muchos nervios.

Nosotros, como equipo, tuvimos que reestructurarnos a fondo para mantenernos en funcionamiento, no fue solo un caso de seguir adelante y esperar lo mejor. Es más, nadie fue capaz de hacer ni tan siquiera eso. Uno de los elementos del programa de «vuelta a las carreras» que idearon la FIA y la Fórmula 1 era la continuación de la normativa existente, así que, en lugar de producir un concepto de coche nuevo por completo para la temporada siguiente, tuvimos que desarrollar los existentes. Por desgracia y por razones que explicaré muy pronto, nuestro coche de 2020 no era excelente, así que, en lugar de intentar ponerlo a punto durante el resto de 2020 y a lo largo de 2021 —lo que, para ser sincero, habría sido como intentar pulir un zurullo—, tomamos la decisión de volver a utilizarlo tal como estaba, más o menos, y poner todo nuestro empeño en desarrollar un nuevo concepto de coche utilizando las nuevas regulaciones que iban a entrar en vigor.

Aquí debo rendir homenaje a Gene, porque, de buena gana, podría haber adoptado un punto de vista diferente y haber dicho que le den a este juego de idiotas. Creo que mucha gente lo habría hecho, especialmente con toda la incertidumbre que todavía rodeaba a este deporte. Incluso cuando empezamos a competir de nuevo, nadie sabía cuánto tiempo aguantaríamos. Todos los días leíamos noticias sobre nuevas cepas del covid, por lo que siempre estábamos mirando por encima del hombro.

En todos mis años en el automovilismo, la decisión de cancelar la temporada 2021 ha sido la más difícil en la que he participado. Todos somos personas competitivas, por lo que optar por ser una mierda durante toda una temporada va en contra de todo aquello en lo que creemos y por lo que nos esforzamos cada día. Cada fin de semana en el que debería haber habido carrera hacía que el equipo cayese en una espiral descendente. Al llegar a la pista, todos intentaban ser optimistas, pero luego, a lo largo del fin de semana, empezaban a hundirse. «¿Qué hacemos aquí?», decían. «¡Esto es una mierda!». Mi principal cometido durante toda esa temporada fue decirle al equipo tantas veces como hiciera falta por qué hacíamos lo que hacíamos y recordarles que había luz al final del túnel, o quizá debería decir «del túnel de viento». Ya lo veis, ¡también soy un puto cómico!

«Mirad, chicos, se avecinan tiempos mejores», les decía una y otra vez. «Tenéis que creerme». Por fortuna, lo hicieron y se aferraron a ello. En este momento, contamos con un grupo de gente muy muy buena en el equipo y el sesenta por ciento de nuestro personal lleva cuatro o cinco años o incluso más con nosotros, lo que está muy bien. Puede que a veces no retengamos muy bien la forma, pero se nos da muy bien retener al personal.

Hicimos bien en cancelar la temporada de 2021, estoy seguro de ello y Gene también. En 2020 —que para nosotros fue una temporada normal en términos de gasto y desarrollo, pero que resultó ser una mierda por todo tipo de razones—, nuestro presupuesto fue de, aproximadamente, 173 millones de dólares, mientras que el de Ferrari fue de 463 millones y el de Mercedes, incluso más que eso: casi 500 millones. Es una gran diferencia. Incluso si hubiéramos gastado la mitad de nuestro tiempo asignado con el coche de 2021 en el túnel de viento, habríamos terminado últimos. ¿Por qué íbamos a hacer eso? Llevo treinta y seis años en el automovilismo y, a veces, hay que rendirse ante las circunstancias y mejorar las cosas cuando se puede.

En 2021, como parte de las nuevas reglas que se diseñaron para hacer el deporte más competitivo, la parte del presupuesto que es crítica para el rendimiento —diseño y desarrollo, fabricación de componentes y pruebas— se limitó a 145 millones de dólares por equipo y, para aprovecharlo al máximo, decidimos correr con el bólido de 2020 en 2021 e inyectar todo el dinero que pudiéramos en el desarrollo del coche para 2022. Los tres salarios más altos de cada equipo no se incluyen en este límite, lo que significa que los chicos de Mercedes, Ferrari y Red Bull todavía tienen ventaja porque pueden contratar a los mejores o, al menos, a tres de ellos. Me parece bien, es mejor de lo que era.

Todos somos gente competitiva y es obvio que las personas que trabajan para cada uno de los equipos de la parrilla quieren que al suyo le vaya bien. Vale, no tiene pinta de que vayamos a ganar muchas carreras a corto plazo. Sin embargo, en 2018, Haas, que era y sigue siendo el equipo más pequeño de la parrilla, sumó noventa y tres puntos y terminó quinto en el Campeonato Mundial de Constructores. No está nada mal para un equipo que, además, solo tenía tres años en aquel momento. No somos estúpidos.

Lo único que de verdad hizo que el equipo siguiera adelante la temporada pasada fue que, en segundo plano, estuvimos desarrollando un coche que esperamos que nos vuelva a hacer competitivos en 2023. Hasta ahora en nuestra historia hemos tenido dos temporadas prometedoras en 2016 y 2017, una jodidamente brillante en 2018, otra bastante difícil en 2019, una de mierda en 2020 y una temporada muerta en 2021. Son tres en cada lado. Hay mucho en juego en lo que intentamos conseguir ahora, por no hablar de lo que ocurra después.

En fin, vuelo a Italia en unas horas, así que me tengo que ir. *Ciao!*

Sábado, 18 de diciembre de 2021 - Castello Steiner (norte de Italia)

Si me diesen un dólar cada vez que una persona me ha pedido mi opinión sobre lo sucedido entre Lewis y Max en Abu Dabi durante los últimos seis días, ¡podría fichar a Adrian Newey! Tampoco digo que fuera hacerlo, es un tipo demasiado excitante para mí. Después de la carrera, estuve unos días de visita en casa de mi madre y toda la gente con la que me cruzaba en el pueblo quería saber qué pensaba. «¿Y por qué me preguntáis a mí?», les decía. «Yo estaba demasiado ocupado concentrándome en un ruso que no terminó la carrera y en un alemán que quedó en decimocuarta posición».

¿Qué es lo que pienso, entonces? Bueno, es cierto que fue muy confuso. Recuerdo estar sentado en el muro de boxes escuchando las órdenes del director de carrera y pensar: «¿Qué demonios está pasando aquí?». En ese momento, no me cuadró, pero tampoco conocía todos los hechos. Sin embargo, fue muy entretenido. Al pobre Toto casi le da un puto infarto.

Mira, al final, ambos equipos han ganado un campeonato del mundo y bien por ellos: Red Bull ganó el de Pilotos y Mercedes, el de Constructores. Yo me quedaría con cualquiera de los dos. Mercedes no presentó una queja, así que tirando. Seguimos adelante.

Los últimos días me han sentado muy bien. Soy de los idiotas que ve el vaso medio lleno, así que, tan pronto las secuelas inmediatas de la temporada que había terminado se disiparon, empecé a entusiasmarme con la nueva. La mayoría de la gente asume que, cuando acaba una temporada, lo único que quieres hacer es relajarte. ¡Y una mierda! El único momento en el que me relajo es cuando mi coche y mis pilotos rinden bien, ¡lo que significa que no he podido hacerlo desde hace más de tres años!

Lo único en lo que puedo pensar ahora es en el nuevo coche y todos los primeros indicios me han hecho ser optimista con cautela. Evidentemente, todavía no sé lo que están haciendo los otros equipos, lo cual me pone nervioso, pero ayer estuve en Maranello para hacerme una idea de cómo van las cosas y todo tiene buena pinta. Tampoco ha sido fácil para esos chicos, estar metidos en una oficina en Italia mientras su equipo la caga. Debido a todas las restricciones del covid, no he podido ir allí tanto como lo haría en condiciones normales. Pensándolo bien, si estoy allí dándoles charla y haciéndoles bromas, no trabajan y no quiero ser una distracción, y menos ahora. Por fortuna, nuestros equipos en Maranello y Banbury, en el Reino

Unido, han conseguido mantener la cabeza alta y están tan centrados y comprometidos como yo en hacernos competitivos de nuevo.

Voy a pasar las Navidades en nuestra casa de Italia, lo que significa que no viajaré durante tres semanas. Eso no ocurre muy a menudo, pero sí que trabajaré, al menos, hasta el día 23. La semana entre Navidad y Año Nuevo es una de las únicas del año en las que apenas ocurre nada laboralmente hablando, así que, durante esa semana, me veré obligado a buscar formas de distraerme. En el pasado, he intentado empezar nuevos proyectos durante ese tiempo, pero es inútil. Todo el mundo me dice: «Sí, mañana me pondré en contacto contigo», pero nunca lo hacen.

Otra de las grandes diferencias —que debería suponer una ventaja— entre la temporada pasada y la próxima es que contaremos con dos pilotos que ya no son novatos. Hemos tenido que ir con mucho cuidado para no ser demasiado duros con ellos, máxime con el coche que hemos tenido. No obstante, el año que viene será su gran oportunidad y veremos de lo que son capaces. En 2021, salvo un par de excepciones, en realidad lo único por lo que han podido luchar ha sido por la decimonovena o vigésima posición. Creo que el año que viene será diferente, lo que aumentará las exigencias del equipo de forma significativa. A fin de cuentas, de todos modos, son empleados bien pagados que tienen que rendir. ¡Sin piedad!

Lunes, 20 de diciembre de 2021 - Castello Steiner (norte de Italia)

¿Por qué demonios alguien pediría una entrevista sobre Fórmula 1 cinco días antes de Navidad? ¿Es que esta gente no tiene nada mejor que hacer? ¿No tienen vida? «Será mejor que no me haga preguntas sobre la temporada que acaba de terminar». Menos mal que quería hablar de cómo se creó Haas; en realidad, es una historia bastante buena, así que mejor te la cuento ahora.

¿Te acuerdas de ese período en la Fórmula 1 en que los grandes fabricantes, como BMW, Honda y Toyota, empezaron a abandonar el deporte? Eso creó el temor de que no hubiera bastantes equipos, así que se abrió un debate sobre los coches cliente y los terceros coches. Todo eso quedó en nada y fue entonces cuando empezaron a abrirse las licencias. Una de las solicitudes procedía de un equipo llamado USF1 Team, que tenía su sede cerca de donde ahora está Haas, en Carolina del Norte. Esta se presentó en junio de 2009 y debían empezar a competir al año siguiente.

El ingeniero Ken Anderson y el periodista y director del equipo Peter Windsor crearon el equipo. Algún tiempo después de que se aceptase su solicitud, Peter se puso en contacto conmigo en relación a algunos trabajos que quería que mi empresa de materiales compuestos realizara para el equipo. Así fue como los conocí. Poco después, recibí una llamada de Bernie Ecclestone, a quien le preocupaba que el USF1 no estuviera listo a tiempo para la temporada 2010 y quería saber qué pensaba yo. Al principio, no pude decirle gran cosa, pero, al cabo de unos meses, quedó claro que este no estaría preparado para empezar a hacer pruebas en enero.

—Ni hablar, Bernie —le dije—. No tienen ni puta idea.

Bernie hizo públicas sus preocupaciones en diciembre de 2009 y, en febrero de 2010, Charlie Whiting visitó la sede del equipo para realizar una inspección. Pocos días después, confirmó que, en su opinión, no serían capaces de competir y así acabó la cosa.

De todos modos, uno de los principales inversores del equipo, el fundador de YouTube, Chad Hurley, me llamó después de que el proyecto de equipo se viniera abajo y me preguntó si creía que había alguna forma de presentar un equipo estadounidense en la parrilla para 2011. Mi reacción inicial fue la de salir corriendo, ya que el USF1 había sido un fiasco total, pero, entonces, se me ocurrió una idea. A pesar de que no estaba ni mucho menos listo, el condenado equipo HRT tenía un coche en una fase bastante avanzada, así que llamé a Chad y le sugerí que se pusiera en contacto con la empresa que lo estaba construyendo e intentara comprarlo.

—Pero no los conozco —comentó Chad.

—Lo sé —dije yo—. Pero yo sí.

¿Lo veis? Soy totalmente indispensable. No tengo ni puta idea de cómo se las arreglaba el mundo sin mí antes de que naciera.

—Déjame hablar con el dueño —le dije—. Es un buen amigo mío.

Chad acabó por llevarme a Europa en avión para visitar la empresa en persona y ver si la cosa era factible. Las reuniones fueron bien, pero, antes de informarle, quería conocer la opinión de alguien que estuviera dentro del deporte. La mejor persona para ese trabajo era Stefano Domenicali, viejo amigo y compatriota italiano, que entonces estaba al frente de la escudería Ferrari de Fórmula 1. Me invitó a comer a Maranello y me dio su opinión.

—No lo conseguirás, Guenther —me dijo—. Todo el proyecto es un completo desastre. Tú tienes buena reputación en este deporte, así que no la arruines con esto. Déjalo estar.

Mantuve un par de reuniones con Bernie después de eso sobre resucitar el proyecto, pero, a la semana siguiente, llamé a Chad y le dije que lo diese por finiquitado.

—Es un puto caos —le dije—. Es tu decisión, Chad, pero, si yo fuera tú, dejaría el tema.

Y eso fue todo.

Pasaron unas semanas y, aunque el proyecto original estaba muerto y enterrado, la idea de formar un equipo norteamericano de Fórmula 1 seguía siendo buena no solo para quien consiguiera desarrollarla con éxito, sino para el deporte en general. Era el momento de volver a llamar a Stefano.

—¿Consideraría Ferrari la posibilidad de fabricar un coche cliente para un nuevo equipo? —le pregunté—. Y, si estuvieran dispuestos a ello, ¿me lo venderían si encuentro un inversor?

—Sin problemas, Guenther —respondió Stefano—. Tú tráeme a la gente adecuada y yo te lo vendo.

Entonces, tuve que elaborar un plan de negocio, pero sin abogados ni trucos extravagantes. Tan solo una simple presentación en PowerPoint y un italiano alto y feo con una gran bocaza.

—Vale —le dije un día a mi mujer—. Ahora lo que necesito es un multimillonario.

Un par de semanas después, me encontré con Joe Custer, al que conocía de mis tiempos en la Nascar y que dirigía el equipo Stewart-Haas Racing. Como hacía unos años que no nos veíamos, charlamos durante más de una hora. Cuando llegué a casa aquella noche, me di cuenta de que había perdido una oportunidad. El propietario de su equipo, Gene Haas, era justo el tipo de persona que quería conocer, así que llamé inmediatamente a Joe y le pregunté qué pensaba.

—¿Crees que al señor Haas le interesaría? —le pregunté después de contarle la idea.

—Quedemos para tomar un café —dijo Joe—. Puedes hacerme la presentación y, si considero que a Gene podría interesarle, se la haré llegar.

Un par de días después, Joe y yo quedamos en un Starbucks de Mooresville, que es donde tienen su sede muchos equipos de la Nascar, y le hice la presentación.

—Es muy interesante —afirmó Joe—. Vale, déjame que se lo pase a Gene. Me pondré en contacto contigo cuando lo haya visto.

No era un proyecto a tiempo completo para mí, solo era un *hobby*. No obstante, lo que hacía creíble la presentación era que contaba con el apoyo de Ferrari. No era un mal punto de partida.

Justo un mes después, Joe Custer me llamó y me dijo que Gene Haas estaba en la ciudad para la carrera de la Nascar en Charlotte.

—Gene quiere conocerte —dijo Joe—. Salgamos todos a cenar.

Aquí es donde el proyecto empezó a cobrar vida, ya que el interés de Gene hizo que pasara de ser solo una idea a algo que de verdad podía suceder. Recuerdo que pensé: «¿Y si dice que sí? ¡Dios!».

En el momento de celebrarse, yo no tenía ni idea de cómo había ido la cena. Gene apenas abrió la boca —ahora sé que es normal— y yo dije como un millón de palabras, lo que siempre ha sido habitual. Es lo único que siempre se me ha dado bien y, durante toda la maldita noche, creo que no paré para tomar aire ni una sola vez. Sin embargo, Gene no se durmió ni se levantó para irse, lo cual era una buena señal.

Pasaron unas semanas y no oí ni una palabra. «Debo de haber metido la pata», pensé. Bueno, volvamos a empezar. Entonces, de repente, unas dos semanas más tarde, Gene me llamó un día y me pidió más información. Sin embargo, seguía sin decirme si le interesaba o no, y no me hizo ningún comentario sobre la presentación. Solo me preguntó un par de cosas y la llamada acabó en cinco minutos.

En los meses siguientes, Gene empezó a llamarme cada vez más a menudo y, luego, empezamos a quedar en su oficina siempre que estaba en la ciudad. Esto continuó durante más de un año y, aunque nunca reveló mucho (¡Gene sería un gran jugador de póquer!), el hecho de que hiciera tantas preguntas me hizo creer que, al menos, le interesaba el proyecto. Al cabo de otros seis meses, había llegado un punto en el que Gene y yo teníamos que cagar o salirnos del tiesto. La oferta de Stefano no estaría sobre la mesa para siempre, así que teníamos que actuar.

—De acuerdo —dijo Gene al final y en voz muy baja—. Hagámoslo. Por cierto —añadió—, ¿cómo vas a conseguir una licencia, Guenther?

Buena pregunta.

—No te preocupes por eso —le respondí—. Te conseguiré una puta licencia, Gene.

¿Sabía al cien por cien que podía obtenerla? Por supuesto que no. Como de costumbre, me estaba marcando un farol a la italiana.

Puede que me llevara bien con gente de la talla de Bernie y Charlie Whiting, pero eso no significaba nada a la hora de conseguir una licencia.

—Búscate un abogado —me dijeron—. Lo necesitarás cuando tengas que solicitarla.

—¿Por qué demonios iba a querer un abogado? —repliqué—. Tengo un Guenther.

En retrospectiva, quizá debería haber seguido su consejo, pero pensé: «No, al diablo con los abogados». No quería empezar a pedir dinero ya a Gene y confiaba en poder hacerlo sin uno. ¿Yo, un obseso del control? ¡Claro que lo soy! Soy el mejor que hay. Ahora en serio, lo que tenía a mi favor cuando empezó todo esto eran un montón de contactos en la Fórmula 1 (más adelante te contaré cómo entré en el mundillo). Además, a diferencia de ahora, entonces caía bien a algunas personas y tenía bastante buena reputación. La primera persona a la que llamé fue a Niki Lauda, mi antiguo jefe. Si alguien podía convencer a Bernie y a la FIA para que nos concedieran una licencia, ese era él. A Niki también le gustaba la idea de que hubiera un equipo norteamericano de Fórmula 1 y, en cierto modo, ayudó.

Unos días después de hablar con Niki, me fui a Europa por negocios y, una noche, mientras dormía como un tronco en la habitación del hotel, empezó a sonar mi teléfono. «¿Quién coño será a estas horas?», dije mirando la pantalla. No reconocí el número, pero contesté de todos modos.

—Sí, ¿dígame?

—Guenther, soy Niki. Estoy en la India con Bernie. Ahora está aquí conmigo y tengo puesto el altavoz. Tiene algunas preguntas sobre tu solicitud de licencia.

—¿En serio? —dije mientras intentaba levantarme de la cama, a punto de caerme de culo en el proceso—. Vale, sí, Bernie. Dispara.

Tuve que explicar a Bernie Ecclestone a las dos de la mañana cuál era nuestro plan de negocio. ¡Vaya puta forma de despertarse! La llamada debió de durar una hora y media, pero, gracias a ella, Bernie se entusiasmó con la idea, lo que fue el mejor comienzo posible. Después, mantuve una conversación similar con Charlie Whiting, que era un buen amigo mío, y luego, con Jean Todt, que, por aquel entonces, era el presidente de la FIA. No lo conocía muy bien, pero gracias a la ayuda de gente como Stefano —que le habló bien de mí—, el proyecto también le emocionó.

¿Y el plan de negocio? Bueno, la idea original era empezar con piezas de Ferrari de un año de antigüedad.

—Pero, entonces, ¿cómo vamos a ser competitivos? —preguntó Gene—. Cajas de cambio de hace un año, motores de hace un año, suspensiones de hace un año. Eso no sirve. Tenemos que competir de igual a igual.

Al final, fuimos a ver a Stefano y a Mattia Binotto, que en ese momento era responsable del departamento de motores de Ferrari, y les preguntamos directamente si podíamos tener las mismas piezas.

—No hay nada en el reglamento que diga que no se puede —dijo Stefano—. Claro, ¿por qué no?

Para ellos, suponía menos quebraderos de cabeza, ya que Ferrari no tendría que fabricar tantas piezas distintas. Tenía mucho sentido y ese se convirtió en nuestro plan de negocio; de hecho, creo que en realidad fue Stefano quien desarrolló el concepto, que acabó conociéndose como «equipo satélite».

Hoy en día, no podrías hacerlo, pero, en aquella época, las normas de la FIA no definían el número de piezas que un equipo cliente podía comprar a un equipo fabricante por la sencilla razón de que nadie había pensado en ello. Por aquel entonces, todo estaba abierto a debate y, para evitar convertirnos en otro Caterham o HRT, teníamos que pensar de forma diferente. O bien un equipo se queda sin dinero, como les ocurrió a esos dos, o bien el inversor pierde el entusiasmo. Gene y yo queríamos ser competitivos y, con el dinero que teníamos a nuestra disposición —que es obvio que era de Gene y es probable que estuviese a una escala similar a la de los equipos que acabo de mencionar—, el concepto de equipo satélite era la única solución. Aun así, todo el mundo salió beneficiado: la Fórmula 1 consiguió un nuevo equipo con un futuro menos arriesgado que aquellos que se habían ido a la mierda; nosotros, un coche competitivo y el apoyo de un fabricante (y uno bastante bueno, además), y Ferrari, un nuevo cliente que, a diferencia de otros, podía pagar sus puñeteras facturas a tiempo. ¿Qué más se podía pedir? Mucha gente de la Fórmula 1 se quejó después, pero ¿a quién le importaba? No se puede complacer a todo el mundo todo el tiempo. Lo único que hicimos, con la ayuda de Stefano y de Ferrari, fue tener una buena idea que no se le había ocurrido a nadie antes.

A pesar de todo el positivismo inicial, el hecho de que Gene y yo obtuviéramos una licencia no era un resultado inevitable, por supuesto que no. Como ya he dicho, muchos equipos habían abandonado el deporte en los últimos tiempos, así que teníamos que demostrar a la FIA que ambos íbamos en serio y que no nos quedaríamos por el camino al cabo de unos meses. La debacle del USF1 los había puesto nerviosos y entendíamos el porqué.

Lo primero que tuve que hacer fue presentar a la FIA lo que se llama una convocatoria de interés. No sé si todavía tienes que hacerlo, pero es solo un resumen de quién está detrás de tu solicitud y te permite pasar al siguiente paso, que es presentarla como tal. Para ello, tenías que pagar una tasa de 150 000 euros. No era reembolsable, así que, si tu solicitud no prosperaba, mala suerte. Está claro que con ello se eliminaba a los liantes, pero si la solicitud tenía éxito, te daba derecho a presentar tus ideas al panel de la FIA.

Debo admitir que se me encogió un poco el culo mientras esperábamos la confirmación de que se había aceptado la solicitud, pero, al final, todo salió bien y nos invitaron a Gene, a Joe Custer y a mí a Ginebra para hacer una presentación completa ante la FIA. Puede que aquí sea donde se debería haber consultado a un abogado, pero entonces ya era demasiado tarde. La presentación duró más de dos horas y fue básicamente una serie de puntos que expliqué uno a uno. No tenía guion; conocía el tema a la perfección, así que, en esencia, improvisé sobre la marcha. Mucha gente pensó que estaba loco, pero es que recordar un guion preparado de antemano me habría exigido demasiada concentración. Recuerda que soy un charlatán de primera, simple y llanamente. Así que ¡déjame hablar, joder!

Cuando terminó la presentación y todos los miembros del panel se retiraron, Gene me preguntó cómo creía que lo habíamos hecho.

—¿Crees que nos darán la licencia? —quiso saber.

—Si te digo la verdad, no lo sé, Gene —respondí—. Eso depende de la comisión, pero hemos hecho todo lo posible.

Justo entonces recibí un mensaje de texto de un miembro del panel de la FIA. Prefiero no decir de quién, pero decía lo siguiente: «Joder, Guenther. ¡Nadie puede soltar mierda como tú! Si no consigues la licencia después de esa actuación, ¡es que nadie puede!».

—En realidad, Gene —añadí—, digamos que confío bastante en ello.

Jueves, 30 de diciembre de 2021 - Castello Steiner (norte de Italia)

¡Feliz Navidad!

Por lo visto, se puede comprar en internet una camiseta con mi cara y las palabras «Parecemos una panda de pringados» estampadas debajo. Stuart Morrison, que es nuestro director de comunicaciones, dice que es algo que dije en el programa de Netflix *Drive to Survive*.

—¿No te acuerdas, Guenther? —me preguntó.

—Ni siquiera recuerdo lo que he desayunado, Stuart, y mucho menos lo que he dicho en un programa de televisión que no he visto nunca. De todos modos, ¿por qué no me dan dinero por estas camisetas?

En realidad, es una buena pregunta.

No he visto un solo episodio de *Drive to Survive* y es probable que nunca lo haga. No es porque esté en contra de la serie ni nada parecido. Si lo estuviera, no aparecería en ella. Creo que ha hecho un trabajo increíble por la Fórmula 1, sobre todo en Estados Unidos. Mi miedo es que, si veo el programa, no me gusten ciertos aspectos de cómo me comporto e intente cambiar la forma en que hago las cosas. Sé que no soy del gusto de todo el mundo, pero, en realidad, estoy bien con quien soy. Si no te gusta, mala suerte.

Algunas personas siguen creyendo que *Drive to Survive* está guionizado —o que lo está en parte— y déjame asegurarte que no es así. No se puede ensayar la mierda que se me ocurre, es imposible. Sé que es un dicho muy manido, pero lo que ves ahí es lo que hay, al menos conmigo. A algunas personas parece gustarles, lo cual es estupendo (puede que necesiten terapia algún día), y a otras no, que también está bien. En serio, no me importa una mierda ni lo uno ni lo otro. Simplemente, yo voy a trabajar con normalidad y, a veces, aparece un equipo de cámaras y, de vez en cuando, me hacen preguntas y se meten en mis cosas. Siempre intento responder con la mayor sinceridad posible y luego me voy y sigo trabajando. Para mí, es un formato sencillo.

La pregunta que más me hace la gente que ve *Drive to Survive* es si digo tantas palabrotas en la vida real. Lo creas o no, sí tengo filtro, así que, si estoy en una habitación con niños o algo así, intento contenerme. Ya sabes, solo un par de «mierda» aquí y allá, nada serio. Sin embargo, en mi entorno de trabajo, es diferente. Aprendí a hablar inglés en un equipo de *rallies* y en los *rallies* es obligatorio usar palabrotas. No eliges hacerlo.

Puede que algunos de vosotros lo sepáis, pero, creo que fue en 2019, Ana Colina, una aficionada a la Fórmula 1, me compró una caja de palabrotas de esas de meter dinero cuando dices un taco. Estábamos en Bakú y, un día, apareció con ella. He olvidado cuánto puse en ella en 2019 y

2020, pero en 2021 apenas eché nada. Solo digo palabrotas cuando algo me entusiasma y, como ese año no éramos competitivos, no tuve muchos motivos para ello. Si me hubiera comprado una caja de palabrotas al principio de la temporada de 2018, habría podido llevarme a todo el equipo a un crucero de juerga con el dinero que habría dentro al final de la última carrera.

Las Navidades han sido muy tranquilas y felices en lo que respecta a mi familia. Para mí, no tanto. No me viene mal un poco de paz y tranquilidad de vez en cuando, pero esto es una locura. Yo lo llamo el «alto el fuego» y ocurre todos los años por las mismas fechas en la Fórmula 1. Estoy acostumbrado a recibir entre cien y ciento cincuenta correos electrónicos al día y esta semana han bajado a unos quince. Al menos, ¡que alguien me escriba para decirme que sigue vivo!

La única gran noticia de Haas durante las Navidades es que nuestro nuevo monoplaza, el VF-22, superó una de las pruebas de choque el 23 de diciembre. Si suspendes una, en realidad no es nada demasiado trágico. El problema es psicológico, ya que todos los responsables —en nuestro caso, Simone Resta, nuestro director técnico, y su equipo— intentan progresar y mirar hacia adelante. Si el coche no supera una prueba de choque o cualquier otra, se ven obligados a retroceder. Por mucho que haya que hacerlo, no hay nada bueno en tener que hacer algo por segunda vez. Te quita tiempo y dinero.

Simone se incorporó a nuestro equipo el pasado enero procedente de Ferrari, donde había sido jefe de ingeniería de chasis. Es el primer director técnico que ha tenido Haas y el proyecto del VF-22 empezó casi en paralelo a su llegada.

Por cierto, la prueba no fue en el monocasco completo ni siquiera de la mitad. En realidad, eran solo en los laterales. Esta prueba determina dónde hay que reforzar el monocasco antes de realizar la prueba de choque final. Debido a la naturaleza del accidente de Romain Grosjean en Baréin en 2020, las pruebas se han vuelto más estrictas y la FIA ha aumentado las fuerzas de impacto que deben soportar los monocascos de 20 kilonewtons (los newtons son las unidades de fuerza) a 30. Es una subida muy importante.

De manera literal, hay miles de casillas que hay que tachar durante el proceso de construcción de un nuevo coche de Fórmula 1 y el éxito en esta prueba ha dado una pequeña inyección de confianza prenavideña a todo el equipo, en especial al técnico. ¡Lo único que tienen que hacer ahora es construir el puto coche!

La otra noticia de Haas durante las Navidades fue la confirmación de Mick Schumacher como piloto reserva de Ferrari para 2022. Creo que es para once carreras y que Antonio Giovinazzi cubrirá el resto. Resulta obvio que no nos pilló por sorpresa. Siempre se prevé cuándo se contrata a un piloto de desarrollo, y Mattia y yo habíamos hablado de ello unas semanas antes. La temporada pasada, se puso en práctica un acuerdo similar cuando Mercedes contrató a Russell para sustituir a Hamilton cuando este tuvo covid. Esto demuestra que Ferrari valora a Mick, lo cual es bueno. Desde que se unió a nosotros, les hemos informado sobre sus progresos y están contentos con cómo van las cosas. Si alguna vez llaman a Mick para sustituir a Charles o Carlos, tenemos a Pietro Fittipaldi para ocupar su lugar, a quien confirmamos justo antes de Abu Dabi, y para él es una gran noticia porque así tiene más posibilidades de pilotar. Todo va bien.

Todavía no estoy seguro de qué vamos a hacer para Año Nuevo. Sea lo que sea, no será muy estridente. Soy demasiado mayor para emborracharme y perder un día en Año Nuevo. ¡A mi edad puede que no te queden muchos!

Tal vez el día de Año Nuevo salgamos a pasear por las montañas, pero, aparte de eso, voy a descansar para prepararme para el año que viene y, lo que es más importante, para la próxima temporada.

Vale, nos vemos al otro lado.

Jueves, 13 de enero de 2022 - Rancho Steiner, Carolina del Norte (Estados Unidos)

14:00

¿Qué tal? Bienvenidos al Salvaje Oeste.

Volamos desde Italia a Carolina del Norte el 4 de enero y, aparte de una excursión de un día a Los Ángeles —de la que hablaré en un segundo—, no voy a ir a ninguna parte hasta principios del mes que viene. Son mi mujer y mi hija quienes me dan pena. En realidad, ¡la mayoría de la gente que me conoce lo siente por ambas! Por suerte para ellas, nuestra sede central está muy cerca, en una ciudad llamada Kannapolis. Ahora bien, debo tener cuidado. Con el covid disparado, es mejor que trabaje desde casa todo lo posible.

El lunes de esta semana, salí de casa a las 5 de la mañana y volé de Charlotte a Los Ángeles para mantener algunas reuniones con Gene y luego de vuelta a Charlotte a las 23:45, un viaje de ida y vuelta de 8000 kilómetros.

Debido al cambio de hora, aterricé en Charlotte a las 7:15 de la mañana con la cabeza hecha un puto bombo. Conseguí trabajar unas horas, pero, por la tarde, ya veía doble. Esto es habitual en mí. El viajar, no el ver doble.

¿Qué noticias hay de Haas? Las cosas siguen bastante tranquilas por el momento, pero los mecánicos deberían empezar a viajar a Italia la semana que viene. Solo un puñado de ellos, pero es todo lo que necesitamos por el momento. Acabo de hablar por teléfono con Ayao Komatsu, nuestro director de ingeniería. Está preparando un programa de simulador que utilizaremos en Italia en el antiguo simulador de Ferrari (acaban de construir uno nuevo). Sin embargo, la FIA ha dejado claro que el programa que utilicemos debe ser una entidad independiente, de lo contrario, podríamos compartir datos. Es obvio que nos están protegiendo, ¡yo tampoco quiero que Ferrari se entere de todos nuestros putos secretos!

La primera sesión en el simulador debería tener lugar con un piloto de pruebas a principios de febrero. La razón por la que no utilizamos a los de carreras en esta fase es que, si hay algún fallo o problema con el programa, podría confundirlos. Tras las sesiones iniciales, decidiremos cuándo incorporarlos, pero esperamos que sea poco después.

Gestionar las expectativas de tus pilotos es crucial en esta fase, máxime de los pilotos jóvenes e inexpertos como Mick y Nikita. Como es de esperar, están desesperados por subirse a un simulador y sería muy fácil para nosotros decirles: «Claro, chicos, no os preocupéis. Lo tendremos todo listo para esta fecha». Si luego no puedes cumplirlo, le creas ansiedad al piloto y se queda de bajón con respecto al equipo, lo cual no es sano. Lo mejor es decirles que estás haciendo todo lo posible para que puedan ir al simulador y reservarles la cita solo cuando sepas con seguridad que está todo listo. Puede parecer muy sencillo, pero todos los pilotos tienen un séquito de mánagers y asistentes que presionan en su nombre, y, si cedes y les dices lo que quieren oír, te meterás en un buen lío.

No se lo diré a los pilotos, pero Ayao y yo esperamos tener algo para que Mick y Nikita lo prueben antes de ir a Barcelona. Lo bueno que será, no lo sé, pero Ayao y los chicos están haciendo todo lo posible.

Aparte de eso, lo único de lo que tengo que informar es de un par de problemas con la construcción del chasis, aunque no es nada grave. Si no tuviéramos ningún inconveniente a estas alturas, estaría preocupado. Tener problemas quiere decir que estamos progresando. Las personas que quizá estén trabajando más duro en este momento son las del departamento de compras: en esta época del año, es difícil encontrar proveedores. Evidentemente, a veces puede ser un fastidio, pero para mí significa que la industria está ocupada y tiene mucho trabajo. Me gusta que todo el mundo lo esté.

Mohammed Ben Sulayem, el nuevo presidente de la FIA, se reunirá pronto con todos los equipos, incluido el nuestro. Quiere saber cómo va todo y qué piensa cada uno. Una especie de estado de la nación. Lo conozco desde mis tiempos en los *rallies,* y de eso hace mucho; es un buen tipo. Todos los presidentes de la FIA tendrán su propia agenda sobre dónde quieren marcar la diferencia y sé que a Mohammed le interesa mucho la parte del automovilismo. Ha sido catorce veces campeón del Campeonato de Oriente Medio FIA de Rally, así que no es ninguna sorpresa que lo que más le interese sea el factor de la competición deportiva. El punto fuerte de Jean Todt era hacer crecer el deporte y eso era justo lo que la FIA necesitaba cuando se convirtió en presidente; cada uno tiene sus puntos fuertes. En cualquier caso, tendré que mencionar mis días de *rallies* en algún momento. Déjame pensarlo.

Viernes, 21 de enero de 2022 - Rancho Steiner, Carolina del Norte (Estados Unidos)

Acabo de hablar con Simone en Italia y el chasis debería estar en la zona de construcción de Dallara el lunes de la semana que viene. Ya se han instalado el taller, el sistema informático y los almacenes, así que estamos listos. Dallara es el fabricante de coches de carreras que ha desarrollado el monoplaza con nosotros. Colaboramos con ellos desde 2016 y son un gran grupo de personas. Las principales áreas en las que trabajan con nosotros son la aerodinámica, las dinámicas del vehículo y el diseño y cálculo estructural del coche. También nos ayudan a incorporar todos los componentes variados con el motor y la transmisión. Mantenemos una buena relación y hace décadas que conozco a Gian Paolo Dallara, el propietario de la empresa. En cuanto empiece la construcción, comenzarán a salir problemas por todas partes, pero es normal. Esta no es mi época favorita del año, pero es una de ellas; es cuando todos nuestros sueños empiezan a convertirse en una realidad tangible.

Aparte de lo que está ocurriendo en Italia, lo que más tiempo me ha ocupado esta semana ha sido el presupuesto. Perdón, debería haber dicho «lo que me ha hecho dormir esta semana». Es el proverbial mal necesario, ya sabes, y, durante toda la semana, he estado yendo y viniendo con la junta para que firmaran las cosas. En realidad, todo eso son solo cabos sueltos, así que al menos sé que está llegando a su fin. El gran impulso con respecto a la actividad comenzará dentro de dos semanas. Sin embargo, mientras tanto, en cuanto se ponga en marcha la construcción del coche, empezaré a recibir un montón de llamadas telefónicas y correos electrónicos quejumbrosos preguntando por qué no tenemos esto, aquello o lo de más allá. Me paso la mitad de mi vida lidiando con mierda de este tipo, pero ¿sabes qué? Me encanta. ¿Por qué? Porque si la gente no se quejara, no estaría pasando nada y yo no tendría nada que hacer. Esa es la puta verdad.

Jueves, 27 de enero de 2022 - Rancho Steiner, Carolina del Norte (Estados Unidos)

14:00

Hoy estoy bastante emocionado porque mañana vuelo a Florida para asistir a las 24 Horas de Daytona, que empiezan el sábado por la tarde y terminan el domingo. Solo voy a pasar el día —son dos horas de vuelo— y, para ser sincero, la razón principal por la que vuelo hasta allí es para reencontrarme con algunos amigos. Kevin Magnussen va a conducir, lo cual es bueno. No lo he visto desde que dejó Haas, espero que me siga hablando. Todavía tengo que enviar un mensaje a Romain para ver si va a estar allí. No conducirá, pero vive en Miami, así que nunca se sabe. Solo está a cuatro horas en coche y, en América, eso no es nada. ¡Podríamos tener una pequeña reunión los tres! La verdad es que echo de menos a esos tíos. Pasamos por muchas cosas juntos.

A Romain le ha ido muy bien en la IndyCar desde que se fue. Debo admitir que me ha sorprendido un poco lo rápido que ha sido, porque no es fácil. Tienes que conducir esas cosas. Pensé que al principio le costaría, pero me ha demostrado que me equivocaba. Por otra parte, es probable que a Romain le guste el hecho de que no cuenten con dirección asistida y sean difíciles de conducir. Siempre he dicho que, en uno de sus días buenos, él podría haber sido campeón del mundo, solo que nunca conseguía la regularidad adecuada. Además, cuando tenía un mal día, lo tenía de verdad. Seguro que se podría decir lo mismo de muchos pilotos, en el sentido de que pueden ganar a cualquiera en un buen día, pero ese buen día no llega con la frecuencia suficiente. Es posible que a veces se esforzara

34

demasiado. Al fin y al cabo, un piloto no puede compensar las deficiencias de un coche o, al menos, no en gran medida. Intentaba hacer cosas de las que el bólido no era capaz y era entonces cuando las cosas solían ir mal.

Kevin era muy joven y muy inmaduro cuando llegó a la Fórmula 1 y, en mi opinión, se habría beneficiado de haber trabajado un año más con un mentor. Además, creo que, al principio, estaba en el equipo equivocado. Los Magnussen son pilotos a la antigua usanza y necesitan un poco de libertad. McLaren nunca iba a dársela a Kevin y creo que eso lo frenó. Más tarde, se ganó una mala reputación y luego estuvo fuera de la competición durante un año. Cuando eso ocurre y, sobre todo, a una edad tan temprana, es normal que pierdas un poco de confianza. Por eso creo que le fue tan bien con nosotros: le dimos la libertad que necesitaba y lo apoyamos. Mira, mientras hagas una buena carrera, tendrás toda la libertad que quieras. ¡Mientras hagas justo lo que yo te diga y no estrelles el puto coche!

De verdad espero que podamos charlar los tres juntos. Si lo hacemos, pasaremos veinte minutos recordando cosas y, luego, Kevin y Romain estarán una hora tomándome el pelo. Eso te lo puedo garantizar, son unos maestros en ello.

A menudo, la gente me pregunta qué me gusta hacer en mi tiempo libre y, cuando les digo que me gusta subirme a aviones e ir a ver carreras de coches, no se lo creen.

—¿Vas a ver carreras de coches? Pero ¿tú qué drogas tomas?

—Pero si no sé hacer nada más —les digo—. ¿Qué se supone que debo hacer?

Pues claro que me gustan otras cosas, pero no hay nada en mi vida aparte del automovilismo que me haga subir a un avión o comprar una entrada. No soy el único. El automovilismo se apodera de tu vida y no he conocido otra cosa. Desde 1986, es lo único que hago y es donde están todos mis amigos. Esta misma mañana, he hablado con Malcolm Wilson, mi antiguo jefe. El otro día, su equipo, M-Sport —que yo había dirigido—, había ganado la prueba inaugural del Rally de Montecarlo de este año y charlamos muy a gusto sobre ello. Malcolm es una de las cuatro personas —junto con Niki Lauda, Carlos Sainz padre y Gene Haas— que más me ha influido en el automovilismo y le debo muchísimo. A veces, este deporte es un poco incestuoso, pero, mientras no nos reproduzcamos los unos con los otros, ¿a quién coño le importa?

Una vez, tuve que pasar doscientos días al año con Carlos Sainz.

Bien, ¿qué ha pasado en el mundo Haas? Bueno, la construcción ha empezado según lo prometido, lo cual es bueno. El chasis llegó un día tarde de Inglaterra, donde lo habían pintado, pero eso fue todo. En Dallara, hubo un momento de pánico al respecto y por algunas piezas que se están retrasando. Debido al covid, este año todo va con retraso. Es una de esas cosas que pasan y no me preocupa. A la gente de Italia sí, pero eso forma parte de su trabajo. De hecho, podría ponerlo en sus tarjetas de visita la próxima vez.

«Simone Resta – Director Técnico de Haas F1 y Campeón del Mundo en Preocupación».

Sé que al final lo conseguiremos.

Esta mañana, les he recordado a mi mujer y a mi hija que esta es mi última semana en casa antes de que todo vuelva a empezar.

—La semana que viene empieza el circo —he comentado.

No han dicho gran cosa, pero me he dado cuenta de lo que estaban pensando: «¡Diez meses de paz y tranquilidad!».

A la mayoría de la gente no les cabe en la cabeza el acuerdo que yo y todos los demás que llevamos este tipo de vida nómada y alocada tenemos con nuestras familias. Conocí a mi mujer hace casi treinta años, así que ya estaba en la carretera trabajando en deportes de motor. Por tanto, que yo esté lejos de casa es perfectamente normal; lo que no es normal es que yo esté en casa. Ella y nuestra hija Greta nunca han conocido una situación diferente. A veces, me pregunto cómo sería si se diera la vuelta a la situación y yo estuviera en casa todo el tiempo, aunque no reflexiono sobre eso durante mucho rato. Al cabo de unos treinta segundos, me entran los sudores y me empieza a doler la cabeza. ¡Es terrorífico!

PRETEMPORADA

Sábado, 5 de febrero de 2022 – Maranello (Italia)

Daytona fue divertido. Suelo ir todos los años, pero, por culpa del covid, me he perdido los dos últimos. Fue estupendo volver. Solo estuve seis horas, pero me habría quedado dos días. Hablé mucho; ya lo sabes, de verdad que, en lo que hablar respecta, soy el rey. De hecho, a la mierda las 24 Horas de Daytona. ¿Qué tal las 24 Horas de Guenther? ¡Eso sí que sería un reto!

Por mucho que sea un adicto al automovilismo, debo admitir que liberarme del mundo de la Fórmula 1 durante unas horas fue fantástico. Es algo que no puedo hacer muy a menudo y siempre ocurre en el momento adecuado. Quizá por eso hablo tanto cuando estoy allí. Verás, si dejo de hablar y de hacer preguntas a la gente, empezarán a preguntarme sobre la Fórmula 1 y eso lo estropearía todo. ¡Tengo que seguir hablando! Además, el ambiente en Daytona es diferente por completo al de la Fórmula 1: a veces, esta última puede ser bastante seria y formal, mientras que Daytona es del todo relajada. En cuanto llego allí, siento que el peso sobre mis hombros desaparece. Es increíble.

Es curioso, pero la primera persona con la que me crucé esta vez al llegar al *paddock* fue precisamente Kevin.

Conducía un carrito de golf que parecía demasiado potente para él.

—¿Qué haces? —le dije—. ¡Se te está yendo el puto carrito de las manos!

Creo que charlamos durante unos veinticinco minutos y fue estupendo ponernos al día. Claro está que no puedo hablar por él, pero, bajo mi punto de vista, considero que volvemos a ser amigos. Una de las primeras cosas que me dijo fue que no creía que hubiese podido pilotar para nosotros la temporada pasada dado que no éramos competitivos.

—Eso es justo lo que yo te dije cuando te dejé marchar —le respondí.

Cuando informé a Kevin y a Romain de que no seguiríamos con ellos en 2021, Gene y yo ya habíamos tomado la decisión de correr con el coche de 2020 en 2021. Intenté inculcarles a ambos el efecto que tendría pilotar con un coche viejo y poco competitivo no solo en sus carreras, sino en su estado de ánimo. No creo que se dieran cuenta en ese momento, pero, cuando vieron la cruda realidad a medida que transcurría la temporada, se dieron cuenta de que, a decir verdad, quizá Guenther les había hecho un favor. Kevin tiene ahora un buen trabajo con el equipo Chip Ganassi Racing en coches deportivos en Estados Unidos, y en Europa, con el equipo Peugeot de WEC junto a Paul di Resta y Jean-Éric Vergne. De hecho, la carrera de Daytona fue su debut con Chip Ganassi y, de no haber sido por un pinchazo mientras iba segundo, seguro que habría empezado la competición con una victoria. También ha trabajado mucho en la Fórmula 1 en Dinamarca y ha hecho algunos anuncios de televisión. Me alegro mucho por él. Todavía es muy joven, así que quién sabe lo que puede depararle el futuro.

Llegué a Italia el martes 1. Nuestra oficina de Maranello, que es desde donde trabajo cuando estoy aquí y donde me encuentro ahora mismo, está dentro de la sede central de Ferrari, pero son unas instalaciones independientes por completo; tiene que ser así. Tal como acabo de decir, ¡no puedo permitir que esos cabrones nos roben todos nuestros secretos! En 2020, decidimos repasar nuestro funcionamiento, incluido lo que estábamos haciendo en el aspecto técnico y de desarrollo. Gene siempre dijo que revisaría su decisión de seguir o no en el deporte cada cinco años y, como empezamos el equipo en 2015, 2020 era el momento. Por suerte, optó por no mandarme al paro y, en cuanto se tomó la decisión de continuar, empecé a revisar la manera en la que estábamos trabajando.

Cuando entró en vigor el límite presupuestario de la Fórmula 1, Ferrari tuvo que despedir a algunas personas. Debió de ocurrir lo mismo en muchos equipos, lo cual fue triste, pero a nosotros nos brindó una oportunidad. En aquel momento, todavía teníamos nuestra sede en Dallara, así que, tras reunirnos con Mattia —que lleva en Ferrari desde antes de nacer— se nos sugirió que trasladáramos nuestras operaciones a Maranello y contratáramos a algunas de las personas a las que habían despedido. Ferrari construyó unas nuevas instalaciones antes del límite presupuestario que ahora estarían vacías y, como estaban aisladas de sus propias operaciones de Fórmula 1, eran perfectas para nosotros. Todavía tenemos gente trabajando en Dallara, pero ni de lejos tanta como antes. Debo decir que Maranello no es un mal lugar para trabajar. Tengo más amigos aquí de los que recuerdo y la comida es buena de cojones.

Nuestra relación con Ferrari siempre ha sido muy positiva y sigue evolucionando. Creo que lo que impide que se estanque es mi relación con Mattia. Somos amigos desde hace mucho tiempo y, cuando surgen problemas —cosa que resulta inevitable de vez en cuando—, siempre sabemos cómo resolverlos. Mejor dicho, él sabe. Yo soy agresivo y testarudo, mientras que él es conciliador y flexible. Funciona.

El nuevo programa de simuladores avanza a buen ritmo y, más o menos, debería estar listo para Mick y Nikita la semana que viene. La semana pasada vino nuestro director de ingeniería, Ayao, e hizo algunas sesiones con un piloto de pruebas y, al parecer, fueron muy bien. Todavía queda algo de desarrollo y están solucionando los pocos fallos que quedan, pero no debería tardar mucho. Creo que Nikita va primero, así que será interesante ver cómo le va. Espero que Mick pueda probarlo también antes de Barcelona, pero, si no, seguro que lo hará antes de Baréin.

Ayer fue un gran día para Haas, ya que nos convertimos en el primer equipo de la parrilla en desvelar nuestro coche y nuestros colores para la nueva temporada. Está claro que era solo una imagen digital, pero es el primer vistazo que la prensa y el público han tenido de un coche de Fórmula 1 diseñado según las nuevas normas técnicas. Estas, por si no lo sabes, incluyen cosas como neumáticos de 18 pulgadas, parte inferior con efecto suelo —que ayuda a los coches a pegarse al asfalto—, un alerón delantero simplificado y otro trasero espectacular. No voy a entrar en los detalles más sutiles del reglamento porque te aburriría. Para los aficionados, sin embargo, el primer lanzamiento del año es como el primer día de las fiestas de Navidad y todo el mundo empieza a emocionarse por la temporada que se avecina.

Según Simone, en lo que respecta a la creación de un nuevo coche, este es el proyecto más complejo en el que ha trabajado en sus veinte años de carrera.

—No recuerdo nunca un cambio tan grande —me dijo.

Las imágenes digitales tienen un aspecto fantástico, pero todavía hay mucha incertidumbre sobre lo que cabe esperar en Barcelona.

Entonces, ¿por qué hemos presentado el coche tan pronto? Bueno, cuando Haas empezó, siempre éramos el primer equipo de la parrilla en lanzar nuestro nuevo monoplaza. Al ser el equipo más pequeño, era nuestra oportunidad de ser el centro de atención durante un breve período y conseguir publicidad, y, al cabo de un tiempo, se convirtió en algo de esperar. A menos que seas uno de los equipos grandes, a nadie le importa demasiado tu lanzamiento, así que para nosotros siempre fue importante ser los primeros. El año pasado, eso se quedó por el camino, ya que presentamos un coche que, básicamente, ya se había expuesto. ¿Qué sentido tiene ser el primero con algo viejo? Solo te hace parecer estúpido. Ahora que todo vuelve a ser nuevo, decidimos recuperar nuestra corona y volver a ser los primeros.

En realidad, hay muchas cosas que intervienen en el proceso de presentación de un nuevo coche de Fórmula 1. No se trata solo de crear una imagen digital del bólido que estás construyendo y luego enviarla con un comunicado de prensa. Así era al principio, pero ahora las cosas han cambiado. Hoy en día, un ejército de personas diferentes tiene que aprobarlo todo. La junta directiva, los patrocinadores y la gente de *marketing*. Primero, hay que marcar muchas casillas y siempre habrá alguien que no esté contento y quiera cambiar algo o tenga preguntas. Sin embargo, cuanto antes lo hagamos, mejor para el equipo, ya que es una cosa menos de la que preocuparse.

La parte más difícil del proceso es publicar una imagen que satisfaga el deseo de la prensa y del público de ver algo nuevo, pero que no revele demasiado en términos de geometría. Si no lo consigues, puede que, sin querer, desveles cosas a la competencia. Creo que lo hemos hecho bien o, al menos, eso espero.

Lo único de lo que tengo que informar en este momento es de cómo va la construcción del coche. Llevan toda esta semana esperando a que lleguen algunas piezas, que van con retraso, así que la semana que viene va a ser como una olla a presión. Ahora que el lanzamiento ha terminado, al menos puedo concentrarme en ayudar a los chicos a encontrar soluciones a los problemas de última hora. Quizá sea lo que se me da mejor dentro de un equipo de Fórmula 1 y realmente disfruto con ello. Sin embargo, vamos algo retrasados y eso me preocupa un poco. Siempre que las piezas lleguen cuando los proveedores dicen ahora que lo harán, no deberíamos tener ningún problema. De lo contrario… Bueno, digamos que se armará la gorda y ¡la cosa podría ponerse fea!

Ahora hablo a diario con Ayao, Simone y Stephen Mahon, que es el director del programa global de Haas y está a cargo de la planificación y la organización de la construcción del coche. Las próximas dos semanas van a ser cruciales y necesito saber qué está pasando con exactitud, especialmente si hay algún problema. Una vez más, mi talento, por así decirlo, consiste en ayudar a evitar que los pequeños problemas se vuelvan grandes. Llevo mucho tiempo haciéndolo y creo que la mayoría de los chicos de Haas respetan mi experiencia y les gusta que su director de equipo sea un tipo práctico. Al fin y al cabo, tampoco tienen ninguna alternativa, ¡así que allá ellos! También necesito poder informar a Gene, así que, les guste o no, realmente necesito saberlo todo.

Mi otro trabajo principal ahora es ayudar al equipo a prepararse para los fines de semana de carrera. La lista de cosas que hay que hacer es tan larga como la trompa de un elefante y, debido al tamaño de nuestro equipo —menor de forma considerable que el de los demás— y a que soy el responsable último del presupuesto, me veo involucrado en casi todos los aspectos. Algunas personas podrían acusarme de ser un obseso del control, pero es difícil no serlo cuando diriges las cosas desde el primer día y, en parte, eres responsable de la existencia del equipo. Lo que impide que me convierta en un completo grano en el culo para todo el mundo es que siempre intento rodearme de buena gente. Ellos son los que me mantienen cuerdo día a día y, mientras sepa que están al tanto de las cosas y hacen un buen trabajo, puedo dar un paso atrás, dejarlos tranquilos y concentrarme en otra cosa.

La semana pasada empezó un nuevo director de *marketing*. Por lo general, la llegada de un miembro con tanta importancia para el equipo en una época del año tan ajetreada sería un poco difícil, pero no ha sido así esta vez. Antes, yo siempre había sido el director de *marketing de facto* de Haas F1 y, para ser sincero, no era algo que me gustara en especial. Lo hice lo mejor que pude, pero me sentía como pez fuera del agua. Hoy en día, la gente de *marketing* tiene todo tipo de cualificaciones y títulos, y yo no tengo ninguno de nada. Solo lleva una semana o así en el puesto, pero ya está marcando la diferencia. Todavía no le he preguntado si ha tenido algún problema para limpiar toda la mierda que le dejé, pero estoy seguro de que me lo hará saber.

Viernes, 11 de febrero de 2022 – Maranello (Italia)

Aston Martin presentó su nuevo coche el otro día. He hablado con nuestros chicos y no hay grandes sorpresas. Todavía quedan ocho lanzamientos más, pero, en realidad, no sabremos nada de ninguno de ellos hasta que lleguemos a Barcelona. El nuestro va muy bien. Hay muchos problemas, pero todos son positivos. O problemas asociados a un coche que estás construyendo desde cero en contraposición a uno que solo estás relanzando. Yo, si no siento pánico por algo en esta época del año, sé que algo va mal, y, en este momento, tengo mucho pánico. Me siento como en los viejos tiempos y, aunque somos prudentes, el equipo tiene la sensación de que se avecinan buenos tiempos. Eso es lo que les he prometido a los chicos durante el último año, pero es fantástico sentir que, por fin, puede ocurrir. Todo el mundo está muy ilusionado, están animados y preparados. El ambiente que crea la esperanza es, en realidad, el alma de todo deporte.

Desarrollar un coche es un asunto curioso. Es adictivo, desafiante, frustrante, exasperante, gratificante… Una lucha permanente. Cuanto más avanzas, más desarrollo puedes hacer y mejor debería ser el coche. En los *rallies*, la fecha límite para ello suele ser la fecha de homologación, mientras que, en la Fórmula 1, es tu primera prueba. Esto significa que puedes seguir perfeccionándolo hasta que salga del garaje por primera vez, lo que, asimismo, te permite aprovechar al máximo el reglamento. Y tienes que aprovechar ese tiempo, desde el primer minuto hasta el último. Si tu coche está listo un mes o incluso una semana antes de la primera prueba, algo estás haciendo mal. Cada minuto cuenta.

El límite presupuestario ha afectado mucho más a los equipos grandes que a los pequeños, porque ya estamos acostumbrados no solo a trabajar con menos dinero, sino a sacarle más rendimiento. Esperemos que eso nos dé alguna ventaja.

Una de las preguntas más habituales que me hace la gente sobre mis días en los *rallies* es qué echo de menos. Bueno, aparte de la gente, a la que extraño mucho, lo que más echo en falta del *rally* es la variedad de experiencias que vives cuando viajas. La Fórmula 1 es circuito, hotel, circuito, hotel, circuito, hotel, circuito, aeropuerto. A veces, puedes ir a comer a un restaurante el jueves o el viernes por la noche, pero por lo general divides tu tiempo entre el circuito y el hotel. Creo que a los músicos les pasa lo mismo. Si estás de gira, lo más probable es casi no pises la ciudad en la que tocas, así que es local, hotel, aeropuerto. Nunca llegas a ver la ciudad o el país, o no mucho. En los *rallies,* solíamos probar durante un mes en África y cada noche nos alojábamos en un hotel y un lugar distintos. Además de ver y aprender sobre cada país, conocíamos a la gente, que es otra cosa que no se consigue mucho con la Fórmula 1. Los recepcionistas y camareros de los hoteles son las personas con las que más contacto tenemos.

La otra cosa que echo de menos de los primeros días de mi carrera en los *rallies* es la falta de organización. Cuando empecé en los años ochenta, todo era muy libre e inconexo, y una de las razones era que no teníamos teléfonos móviles. Te daban un coche, ibas a hacer pruebas y, al final de cada día, enviabas un fax con lo que había pasado y lo que no. Esa era la única forma de comunicarse la mayor parte del tiempo, así que eso era lo que tenías que hacer en caso de necesitar algo como una pieza nueva si no podías conseguir una línea telefónica, cosa bastante normal en África. Con el tiempo, esto cambió y, con ello, también lo hizo el comportamiento de los conductores. Hoy en día, la actitud de un piloto de *rallies* es mucho más parecida a la de un piloto de Fórmula 1. Ante todo, porque están bien cuidados y todo a su alrededor se encuentra organizado. En general, siguen estando chiflados: ese sigue siendo un requisito del trabajo. En la Fórmula 1, tienes que estar muy en forma, y en los *rallies,* un poco loco.

Las variables en los *rallies* son mucho mayores que en la Fórmula 1 y por eso es un deporte más reactivo. Y no hablo solo del terreno, sino también del tiempo y del clima. Mira el Rally de Montecarlo: una etapa puede estar helada y la siguiente, seca por completo. La autosuficiencia también es clave para ser piloto de *rallies*. En la Fórmula 1, tienes un equipo de ingenieros que te dice lo que tienes que saber y hacer, mientras que en los *rallies,* solo estáis tu copiloto y tú. Yo diría que la amplitud de talento necesaria es mayor.

El único otro asunto que debo terminar esta semana antes de ir a Barcelona es resolver los últimos contratos de patrocinio. En lugar de contar con un director de patrocinio interno, solemos recurrir a agencias que hacen el trabajo preliminar en nuestro nombre y, luego, nos presentan a la persona adecuada. ¿Y con quién se reúnen y negocian estos afortunados si muestran interés en patrocinar a Haas F1? Conmigo. Siempre pienso que esto podría desanimar a la gente, pero, de momento, me va bien. Por ahora, nadie se ha levantado de la mesa gritando ni ha llamado a la Policía.

Si no lo soluciono antes de Barcelona, no será el fin del mundo, pero tiene que ser antes de que empecemos las carreras.

El domingo vuelo al Reino Unido. Tenemos una fábrica en Banbury y allí están pasando muchas cosas en este momento. En realidad, están pasando muchas cosas en todas partes. El otro día, mientras me quejaba de que no tenía tiempo para nada, alguien me sugirió que me clonara.

—¿Estás mal de la puta cabeza? —repliqué—. Acabaría discutiendo conmigo mismo todo el tiempo. Sería una pesadilla.

¿Múltiples Guenthers? No, *grazie.*

Viernes, 18 de febrero de 2022 – Maranello (Italia)

El lunes 14, la Comisión de la Fórmula 1 se reunió en Londres para celebrar su primera reunión del año. Era la primera a la que asistía el recién elegido presidente de la FIA, mi viejo amigo Mohammed Ben Sulayem, y había mucho de qué hablar. El primer punto del orden del día fue el Gran Premio de Abu Dabi de la temporada pasada. Por los clavos de Cristo, ¡otra vez no! ¿Cuántas veces tenemos que revivir eso? No tengo autorización para contarte lo que se dijo en la reunión, pero digamos que se produjo una discusión franca y completa entre ciertos miembros de la comisión que me mantuvo entretenido. Con mucho gusto habría comprado una entrada para aquello. Por suerte, no tuve que hacerlo; primera fila, pero sin palomitas.

El siguiente punto del orden del día fueron las carreras al *sprint*. Primero, se repasaron las tres que se celebraron la temporada pasada y todo el mundo estuvo de acuerdo en que el nuevo formato había sido un éxito. También se propusieron otras tres para la nueva temporada, que se celebrarían en el Gran Premio de Emilia-Romaña, en el de Austria y en el de São Paulo. Creo que habrá un par de cambios en el sistema de puntos, pero, aparte de eso, todo seguirá igual. Creo que las carreras al *sprint* son estupendas para el deporte, ya que ofrecen un valor añadido sin que tengamos que ampliar mucho lo que estamos haciendo. Para ser sincero, me gustaría que hubiera más en lugar de más Grandes Premios.

La única otra cuestión importante que tratamos fue qué debe ocurrir cuando las carreras se acortan debido a las condiciones meteorológicas. Tras lo ocurrido en Bélgica el año pasado —la carrera acabó suspendida por la lluvia y fue muy polémico—, la comisión ha propuesto algunas actualizaciones del reglamento, como que los puntos solo se concedan cuando el líder haya completado un mínimo de dos vueltas sin la intervención de un coche de seguridad o de un coche de seguridad virtual. Estoy de acuerdo.

Así pues, sin lugar a dudas, Michael Masi dejará de ser el director de carrera por lo ocurrido en Abu Dabi. Creo que la decisión de la FIA de mantenerlo involucrado en el deporte en lugar de deshacerse de él es la correcta. Debido a lo sucedido, no hay forma de que hubiera podido continuar en su puesto. Tanto si estás de acuerdo con lo que hizo como si no, su cargo se habría sometido a un escrutinio excesivo y todas sus decisiones se habrían cuestionado una y otra vez. No he hablado con nadie de la FIA sobre esto, así que es solo mi opinión. Sin embargo, me gusta Michael y, con independencia de lo que ocurrió el año pasado, el nivel de críticas y abusos que ha tenido que afrontar ha sido espantoso; malo de verdad.

El martes pasé el día en nuestra fábrica de Banbury donde vi un rato a Nikita. Fuera de temporada, siempre intento mantener las distancias con los pilotos todo lo que puedo, porque durante la temporada los veo siempre. No obstante, parece que está bien: disfrutó en el simulador la semana pasada y, por lo visto, el programa funciona. El miércoles regresé a Italia y, después de pasar el día en Dallara, conduje hasta Maranello, que es donde estoy ahora. Ayer a las 5 de la madrugada, encendimos el motor por primera vez. Fue más tarde de lo previsto, pero sonó de puta madre. Eso siempre te hace sentir bien, ya sabes, y todo el mundo está muy contento. ¿Cómo será de rápido? No lo sabremos hasta dentro de una semana, pero ya casi lo tenemos y mañana por la mañana el coche se llevará de Italia a Barcelona. Mientras estoy aquí sentado, oigo de fondo el nuevo Ferrari. Nuestra oficina da de forma directa a la pista de pruebas de Fiorano, pero las persianas están bajadas, así que no veo nada. Es casi como si se fiaran de mí.

Todavía no he resuelto del todo el tema de los patrocinadores. Quedan algunas discusiones sobre dónde vamos a poner los logotipos, pero ya casi lo tenemos. De hecho, debo hacer un par de llamadas al respecto esta tarde, así que podría resolverlo hoy mismo.

La gran noticia de esta semana no solo desde el punto de vista de Haas, sino del automovilismo en general (por no hablar de la moda), es que nuestro equipo de redes sociales ha publicado un vídeo en el que aparezco como modelo de la equipación. Solo que, en lugar de ser yo de pie con las manos en los bolsillos mirando a la cámara, ¡alguien ha puesto «Careless Whisper» de George Michael de fondo! De repente, la gente empezó a reírse en la oficina y lo siguiente que sé es que recibo un correo electrónico de mi socio en Estados Unidos con un enlace que dice algo así como: «Mira Guenther, ¡eres un supermodelo!». El error que cometí fue hacer clic en él. ¿Qué demonios es esto? Hay cosas que, una vez vistas, no puedes dejar de ver. ¡Estoy traumatizado! Unos minutos después, recibo un mensaje de mi hija. «¡Estás muy guapo, papá!», me dice. «Eres un gran modelo».

¿Por qué la gente me hace estas cosas? Yo también tengo sentimientos, ¿sabes?

En fin, próxima parada: Barcelona. Para serte sincero, estoy muy nervioso. Tanto el equipo como yo hemos hecho todo lo posible para preparar un coche que nos vuelva a hacer competitivos y ya casi ha llegado la hora de la verdad.

PRUEBAS

Martes, 22 de febrero de 2022 – Circuit de Barcelona-Catalunya, Barcelona (España)

9:00

Llegué al circuito a las 6 de la mañana y la primera persona que vi fue Stuart, nuestro director de comunicaciones, con cara de preocupación.

—Guenther, tenemos que hablar —me dijo.

Pensé para mis adentros: «Mierda, ya estamos». Las pruebas ni siquiera habían empezado y ya teníamos problemas.

Stuart me dijo que era posible que Rusia estuviera a punto de invadir Ucrania. Para cualquier otro equipo, eso no supondría un problema como tal, pero, para nosotros, podría ser desastroso. No solo tenemos un piloto ruso, sino que nuestro patrocinador principal también lo es. No quiero ni pensar en ello en este momento.

Una hora más tarde, vi a Nikita. Todo el mundo intenta actuar con la mayor normalidad posible a su alrededor, pero este elefante en la habitación es del tamaño de una puta montaña. Al menos, los preparativos en el garaje van bien, que ya es algo. El principal inconveniente que esperábamos en aquel momento era que el coche marsopeara —es decir, que cabecease en la recta—, lo que provoca rebotes y tiene que ver con la forma en que los nuevos coches generan carga aerodinámica y agarre. En esencia, se trata de efecto suelo, de modo que, a medida que el coche se ve succionado hacia la pista, crea más carga aerodinámica. Sin embargo, cuando este alcanza su velocidad máxima, la distancia del fondo del coche al suelo disminuye, lo que puede hacer que el flujo de aire se pierda bajo el monoplaza y haga que este se levante. Cuando se levanta, vuelve a crear carga aerodinámica y el proceso vuelve a empezar. En cualquier caso, ese era problema del equipo técnico en este momento.

El resto del día, lo pasé poniéndome al día con los chicos y haciendo entrevistas. Todo el mundo quiere preguntar sobre la situación en Rusia, pero ¿qué puedo decirles yo? ¡Yo no soy Vladímir Putin! A todos los periodistas les he dicho:

—¿Queréis hablarme del coche o del equipo? Para eso estamos aquí, ¿no?

Entendieron el mensaje.

Es bueno que todos volvamos a estar juntos. Solo espero que el coche sea tan bueno como creemos.

Miércoles, 23 de febrero de 2022 - Circuit de Barcelona-Catalunya, Barcelona (España)

14:00

He dormido como una mierda. Mi cerebro es como la rueda de un hámster y hay demasiadas malditas distracciones en este momento. Todavía estaba oscuro cuando salimos hacia el circuito, así que intenté dormir un poco más. Desayuné algo al llegar y luego fui directo al garaje. Al menos, hace buen tiempo. Hay que ver el lado positivo.

Nikita fue el primer piloto en salir, pero, tras veinte vueltas, descubrimos una fuga en la refrigeración y perdimos un tiempo de pista muy valioso intentando arreglarla.

Esto es jodidamente típico de mi suerte. Nikita volvió al circuito antes del almuerzo, pero solo para unas pocas vueltas.

La primera mañana fue una mierda y la tarde no fue mucho mejor. Mick se pasó la mayor parte de la sesión sentado de brazos cruzados por culpa de unos bajos de chasis dañados y solo pudo dar veintitrés vueltas. Solo Bottas y Kubica del Alfa Romeo dieron menos vueltas que nuestros dos pilotos. ¡Ya estamos otra vez!

Hoy temprano, un amigo me ha dicho que, si hubiera una mierda en medio de cualquier carretera del mundo entero, acabaría pisándola.

—Guenther —me dijo—. Me caes bien, pero eres una zona catastrófica andante.

Y este es un buen amigo mío, así que imagínate lo que dicen los tipos a los que no les caigo bien. Solo bromeaba, pero, en los últimos tres años, ¡todo lo que he tocado se ha convertido en mierda! Le respondí a mi amigo:

—No todo es culpa mía, capullo. ¡Es que no me dan ni un respiro!

Después de la prueba, tuve una reunión con Stuart y luego una larguísima llamada telefónica con Gene. Estaba preocupado por toda la situación de Rusia y ha concertado una reunión con la junta de Haas Automation mañana después de la prueba. También me han llamado un par de patrocinadores para preguntarme qué vamos a hacer al respecto. Todos quieren respuestas, pero yo no puedo dárselas. Stuart me ha sugerido que pase desapercibido durante un tiempo y no hable con la prensa, lo cual es una buena idea. Estará bien tomarse un descanso.

Buenas noches. ¡Estoy agotado!

Jueves, 24 de febrero de 2022 - Hotel del equipo, Barcelona (España)

22:00

¡Jesus bendito! ¡Menudo día! He tenido que tomar notas para no olvidarme de nada.

Me he despertado con la noticia de que Rusia ha invadido Ucrania. Oh, ¡perfecto! Es más que evidente que lo siento mucho por las personas afectadas de lleno, pero solo puedo ocuparme de mi propio barco, ¿sabes? En lo que a automovilismo se refiere, todos los ojos están puestos en nosotros en este momento. Ni siquiera encendí el teléfono hasta después de llegar a la pista esta mañana porque sabía que no pararía de sonar. Cuando lo hice, había más de cien mensajes de texto y unos setenta mensajes de voz.

La primera persona que vi al llegar fue uno de nuestros ingenieros, que me hizo reír de inmediato.

—Guenther —dijo—. Solo Haas podía tener un piloto y un patrocinador rusos al comienzo de una guerra rusa que hace que todo el mundo odie a Rusia.

Casi me meo de risa, pero tiene razón. Creo que nos persigue una especie de maldición. ¿Quizá Kevin y Romain nos han echado mal de ojo? Pensaba que me había reconciliado con Kevin, pero nunca se sabe. Podrían estar sentados en casa ahora mismo clavando alfileres en muñecos de Guenther.

Puede que bromeara, pero el ingeniero tenía razón. Con un patrocinador y un piloto rusos, todo el mundo quería saber cómo íbamos a responder a la invasión. Fue bastante intenso y lo primero que decidimos fue no decir nada a la prensa hasta que yo hubiera hablado con la junta. Lo siguiente que tuve que hacer a continuación fue asegurarme de que los chicos del garaje pudieran seguir haciendo pruebas sin interferencias externas. Eso fue fácil hasta cierto punto, ya que todos están muy concentrados, pero tuve que mantener una conversación muy difícil con Nikita. Sé que su padre, Dmitry —el accionista mayoritario de Uralkali, nuestro patrocinador principal— es cercano a Vladímir Putin y, al fin y al cabo, no quiero que nuestro equipo se asocie con alguien que inicia una puñetera guerra, ¿sabes? Nikita me dijo que no le interesaba la política y que él solo quería conducir. Entiendo y aprecio lo que dice, pero la cosa va un poco más allá. Es muy difícil para todos.

Al final, fue un día bastante bueno en el circuito; no brillante, pero mejor que ayer. Mick salió pronto, marcó una vuelta rápida de 1:21.949 y acumuló sesenta y seis vueltas, la misma distancia que un Gran Premio de España completo. Parecía contento. A las siete vueltas, Nikita se paró en la pista con una bomba de combustible dañada, por lo que se interrumpió la sesión con bandera roja. Los chicos se dejaron la piel para arreglarlo y, en su penúltima vuelta, Mick marcó 1:21.512 y elevó a ciento ocho el número total de vueltas del día. Nikita empezará a correr el viernes por la mañana y Mick cerrará la prueba por la tarde.

En este momento, lo que mantiene concentrados a los chicos del garaje es que todos ven potencial en el coche. Y la diferencia entre esto y todo lo demás que está pasando es que el potencial del coche es real, está ocurriendo. La invasión rusa de Ucrania también está pasando, pero no podemos hacer nada al respecto. Todo lo que nos han lanzado desde que empezó la ocupación han sido opiniones y, además, implacables. Las dos únicas cosas que todos los adultos tienen en común son una opinión y un agujero en el culo y, cuando ambas se encuentran, de repente aparecen las gilipolleces.

En cuanto terminó el examen, me fui a mi despacho para la reunión de la junta. Querían saber lo que pensaba como director del equipo, así que se lo dije.

—Hay que abandonar la marca Uralkali —afirmé—. Cambiemos el color por el blanco y digámosle a todo el puto mundo que eso es lo que hemos hecho.

Todos los miembros de la junta estuvieron de acuerdo conmigo y la reunión terminó en un par de minutos; no hubo debate. Hay que hacerlo por el bien de Haas y por el del deporte. Si mantuviéramos a Uralkali como patrocinador y lo tuviéramos en nuestros colores, los medios de comunicación, los aficionados y la FIA nos crucificarían. Sería un suicidio, ¡y ya tengo bastantes problemas con lo mío!

Después de la reunión del consejo, llamé al presidente de Uralkali y le conté lo que habíamos decidido y creo que se lo esperaba. Podría haber llamado al padre de Nikita, pero, cada vez que hablamos, acabamos discutiendo. Aunque la decisión fue unánime, pedí al presidente de Uralkali que, cuando pudiera, me dijera cómo veían las cosas. Todavía no me ha contestado. Todo el asunto es lo que la gente llama hoy en día una «situación muy fluida», que en esencia significa que nadie sabe una mierda de lo que está pasando. Lo oigo todo el tiempo; hoy en día, está de moda.

—Ya no sé cómo hacer mi trabajo.

—Eh, no te preocupes, tío, ¡solo estás en una situación muy fluida!

Menuda sarta de memeces.

De todos modos, a las 6 de la tarde, Stuart hizo público el siguiente comunicado a la prensa:

El equipo Haas F1 presentará su VF-22 con una decoración blanca lisa, sin la marca Uralkali, para el tercer y último día de rodaje en el Circuit de Barcelona–Catalunya el viernes 25 de febrero. Nikita Mazepin pilotará como está previsto en la sesión matinal y Mick Schumacher lo hará por la tarde. No se harán más comentarios en este momento con respecto a los acuerdos con el patrocinador del equipo.

¡Pues claro que no, joder! Dejadme en paz.

Eso era todo lo que podíamos hacer hoy, pero, según Stuart, sirvió para calmar a la prensa, a los aficionados y a la FIA. No saben que, en realidad, aún no hemos puesto fin a nuestra relación con Uralkali, pero esto los mantendrá alejados de nosotros hasta que podamos hacerlo público. Tal como Gene me dijo anoche:

—De momento, se trata de limitar los daños.

Lo que pretendo hacer ahora es pasar el día de mañana como pueda, volar a casa y pasar el fin de semana tranquilo, ver a mi familia y mantener la bocaza cerrada. Ni ayer ni hoy he dicho una sola palabra a los medios de comunicación y los rumores se han disparado.

«Han despedido a Guenther», se decía. «Haas ha quebrado». Más chorradas.

También he tenido a Netflix llamando a la puerta todo el día. Según Stuart, la nueva serie *Drive to Survive* empezó hace unos días, lo que significa que la mitad de la parrilla se quejará por ello —cosa que siempre pasa— y a la otra mitad le importará una mierda. Es solo un programa de televisión y es bueno para este deporte.

Teniendo en cuenta lo que ha ocurrido en los últimos días, tengo muchas esperanzas puestas en *Drive to Survive*, ya que, al menos, la gente querrá hablar conmigo de algo distinto a Rusia y Nikita. Al menos, espero que así sea. Me parece bien charlar de casi todo, pero, de política y mierdas como esta, no tanto.

Los rumores sobre la quiebra de Haas si Uralkali deja de ser patrocinador son los primeros a los que responderé cuando decidamos hacerlo público por la sencilla razón de que a muchos de nuestros seguidores y simpatizantes les preocupa mucho el futuro del equipo. Estamos en una situación financiera bastante buena, así que no hay nada por lo que alarmarse. La vida consiste en superar obstáculos y ya he hecho algunas llamadas telefónicas. Vamos a estar bien. Ahora que he hablado con Uralkali, lo más importante es que el equipo no se sienta amenazado. Aparte de uno de nuestros pilotos, que es probable que se esté cagando un poco encima, creo que así es. A diferencia de los demás directores de equipo, yo he participado en la contratación de todos los miembros del personal que tenemos en nuestro equipo. Confían en mí y somos como una familia. ¿Y qué si es la familia Addams?

Mientras escribo, la FIA se reúne para decidir qué hacer con los pilotos rusos y el Gran Premio de Rusia. Esta tarde ya me han llamado por teléfono miembros del Consejo Mundial para pedirme mi opinión. La única razón por la que la quieren saber mi postura es para justificar la suya, así que no se la daré; no me gusta que me utilicen. Es una decisión que deben tomar ellos mismos. Si salen y dicen que no habrá pilotos rusos en ningún Gran Premio, eso me hará la vida mucho más fácil, pero ya veremos. Al fin y al cabo, lo mejor para todos hubiese sido que, para empezar, Rusia no hubiera invadido Ucrania.

Cuando volví al hotel hace un par de horas, llamé a Gertie, que, por fortuna, no me hizo demasiadas preguntas sobre Rusia. Sin embargo, estaba preocupada por mí, así que le dije que todo iba bien. Comí algo y luego contesté a algunos correos electrónicos y mensajes. En una escala de mierda del uno al diez, hoy ha sido como un millón.

En serio, ¿quién querría mi vida?

Viernes, 25 de febrero de 2022 - Circuit de Barcelona-Catalunya, Barcelona (España)

16:00

En cuanto llegué a la pista esta mañana, todo empezó a irse a la mierda, para variar. Literalmente, en el momento en el que entré al garaje, un mecánico empezó a quejarse de que habían encontrado una fuga en el sistema de aceite y solo pudimos dar nueve vueltas en ambas sesiones. Lo que significa, en términos reales, que hemos tenido un día completo en una prueba de tres días; a veces es así. Lo más importante es que hemos aprendido mucho sobre el coche y hemos solucionado en parte el problema del cabeceo. Creo que el ochenta por ciento de los equipos han tenido el mismo inconveniente.

Es obvio que la situación en Rusia sigue su curso, pero la respuesta a lo que hemos hecho hasta ahora ha sido muy positiva. Al principio, no estaba seguro de cómo iría, pero creo que estamos contentos. La FIA también ha emitido un comunicado sobre el Gran Premio de Rusia, que ya no se celebrará. Sin embargo, todavía no se sabe nada de los pilotos rusos. Al fin y al cabo, solo hay uno en la Fórmula 1 y, sorpresa, sorpresa, ¡trabaja para mí! Eso es típico. Ya veremos. Ahora mismo, solo quiero llegar a casa y ver a Gertie y a Greta.

PRETEMPORADA

Miércoles, 2 de marzo de 2022 - Rancho Steiner, Carolina del Norte (Estados Unidos)

14:00

Desde que salió el comunicado de prensa el otro día, todos los pilotos con una puta superlicencia han intentado besarme el culo. Siempre he sido un tipo superpopular, ¿sabes?, pero cuando la gente cree que tienes un puesto de piloto libre que regalar en la Fórmula 1, se le pone un turbo a esa popularidad. Hace unos diez minutos, he recibido un mensaje de texto de un piloto —que tendrá que permanecer en el anonimato— preguntándome de forma directa si iba a dejar caer a Nikita y si podría hablar conmigo en caso de que lo hiciese. Y yo, ¿qué cojones? ¿Estás loco? Estoy recibiendo mucho amor en este momento. ¡Es la hora de Guenther!

La situación de Nikita es mi mayor preocupación ahora mismo y nos está dando muchos quebraderos de cabeza. Aunque siguiésemos con él, no podría participar en todas las carreras debido a las sanciones impuestas a los ciudadanos rusos en algunos países. ¿Y si Ferrari convoca a Mick una semana? Podría acabar con un piloto de reserva.

Vamos a tener que tomar una decisión en los próximos días. Si dejamos marchar a Nikita, tendremos que encontrar a un sustituto muy rápido.

Sábado, 5 de marzo de 2022 - Rancho Steiner, Carolina del Norte (Estados Unidos)

20:00

El viernes 4, Gene y yo tomamos la decisión de romper los lazos con Nikita y Uralkali de forma oficial. Resulta obvio que no fue una decisión difícil de tomar, pero, antes de hacérselo saber, tuvimos que trabajar mucho con la FIA. Había llegado un punto en el que nuestros otros patrocinadores iban a abandonar Haas si no actuábamos de inmediato y, si hubiéramos esperado más, podríamos habernos quedado sin ninguno.

Aquella misma tarde, me dirigí con mi hija a Ashville, al oeste de Carolina del Norte, para asistir a una competición de natación en la que ella iba a participar al día siguiente. Luego, a las tres de la madrugada siguiente, mientras ella dormía, me levanté para una reunión con Stuart, que estaba en el Reino Unido. La cantidad de trabajo que tuvimos que hacer antes de anunciar la decisión fue descomunal, amén de escribir cartas y enviar correos electrónicos a Uralkali y Nikita para informarlos. Fue una tarea agotadora, pero, alrededor de las 6 de la mañana, ya estaba todo hecho y listo, lo que significaba que podía volver a la cama. El comunicado fue breve intencionadamente:

El equipo Haas F1 ha decidido rescindir, con efecto inmediato, el contrato de patrocinio con Uralkali y con el piloto Nikita Mazepin. Al igual que el resto de la comunidad de Fórmula 1, el equipo está conmocionado y entristecido por la invasión de Ucrania. Deseamos un final rápido y pacífico del conflicto.

Hemos vuelto de Ashville esta tarde y, nada más aterrizar, me he ido directo a mi estudio para empezar a hacer frente a las consecuencias del anuncio. Como he estado con mi hija, había apagado el móvil y, cuando lo he vuelto a encender, se ha vuelto loco durante unos diez minutos. Era como si dijera: «¿Dónde coño estabas, Guenther?».

Stuart ha respondido a muchos de los correos electrónicos, pero todos los que me conocen personalmente han intentado hablar conmigo. ¿Qué puedo decirles? Conocen las razones por las que hemos decidido romper lazos con Uralkali y Nikita, no hay nada más que añadir. A medida que ha ido avanzando el día, más y más gente ha preguntado quién va a sustituirlo y eso es lo que tengo en mente en este momento. De hecho, mañana a primera hora voy a reunirme con Gene al respecto. Para ser sincero, todavía no estoy seguro de lo que vamos a hacer. Como piloto reserva, Pietro Fittipaldi parecería la opción más obvia, no obstante, a pesar de haber corrido un par de Grandes Premios para nosotros sustituyendo a Romain, sería, esencialmente, un novato. Ahora, más que nada, creo que necesitamos experiencia y Gene piensa lo mismo. La decisión final recaerá en él, pero, de momento, no hay un sucesor obvio.

Domingo, 6 de marzo de 2022 - Rancho Steiner, Carolina del Norte (Estados Unidos)

17:00

A Gene Haas le gusta lanzar una buena idea de vez en cuando y esta mañana, cuando hemos tenido nuestra reunión sobre quién sustituiría a Nikita, se ha superado a sí mismo:

—¿Qué te parece recuperar a Magnussen? —ha propuesto—. ¿Crees que volvería?

—Por Dios, Gene —respondí—. Eres un puto genio, ¿lo sabías? Hace un par de semanas, tuvimos una charla agradable en Daytona y mi opinión es que, si puede, creo que vendrá. Déjame hablar con él.

Para ser sincero, no tenía ni idea de si Kevin volvería o no a Haas, pero confiaba en mi capacidad para convencerlo de que aceptara. Aparte de decir gilipolleces todo el rato, las dos cosas que se me dan bien son dar malas noticias y convencer a la gente para que diga que sí. Esas son todas mis habilidades. De hecho, si alguna vez tengo que buscar otro trabajo, lo pondré en mi currículum.

Nombre: Guenther Steiner
Fecha de nacimiento: hace mucho tiempo, joder
Habilidades: decir chorradas, dar malas noticias, persuasión intensa

Hablando de tener que dar malas noticias, Gene y yo habíamos decidido no ofrecerle el puesto a Pietro incluso antes de que hubiéramos tomado la decisión de ponernos en contacto con Kevin. Se tomó bien la noticia, pero es obvio que se sintió muy decepcionado. Mira, a mí no me gusta fallar a nadie, pero tengo que hacer lo mejor para el equipo y no hay más que hablar. Tenemos que volver a donde estábamos y no puedo correr más riesgos. No necesito otro novato.

Debo señalar que el hecho de que Gene sugiriera a Kevin para el puesto no fue un simple palo de ciego. En primer lugar, lo conocemos bien y él a nosotros. A pesar de que el coche es nuevo, la mayor parte del equipo está consolidada, por lo que sería casi imposible que un piloto entrara en el garaje, estrechara algunas manos y se pusiera manos a la obra. Y luego está Mick, por supuesto. Kevin ya cuenta con más de cien participaciones en Grandes Premios y Mick se beneficiaría de su experiencia. También podría ayudarnos a determinar lo bueno que es Mick, porque, de momento, no lo sabemos. Además, a todo el mundo en Haas le gusta Kevin. Es apolítico por completo e, igual que nosotros, solo quiere correr. Por último, pero no menos importante, qué mejor manera para Gene y para mí de demostrar a todos los chicos del equipo que nos tomamos en serio lo de volver a los buenos viejos tiempos que volviendo a contratar a uno de los pilotos… de los buenos viejos tiempos.

Cuando levanté el teléfono para llamar a Kevin, ya me había convencido de que era el hombre adecuado para el trabajo.

Como es típico en él, la respuesta de Kevin cuando lo llamé fue discreta. Tiene un carácter bastante tranquilo y reservado y, después de preguntarle qué le parecería volver a Haas y explicarle las razones por las que pensábamos que funcionaría, me dijo algo así como:

—Sí, de acuerdo entonces.

Pensé: «¡Vaya, me alegro de que estés tan contento como yo, Kevin!».

Todavía tenemos que resolver todos los detalles y conseguir que se libere de su contrato con Chip Ganassi y Peugeot, pero me sorprendería mucho que intentaran interponerse en su camino.

Qué gran manera de terminar un fin de semana muy difícil. El futuro empieza aquí.

Lunes, 7 de marzo de 2022 - Rancho Steiner, Carolina del Norte (Estados Unidos)

17:00

Esta mañana me he despertado con unos mensajes de texto del padre de Pietro. Al igual que su hijo, está muy decepcionado por no conseguir el puesto y me ha expresado su opinión con firmeza. No pasa nada, estoy acostumbrado y lo comprendo a la perfección.

De todas formas, olvida mi comentario de ayer sobre que el futuro empieza aquí. Las cosas con Kevin han ido de culo, de puto culo, luego bien y, ahora, otra vez de culo. La prueba de Baréin empieza el jueves 10 de marzo y anoche me informaron de que nuestro cargamento seguía varado en el Reino Unido. El avión de transporte que se suponía que iba a llevarlo hasta allí se retrasó en el aeropuerto de Estambul. Y lo que es peor, no tenemos ni idea de cuándo saldrá el cargamento. Los demás equipos ya se estarán preparando para la prueba mientras que nosotros, a este paso, ¡tendremos suerte si empezamos a hacerlo el puto miércoles! Es una situación muy grave y tengo una reunión dentro de quince minutos para ver en qué punto estamos.

Alguien me sugirió ayer que la única razón de ser de Haas es crear contenido para Netflix, ¡y empiezo a pensar que tiene razón! ¿Qué nos pasa? ¿He hecho algo malo en una vida pasada? De ser así, al menos me explicaría por qué tenemos tan mala suerte en este momento. En Barcelona, conseguimos dar menos vueltas que ningún otro equipo y sin tener culpa alguna. Luego, gracias a Putin, nos convertimos en el equipo deportivo más polémico del puto planeta y tenemos que deshacernos de un piloto y de nuestro patrocinador principal. Luego, por si eso fuera poco, el avión que debía llevar nuestros coches y la mayoría de las piezas desde el Reino Unido a Baréin se avería en Turquía, lo que nos retrasa dos días. ¿Qué demonios hemos hecho para merecer esto? Que alguien me lo diga.

Martes, 8 de marzo de 2022 - Rancho Steiner, Carolina del Norte (Estados Unidos)

7:00

Tengo que coger un vuelo a Baréin muy pronto y parece que voy a llegar allí antes que nuestros coches. La situación todavía no se ha resuelto. Lo último que supe fue que estábamos intentando conseguir otro avión de carga del aeropuerto de East Midlands para transportar la carga a Baréin por Leipzig. ¿Leipzig? En estos momentos, hay serias posibilidades de que tengamos que cancelar el primer día de pruebas, lo que, con franqueza, sería un desastre.

21:00 - Hotel del equipo (Baréin)

Por desgracia, he llegado a Baréin antes que nuestros coches. Ahora bien, tendrían que aterrizar en cualquier momento, así que, si el equipo hace todo lo posible —que lo hará—, existe la posibilidad de que podamos salir para la segunda sesión del primer día. Si lo hacemos, será un milagro.

Debo admitir que ha sido difícil seguir siendo positivo estos últimos días. Sé que he bromeado al decir que debíamos de estar malditos o algo así, pero, cuando a tu equipo le siguen ocurriendo mierdas como esta, empiezas a preguntarte si tu suerte va a cambiar alguna vez. Sé que tengo fama de reírme y bromear, pero no estoy aquí para eso ni para que se burlen de mí. Estoy aquí porque quiero competir y hacerlo al más alto nivel. Eso es lo que intento hacer cada día de mi vida. Pregunta a cualquiera que me conozca y te dirá lo mismo. Esa es la razón por la que me levanto.

Al final, tuve que hablar conmigo mismo en el vuelo y recordarme que la situación tiene cosas positivas. Estamos aquí, que es lo principal; aquí, en la Fórmula 1, y aquí, en Baréin por fin. Eso, en sí mismo, es un gran logro después de lo que todos hemos pasado desde 2020. Y tenemos un coche nuevo, por supuesto. Llevamos dos años preparándolo y espero que esta vez consiga algunos puntos o quizá incluso un podio. ¿Quién sabe? Ya dije antes que el ambiente que crea la esperanza es la savia de cualquier deporte. Sigo pensando que es así, pero, para crearla, en primer lugar necesitas a las personas adecuadas apoyándote. Por primera vez en años, creo que no solo contamos con ellas, sino también con la infraestructura adecuada para crear la esperanza que necesitamos no solo para sobrevivir como equipo, sino también para prosperar. Para ir mas allá del título de este libro, que es lo que yo quiero, pero no importa. El nivel personal técnico en Haas es el mayor que hemos tenido nunca y todo gracias a Gene. El equipo nunca ha sido tan grande como ahora y es de esperar que empiece a dar sus frutos. Entonces, ¿de qué me quejo? Vamos, Guenther.

PRUEBAS

9:00

Como prueba de lo que dije ayer, el equipo en Baréin se ha dejado la piel en las últimas treinta y seis horas, y parece que podremos empezar la sesión vespertina. Vale, hemos perdido cuatro horas, pero, desde donde estábamos el martes, en realidad hemos ganado un día. No podría estar más orgulloso de estos chicos. Estoy muy preparado para esto. ¡Hemos vuelto!

Kevin vendrá muy pronto para que le ajusten el asiento. Todo ha sucedido en el último minuto, pero está aquí y eso, obviamente, es lo principal. Mañana es su primer día en el coche y todo el mundo está muy emocionado. Estoy impaciente por volver a ver su carita danesa.

Una o dos personas me han preguntado si habíamos considerado a Romain para el puesto y la verdad es que nunca lo hicimos. Kevin y él siguen caminos diferentes, creo, y el que Romain ha tomado, que implicaba trasladar a su familia a Miami y firmar un contrato de varios años con Michael Andretti para la IndyCar, lo descartó para el puesto. Era un hombre con un plan, ya sabes, y, además, es cinco o seis años mayor que Kevin. Kevin es más como yo. Si ve un reto, lo aprovecha.

17:00

Pietro estaba en el coche hoy. Es un buen tipo. Algunos pilotos se habrían enfurruñado por no haber conseguido el puesto, pero él era todo sonrisas y estaba listo para la acción. Le cae bien a todo el mundo. Debido a lo que pasó en Barcelona, decidimos correr con compuestos más duros y simulaciones de vueltas más largas para intentar maximizar el número de vueltas. En general, fue un buen día de carreras. Estamos comprendiendo mejor cómo funciona el coche y tenemos que seguir así. Cuarenta y siete vueltas en total. No está mal, pero no es brillante. Necesitamos más.

Viernes, 11 de marzo de 2022 - Circuito Internacional de Baréin, Sakhir (Baréin)

16:00

He dormido muy bien. La patada en el culo que me di el otro día ha funcionado y vuelvo a estar con todos los cilindros a tope. ¡Los cincuenta! También me gusta Baréin. La gente es agradable, el hotel es cómodo y me gusta el circuito. Kevin ha llegado al circuito esta mañana temprano. Era su primera vez en el garaje de Haas desde diciembre de 2020 y ha sido estupendo verlo. Recuerdo el día en el que llegó por primera vez a nuestra sede en Kannapolis. Esto fue antes de que lo echara, por cierto. Fue el 26 de enero de 2017 y, para echarnos unas risas, lo pusimos a limpiar y a hacer fotocopias. No recuerdo la última vez que todo el garaje sonrió así. El efecto de su vuelta ya ha sido asombroso.

En fin, al grano.

Mick fue el primero en salir por la mañana, aunque se retrasó casi una hora por una fuga de aceite. ¡Estupendo! Después, tuvimos un problema con el sistema de refrigeración y, luego, otro con el tubo de escape, así que solo pudo dar veintitrés vueltas. ¡Aaaah! Es frustrante de cojones. Por suerte, a Kevin le fue mejor por la tarde. La última vez que se sentó en un Fórmula 1 fue en el Gran Premio de Abu Dabi de diciembre de 2020, pero fue como si nunca se hubiera ido. Dio sesenta vueltas en total.

Debido a la demora en el inicio, nos han concedido cuatro horas más de pruebas, por lo que hoy hemos continuado durante otra más, aunque nos habría venido bien un día extra. Seguimos teniendo muchos *gremlins* en el coche y empieza a preocuparme. En total, hemos perdido unos tres días de cinco en las dos pruebas. En esta situación, eso es toda una vida.

Después de la sesión, le pregunté a Kevin cómo se sentía.

—Creo que me he roto el cuello —me dijo—. Pero mañana haré otro día, me lo romperé aún más y espero estar en una forma un poco mejor para la semana que viene.

Típico de Magnussen.

NUEVA TEMPORADA

Sábado, 12 de marzo de 2022 - Circuito Internacional de Baréin, Sakhir (Baréin)

21:00

Menuda diferencia pueden marcar veinticuatro horas.

Empezamos temprano, a las 9 de la mañana, es decir, justo una hora antes que el resto. No voy a revelar sus nombres, pero algunas personas de la parrilla estaban en contra de que se nos concediera tiempo extra. ¿Te lo puedes creer? La Fórmula 1 es responsable del transporte y el problema con el avión no fue culpa de nadie. Los que se quejan son solo idiotas.

Kevin sumó con rapidez más vueltas a las sesenta que había dado ayer por la tarde y pasó directamente a encabezar la tabla de tiempos. Sin embargo, no fue una mañana sin problemas, ya que un fallo en el sistema de combustible puso fin a su entrenamiento antes de lo previsto. Consiguió dar algunas vueltas más antes de que terminara la sesión, y acabó con treinta y ocho vueltas y un mejor tiempo de 1:38.616.

Después de comer, llegó Mick para cerrar la prueba. Ayer no fue un buen día para él por causas ajenas a su voluntad, así que necesitábamos algo de suerte. Esta vez, tuvimos dos horas más al final de la sesión, que fue bajo las luces. Además de completar ochenta y cinco vueltas, lo cual fue alentador, acabó marcando el segundo mejor tiempo del día con un crono de 1:32.241.

Eso es todo. Se acabaron las pruebas. Creo que hemos tenido algo más de tres días en total de seis posibles, es decir, alrededor del sesenta por ciento. Es probable que hace cuatro o cinco días me hubiese hundido en un pozo de frustración, pero ya no. Ahora solo me interesan los aspectos positivos. El coche parece prometedor, los pilotos están contentos y estamos progresando como equipo. Aparte de más pruebas y cien millones de dólares más al año que los demás equipos para gastar, no podría pedir más en este momento.

En lo que debemos empezar a trabajar es en la fiabilidad. No la tuvimos en ningún momento durante las pruebas y tenemos una gran montaña que escalar. En cuanto al rendimiento, es difícil cuantificarlo porque no hemos rodado lo suficiente, pero diría que no tiene mala pinta.

Alguien me ha preguntado hace unas horas si me ha sorprendido que Kevin se hubiera integrado de nuevo en el equipo tan rápido como lo ha hecho. Supongo que un poco sí. De todas maneras, esa fue una de las razones por las que lo trajimos de vuelta. Conoce el equipo y es un buen piloto. Es evidente que estoy contento con su rendimiento durante la prueba, pero, de nuevo, ¿por qué iba a sorprenderme?

Creo que la alineación de pilotos que tenemos ahora para 2022 es potente. Mezcla juventud y experiencia, y creo que, a medida que avance la temporada, los pilotos empezarán a complementarse. Uno de los grandes puntos fuertes de Kevin es que ha pasado por muchos altibajos en su carrera, lo que lo ha hecho duro. Está bien preparado para el reto que le espera, ya ha estado allí y se ha comprado la puta camiseta. Mick es alguien que quiere el éxito y hará lo que haga falta para conseguirlo. En mi opinión, su reto inmediato es pisarle los talones a Kevin. Si lo consigue, estaré muy impresionado. Kevin hará avanzar a Mick, estoy seguro de ello.

La persona que me preguntó sobre Kevin también me planteó qué representaría un éxito para Haas en el Gran Premio de Baréin. Este tipo de interrogantes suelen ponerme un poco nervioso, sobre todo al principio de la temporada. Dicho esto, he de admitir que, desde ayer, me he atrevido a imaginarme cómo nos iría. Es lo que ocurre cuando crees que tienes un buen coche y creo que es así.

—En primer lugar, me gustaría terminar la puta carrera —dije.

Es la verdad. Los problemas de fiabilidad son nuestro mayor quebradero de cabeza en estos momentos, así que, si podemos mantenernos en la pista durante toda la carrera, no solo será un logro, sino que tendremos posibilidades. Soy optimista. Con cautela, pero lo soy. En realidad, a tomar por culo ser cauteloso. Creo que acabaremos en los puntos.

Viernes, 18 de marzo de 2022 - Circuito Internacional de Baréin, Sakhir (Baréin)

8:00

Algunas personas sienten mariposas en el estómago cuando llegan al primer Gran Premio de la temporada. ¡Yo putas águilas! Lo digo en serio. He dormido bien, pero, en cuanto me he despertado, estaban allí, dando vueltas y volando. Por eso hacemos lo que hacemos. Me encantan los retos y las oportunidades que nos brindan las pruebas y es estupendo estar en un circuito. Sin embargo, no hay nada mejor que el ambiente de un Gran Premio.

Como he dicho antes, me gusta el circuito de Baréin. De forma histórica, hemos cosechado éxito aquí y conocemos bien la pista. Kevin ha corrido aquí siete veces y, en 2018, terminó quinto. Mick también ganó el Campeonato de Fórmula 2 de la FIA de 2020 en Baréin y también debutó aquí en una carrera de Fórmula 1. Sigo creyendo en lo que dije ayer: somos capaces de sumar puntos.

20:00

Teníamos un plan muy claro en los primeros entrenamientos libres, que consistía en ir cargados de combustible, dar tantas vueltas como pudiéramos y, en esencia, seguir probando. Hay bastantes cosas que necesitamos averiguar sobre el coche y que no pudimos probar aquí la semana pasada, así que era lo lógico. En consecuencia, terminamos decimoctavo y decimonoveno, lo que dio a los detractores la oportunidad de decir: «Oh, ya veo que Haas sigue donde debe estar».

Por suerte, descubrimos la mayor parte de lo que necesitábamos saber, lo que significó que, en los segundos entrenamientos libres, pudimos salir con las mismas cargas de combustible y los mismos modos de motor que los demás equipos. Además, la hora del día y las temperaturas más frescas reflejaban mejor a lo que nos enfrentaremos en la calificación y en la carrera. Mick registró un tiempo de 1:33.085, que lo situó octavo, y Kevin quedó décimo con un tiempo de 1:33.183. Antes de terminar la sesión, ambos hicieron un par de tandas con mucho combustible y eso fue todo.

En general, ha sido un buen día. No ha habido problemas con el coche. Ningún problema, nada. El equipo ha hecho un trabajo fantástico durante la última semana desde las pruebas hasta ahora. Han sido incansables. Solo tenemos que seguir con el mismo ritmo y la misma fiabilidad en la sesión de clasificación. Podemos conseguirlo.

Sábado, 19 de marzo de 2022 - Circuito Internacional de Baréin, Sakhir (Baréin)

8:00

La primera persona que he visto al llegar al *paddock* esta mañana ha sido Fred Vasseur, de Alfa Romeo.

—Oh, maldita sea —le dije—. Esto empieza a cansarme. ¿Me estás acosando? Sí, me estás acosando. Déjame en paz, francés idiota.

Fred y yo somos vecinos en el *pit lane* desde hace tiempo y, de todos los directores de equipo, es con el que me llevo mejor. Bueno, con él y con Mattia. En realidad, ahora me llevo bastante bien con todos los directores de equipo. Puede que seamos competidores, pero es un deporte que nos apasiona. Eso, además de evitar que nos matemos unos a otros, creo que es lo que nos mantiene unidos. A veces, también tenemos que hablar juntos ante los medios de comunicación, así que, si no me hablara con nadie, sería bastante incómodo. La vida es demasiado corta para esas mierdas. Aunque con Fred no habría mucha diferencia porque, de todos modos, apenas habla. Quizá por eso nos llevamos bien.

Todo el mundo estaba de buen humor cuando he llegado hace un momento. No solo en el equipo, sino también en el *paddock*. A veces, es como una morgue, sobre todo si el tiempo es una mierda. Por suerte, aquí no tenemos ese problema y, como es la primera carrera de la temporada, todos estamos contentos. ¡Por ahora! Espera a que volvamos después de la clasificación. Una o dos personas en el *paddock* tendrán cara de culo magullado, te lo garantizo. Espero que yo no sea una de ellas.

18:00

¡Guau! ¿Por dónde empiezo? Para que te hagas una idea de cómo nos ha ido esta tarde, estoy sonriendo de oreja a oreja.

La idea en la Q1, la primera ronda, era clasificarnos para la Q2, la segunda, en el menor número de vueltas posible. «No nos arriesguemos», pensábamos. Estábamos preparados para hacer más si era necesario, pero esa era la idea. Los entrenamientos libres fueron bien —Kevin acabó séptimo en la general y Mick, decimocuarto—, pero, durante esa sesión, el coche de Kevin ha tenido una fuga de aceite en el sistema hidráulico. Si hubiéramos intentado arreglarla, no habríamos llegado a la clasificación, así que no hemos tenido más remedio que rellenar el sistema entre tandas. Para ello, hay que desmontar los paneles, lo que consume unos valiosos segundos y, para colmo, debido a lo que estaba ocurriendo, a Kevin lo seguían llamando a la estación de pesaje. A pesar de todo, ambos pilotos superaron la Q1 con bastante facilidad.

—¡Dios! —le he dicho a Ayao—. ¡Es la primera vez que ocurre desde 2019!

Fue un *shock* al sistema. Nos habíamos acostumbrado tanto a luchar. Sé que no es un fiel reflejo del potencial en la parrilla, pero Kevin terminó quinto en esa sesión.

En la Q2, él continuó donde lo había dejado y terminó séptimo con un tiempo de 1:31.461. Recuerda que, hasta la semana pasada, este chico no se había sentado en un coche de Fórmula 1 en más de catorce meses. ¿Y qué hace? Nos da nuestra primera aparición en la Q3 en tres años. ¡Increíble! Por desgracia, Mick cometió uno o dos errores y no pudo igualar el éxito de Kevin. Sin embargo, terminó duodécimo, lo que no está tan mal. Pasó a la Q2 por primera vez en su carrera. Para la próxima, Mick, ¿qué tal la Q3? Parece que el coche da para ello.

Debido al problema de aceite de Kevin, sabíamos que solo podíamos dar una vuelta en la Q3. Aunque nos hubieran quedado dos juegos de neumáticos, no habría cambiado nada. Al final, esperamos hasta el final de la sesión antes de sacarlo de la pista. En realidad, fue por el bien de los demás pilotos: si el coche de Kevin se hubiera averiado en la pista en cualquier otro momento de la sesión, la bandera amarilla habría hecho que nos lincharan a todos. Un par de coches acabaron siguiéndonos a la pista, pero hicimos todo lo posible por salir lo más tarde posible.

Por desgracia, Kevin olía el aceite mientras conducía. Teniendo en cuenta lo que podría haber pasado si hubiera llegado a sus neumáticos traseros, es obvio que se puso nervioso. Como consecuencia, quizá no fue tan rápido como podría, pero, aun así, se clasificó séptimo, cosa increíble.

No ha sido un mal comienzo de temporada. Veamos qué pasa mañana.

Lunes, 21 de marzo de 2022 - Circuito Internacional de Baréin, Sakhir (Baréin)

2:00

¡¡Quinto!! Kevin ha terminado quinto. La temporada pasada fuimos el único constructor que no sumó ni un maldito punto y hemos empezado la temporada 2022 con diez. ¡Diez! Son las 2 de la mañana y estoy muerto de cansancio. Feliz, pero molido de cojones. Tengo que irme a la cama.

Mi teléfono sigue sonando y, desde el final de la carrera, debo de haber recibido doscientos mensajes de texto y WhatsApp. Algunos parecen sorprendidos de que hayamos puntuado, pero todos tienen una memoria muy corta. Me siento aliviado, pero no sorprendido. Incluso Gene estaba bastante animado cuando hablé con él. Habitualmente, es muy impasible, pero hoy no.

Alguien me preguntó la semana pasada si podía hacer reír a Gene Haas. La respuesta es sí. No necesariamente porque él piense que soy un tipo gracioso, pero siempre le digo muchas chorradas y, a veces, se queda ahí sentado riéndose incrédulo. ¡Y deberías ver las reuniones de la junta! Son todos californianos y, cuando empiezo a hablar, se quedan boquiabiertos. Y me doy cuenta de lo que piensan: «Dios mío, ¿de verdad acaba de decir eso?».

Esta mañana todo el mundo estaba muy nervioso. Nunca había visto el garaje tan silencioso. Por lo general, los mecánicos se cuentan chistes y se cachondean unos de otros —y de mí, sobre todo—, pero esta mañana era diferente, ¿sabes? La calma antes de la tormenta. Todos se daban los buenos días, pero nada más. Al final, reuní al equipo y les dije:

—Mirad, chicos, la razón por la que estamos tan nerviosos es que, para variar, tenemos un puto buen coche y somos competitivos. Sé que creéis los unos en los otros, ¡así que empezad a hacer lo mismo en el coche! Irá bien, ¿vale?

El equipo pareció animarse después de aquello y fue un chute de energía. Aunque quizá tenga que cambiarme el nombre por el de «El increíble embaucador», porque, en ese momento, me estaba cagando encima. ¿Quizá sea buen actor, después de todo? No me sorprendería. Al fin y al cabo, conseguí convencer a la FIA para que nos concediera una licencia hace la tira de años.

Una de las decisiones que Gene y yo habíamos tomado para esta temporada, y que sabíamos a ciencia cierta que funcionaría, fue pedirle a Kevin que volviera. No me arrepiento de habernos deshecho de él y de Romain en 2020, y ya he explicado por qué lo hicimos. Contratar a un piloto de pago nos funcionó en su momento y todos hemos vuelto a esto mucho más grandes y fuertes, pero joder, qué bien tenerlo de vuelta. Quién sabe, quizá si Mick me cabrea, puede que llame a Romain. Por cierto, es una broma. Creo que lo va a hacer bien, al menos, eso espero. Sin duda, promete mucho.

¿Qué recuerdo de la carrera? Dios, déjame pensar. La fiabilidad seguía siendo una preocupación y, poco antes de salir, Ayao cometió el error de recordarme que el mayor número de vueltas seguidas que habíamos dado con el coche había sido dieciocho.

—¿Y cuántas dura la carrera? —pregunté.

—Cincuenta y siete —respondió Ayao.

—Muchas gracias, joder.

Kevin hizo una gran salida y se colocó quinto en la primera vuelta, lo cual fue increíble. Mick hizo una buena salida y se colocó noveno. Recuerdo que le dije a Ayao en el muro de boxes:

—¿Qué coño está pasando aquí? Todo se va a ir a la mierda, ¡ya verás!

Se limitó a sonreír. Es mejor no animarme cuando estoy pesimista y sombrío, mejor ignórame.

Kevin entró en boxes para poner los neumáticos blandos en la vuelta catorce y, de nuevo, en la treinta y cuatro para poner los medios antes de entrar, una vez más, a por los blandos en la cuarenta y siete, cuando salió el coche de seguridad. Antes de eso, Mick había sufrido un trompo por culpa de Ocon, del Alpine, a quien penalizaron, y, cuando el coche de seguridad salió de la pista, Mick ya era otra vez decimotercero. Sin embargo, iba rápido, así que pensamos que aún podría llegar a los puntos.

—Te has vuelto a quedar callado, Guenther —recuerdo que dijo Ayao.

No respondí. Por alguna razón, ahora me sentía confiado y, cuando lo hago, también me pongo nervioso. ¿Por qué? ¡Porque estoy muy acostumbrado a que todo me salga jodidamente mal!

Kevin se mantuvo séptimo en la reanudación y, en la vuelta cincuenta y cuatro, Verstappen se retiró por un problema con la presión del combustible, y Pérez, por lo mismo dos vueltas más tarde. ¿Y en qué posiciones estaban? Quinto y sexto, lo que aupó a Kevin a la quinta. Bottas parecía presionarlo, pero lo aguantaba bien. Debí de perder la cabeza aquí por un segundo, porque tuve que preguntarle a Ayao cuántas vueltas quedaban.

—Una, idiota —me dijo—. ¡Ya lo sabes!

Así era, pero no podía pensar. Estábamos a una vuelta de acabar quintos en la carrera inaugural de la temporada.

En lo que me pareció una hora más tarde, oí al ingeniero de Kevin decir por la radio:

—Has acabado quinto, colega. Buen trabajo.

Fue entonces cuando cobré vida ¡igual que el monstruo de Frankenstein!

No recuerdo nada de esto, pero, al parecer, mis primeras palabras a Kevin por radio fueron:

—Kevin, ¡vaya puto regreso a lo vikingo! ¡No me lo puedo creer!

Kevin no alcanzó a oír lo que le decía porque todo el mundo estaba gritando de fondo, así que yo no recuerdo haberlo dicho y él no lo oyó, ¡pero todo el mundo lo afirma!

Qué día más loco.

La diferencia en el equipo ha sido inmediata. En los dos últimos años, cada vez que hemos tenido una carrera doble o triple, el estado de ánimo de los chicos después de la primera carrera ha sido una mierda. Todo el mundo quería irse a casa. La semana que viene estaremos en Yeda y, para variar, estamos impacientes por llegar. Tenemos energía porque tenemos esperanza, casi había olvidado cómo era esto. Por desgracia, el equipo no puede celebrarlo porque tenemos que recogerlo todo para mañana, pero lo compensaremos en algún momento.

Uno de los periodistas me preguntó después de la carrera qué lugar ocupaba este resultado entre mis diez mejores momentos en Haas. «Seguro que está entre los primeros», me dijo. En realidad, era una buena pregunta y, antes de responder, tuve que pensarlo.

Sé que lo he mencionado muchas veces hasta ahora, pero lo que hace que el resultado sea especial es el hecho de que haya ocurrido en una situación de reaparición.

Mis demás momentos favoritos en Haas, como terminar quinto en el Campeonato Mundial de Constructores, se produjeron como parte de una progresión, así que, aunque no dábamos nada por sentado, era para lo que estábamos trabajando. El resultado de hoy es el resultado de dos años de mierda y, al ser un coche nuevo construido por un equipo nuevo en unas instalaciones nuevas, no hemos tenido nada con qué compararlo. O, al menos, ¡nada de lo que valga la pena hablar! Ha sido como empezar de cero, casi. En cualquier caso, eso es lo que hemos sentido.

No es ningún secreto que Gene estaba pensando en abandonar la Fórmula 1 cuando revisó su inversión y, a pesar de lo que estaba ocurriendo con el covid, podría haberlo vendido en un segundo. No estoy seguro de si habría recuperado todo su dinero, pero podría haberse marchado muy fácilmente. No obstante, no lo hizo. ¿Y cuál es la razón? Porque él, igual que yo, estaba convencido de que podíamos conseguir lo que hemos logrado hoy y mucho más. Gene no es tonto: es un tipo listo y, si no creyera en nosotros, se habría largado.

Te diré qué otra cosa me hace feliz de esto y es demostrar que nuestros detractores se equivocan. En 2016, cuando empezamos, todos decían que ser un equipo cliente y comprar todas las piezas a Ferrari no funcionaría. ¿Y qué pasó? Vamos y puntuamos en tres de las cuatro primeras carreras. No sé si es porque soy un poco bromista y no un tipo corporativo o convencional, pero algunos nos han criticado desde entonces y han deseado que fracasáramos. Los equipos pequeños no le gustan a todo el mundo, ¿sabes?, pero aquí seguimos y, por mucho que eso pueda cabrear a algunos, seguimos siendo relevantes. Hoy lo hemos demostrado.

¿Sabes qué es lo más satisfactorio que me ha pasado hoy? Algo incluso mejor que saludar a Kevin cuando llegó de nuevo al garaje, cosa que fue bastante especial de narices: el hecho de que se me acercaran un par de miembros del equipo justo antes de irme al hotel esta noche.

—Nos dijiste que volveríamos en 2022, Guenther —me recordaron—. Y tenías razón. Gracias.

Y me di cuenta de que lo decían en serio. Fue increíble.

Pensando en ello, es probable que este sea uno de mis momentos favoritos en Haas hasta la fecha. Sabía que, cuando pronunciara esos discursos y hablara con el personal, algunos no me creerían, lo cual es comprensible por completo. La Fórmula 1 estaba casi de rodillas y el mundo entero sufría bajo una nube de incertidumbre. «Sí, pero Guenther Steiner dice que todo va a salir bien, así que ¡no pasa nada!».

Ahora, a la cama. Estoy hecho polvo.

Jueves, 24 de marzo de 2022 - Circuito de la Corniche de Yeda, Yeda (Arabia Saudí)

10:00

Esta mañana he llegado a Yeda y he ido directo a la pista. Es la segunda carrera de una serie doble (o triple si incluimos la prueba) de carreras y tengo buenas sensaciones, todos las tenemos. La última vez que estuvimos aquí, en 2021, había mierda corriendo por la parte trasera de las paredes del garaje. No bromeo. La pista se había terminado en un tiempo récord y había un problema con el sistema de saneamiento. Seguro que ya lo habrán solucionado. Si no, vamos a oler a retrete. De todos modos, los chicos ya están casi instalados, así que estamos listos para mañana. ¡Adelante!

20:00

He estado haciendo mucha prensa desde Baréin y, para variar, ha sido divertido. En los últimos dos años, casi todas las conversaciones que he tenido con un periodista han empezado con algo como: «Guenther, otro día decepcionante para Haas. ¿Cómo te sientes ahora?». Lo que de verdad quiero hacer en ese momento es decir: «¿Que cómo me siento? ¿Cómo crees tú que me siento? Pues como una mierda» y, luego, levantarme, sentarme en algún lado y tomarme un café. Sin embargo, tienes que entrar en el juego. «Sí, bueno, ya sabes que las cosas son difíciles en este momento, bla, bla, bla». Es la misma mierda de siempre, pero entiendo que hay que hacerlo. Un mal necesario.

Kevin también ha salido mucho en la prensa estos últimos días y he leído algunas de sus entrevistas. Para ser danés, es un tipo divertido. Seco como un hueso. Ahora estoy parafraseando, pero, en una de las entrevistas, cuando le preguntaron cómo había vuelto a Haas, dijo algo así como: «Me marché después de que Guenther me despidiera y construí una carrera muy buena. Conseguí podios, *poles* e, incluso, una victoria. Estaba muy muy contento y lo estaba disfrutando. Entonces, Guenther volvió a llamarme y lo arruinó todo…».

Cuando lo leí, casi me meo encima. Pero qué viaje. Hemos pasado de sumar un montón de puntos juntos a que él se fuera por inútil y luego volviera otra vez por ser fantástico y ¡no ser ruso!

Es demasiado pronto para decirlo con seguridad, pero parece que él y Mick van a tener una relación buena de verdad. Creo que Mick se da cuenta de que, además de llevarse bien con él, Kevin tiene mucha experiencia y puede ser su mentor si se lo permite. No hay muchos pilotos en la parrilla con tanta experiencia como Kevin, así que Mick debería aprovechar la oportunidad.

Anoche tuve una larga conversación con Gene. ¡Es extraño llamarlo ahora sin temer la conversación! No recuerdo la última vez que fue así entre nosotros. Durante los dos últimos años, mi versión de darle buenas noticias ha consistido en decirle que habíamos terminado decimoséptimos y decimoctavos en lugar de decimonovenos y los vigésimos. Te lo digo de verdad, era tal cual. Cuando suena mi teléfono y veo su nombre, se me hunde el corazón y estoy seguro de que a él le ha pasado lo mismo. «¡Oh, mierda! Es Guenther. ¿Qué habrá pasado ahora?». Esta última semana ha sido mucho más relajada y, a diferencia de devolvernos las llamadas más tarde, que es lo que hacemos a veces, contestamos de inmediato. Solo hemos sumado diez puntos, así que imagínate lo que pasará si conseguimos un podio. ¡Tal vez nos compremos una casa y nos vayamos a vivir juntos!

Entonces, ¿qué espero de este fin de semana? Aparte de hablar de Baréin, que, por el momento, lo sigo haciendo encantado. Es lo que más me pregunta la prensa. Desde luego, es un cambio con respecto a lo que estoy acostumbrado. «¿Qué esperas para este fin de semana, Guenther? ¿El decimoctavo, el decimonoveno o quedar fuera de la carrera?

Bueno, mentiría si dijera que no espero volver a estar en los puntos, aunque esta vez queremos que sean los dos coches. No solo uno.

Os toca a vosotros, Kevin y Mick.

Viernes, 25 de marzo de 2022 - Circuito de la Corniche de Yeda, Yeda (Arabia Saudí)

22:00

El motivo por el que sigo en el circuito es que, antes, se ha producido un ataque con misiles a unos dieciséis kilómetros del circuito. Al parecer, el objetivo era la refinería de petróleo de Aramco. ¡Me siento como un puto corresponsal de guerra! Tal como era de esperar, todo el mundo en la parrilla está preocupado y no paran de celebrarse reuniones con los organizadores, que nos mantienen informados de la situación. Lo que todo el mundo quiere saber es si estamos seguros, porque, de lo contrario, es imposible que nos quedemos en Yeda. Si es así, nos iremos de aquí lo antes posible y no habrá Gran Premio de Arabia Saudí. Nunca había vivido una situación como esta.

La última vez que un Gran Premio se canceló por algo distinto al covid fue en Baréin en 2011. Yo trabajaba en la Nascar por aquel entonces, pero lo recuerdo tan claro como el agua. Más o menos un mes antes de que se celebrara la carrera, empezaron unas protestas antigubernamentales que se conocieron como la Primavera Árabe. Al final, llegaron a Baréin y, durante las protestas, murieron varias personas. Se temía que los manifestantes intentaran explotar de algún modo el Gran Premio debido a su proyección mundial, por lo que, aproximadamente una semana antes de la carrera, Salman bin Hamad Al Jalifa, el príncipe heredero de Baréin, suspendió la carrera.

Sé lo que estás pensando ahora: «Guenther acaba de buscar eso en el puto internet». Vale, lo admito, he tenido que investigar los detalles, pero recuerdo que ocurrió.

Dentro de unos quince minutos, tenemos una reunión con el ministro y los organizadores, así que crucemos los dedos.

¿Y qué hay de la parte del día que no tiene que ver con misiles? Los primeros entrenamientos libres fueron una mezcla de todo: Kevin se limitó a dar solo dos vueltas de aclimatación antes de que otra fuga hidráulica lo obligase a permanecer en el garaje para repararla. A Mick le fue mejor con veintidós vueltas, así que, en general, no estuvo tan mal. Aun así, ¿dónde está la fiabilidad?

Después, hice un par de entrevistas y surgió el tema de Nikita Mazepin. Desde su despido y la ruptura de lazos con Uralkali, no hemos abierto la boca. En parte porque no tenemos nada que decir al respecto, pero, sobre todo, porque tenemos otras cosas en las que pensar. Por ejemplo, ¡nuestra temporada de Fórmula 1! Hace un par de semanas, incluyeron a Nikita y a su padre en una lista de personas que ahora se enfrentan a sanciones de la Unión Europea por la invasión rusa de Ucrania. Acabo de consultarlo y la entrada de Nikita en la lista, hecha pública por el Consejo Europeo el 9 de marzo de 2022, dice:

Nikita Mazepin es hijo de Dmitry Arkadievich Mazepin, Director General de JSC UCC Uralchem.

Como Uralchem patrocina al equipo Haas F1, Dmitry Mazepin es el principal patrocinador de las actividades de su hijo en el equipo Haas F1. Es una persona física asociada a un importante empresario [su padre] involucrado en sectores económicos que proporcionan una fuente sustancial de ingresos al Gobierno de la Federación Rusa, que es responsable de la anexión de Crimea y de la desestabilización de Ucrania.

Lo único que han hecho mal es no usar el tiempo pasado. Uralchem *era* patrocinador del equipo Haas F1, ahora ya no lo es. La razón por la que lo menciono es porque el día en que se publicó la lista, Nikita hizo una declaración en la que decía que tenía la intención de volver a la Fórmula 1 por la fuerza.

Por desgracia, los segundos entrenamientos libres fueron un desastre para Kevin. Se vio obligado a retirarse con más problemas mecánicos y sin ni siquiera poder hacer una vuelta rápida. ¡Mierda! Lo positivo es que Mick completó otra tanda limpia y dio veintisiete vueltas antes de terminar con una serie de vueltas cargado de combustible.

Estaba a punto de decir que ha sido un día lleno de acontecimientos, ¡pero todavía no ha terminado!

Sábado, 26 de marzo de 2022 - Circuito de la Corniche de Yeda, Yeda (Arabia Saudí)

8:00

Buenas noticias. ¡Va a haber Gran Premio!

Aun así, mierda, estoy hecho trizas, creo que no me acosté hasta cerca de las 2 de la mañana y tardé un rato en dormirme. Los ataques con misiles suelen tener ese efecto en la gente, ¿sabes?

El resultado de las reuniones (al final, hubo varias) fue que estamos seguros de que todo el mundo estaría a salvo, así que se tomó la decisión de seguir adelante. Soy responsable personal de todo el equipo Haas y, si hubiera tenido alguna duda, los habría hecho salir de aquí y enviado a todos a casa, pero no veo ningún problema. Todo va bien.

Ahora nos preparamos para la clasificación.

17:00

Mick ha tenido un choque aparatoso durante la segunda ronda de la clasificación y está en el hospital, pero está bien. Por lo que sé, ha ido demasiado rápido contra un piano en la curva doce, se ha quedado sin la parte trasera del coche y se ha ido directo contra la barrera. Hemos perdido el contacto con él en el momento del impacto, pero los médicos han llegado en cuestión de segundos y lo han llevado al centro médico del circuito. Después, lo han trasladado por precaución al hospital más cercano, en Yeda, y ahora me han asegurado que está bien. Está claro que me ha recordado lo que ocurrió con Romain en 2020. Aquello fue horrible y creo que, en cierta medida, nos persigue a todos.

Qué puto fin de semana llevamos. ¡Y eso que aún no ha empezado la carrera! Hasta ahora, he tenido que lidiar con continuos problemas de fiabilidad, lo que es un coñazo; con gente que me preguntaba por Mazepin, que era un problemón todavía mayor; con que me atacasen misiles, lo que podría haber sido un coñazo mortal, y luego con Mick que se estrelló contra una barrera a 275 kilómetros por hora, ¡lo que fue sencillamente terrorífico!

La clasificación empezó bien para nosotros. Los dos pilotos pasaron a la Q2, tal como habían hecho una semana antes, y todo el mundo estaba contento. El accidente de Mick empañó la segunda ronda de entrenamientos, que provocó un importante retraso con bandera roja. Acababa de marcar un buen tiempo con neumáticos blandos y salía con un juego nuevo cuando se produjo el accidente. Kevin terminó octavo, por lo que pasó a la Q3 por segunda vez consecutiva. Su primera vuelta rápida fue la mejor y terminó décimo. En general, ha sido un buen resultado.

De todos modos, olvidemos la clasificación por un momento. El dilema que se me planteó cuando Mick tuvo el accidente fue si pedir a los mecánicos que trabajaran toda la noche y fabricaran un coche nuevo para Mick o retirar el coche de la carrera por completo. Al final, solo tardé un par de minutos en decidirme y ya he retirado el coche de la carrera. Para empezar, no supe cómo estaba Mick hasta media hora después del accidente y eso influyó en las cosas. Por otra parte, además de tener que pedir a los mecánicos que trabajaran toda la noche después de haber tenido que hacer frente a los entrenamientos y al Gran Premio de Baréin, si algo hubiera ido mal durante la carrera, podríamos haber puesto en peligro nuestras posibilidades en Australia. Algo así habría hecho caer en una espiral descendente a todos y a todo, y no podía permitirlo. Además, Mick habría empezado la carrera desde el *pit lane,* por lo que las posibilidades de que sumara puntos habrían sido mínimas. Es una situación similar a no desarrollar el coche en 2021 y poner toda nuestra atención en 2022. No hay tanto en juego, por supuesto, pero es el mismo principio.

A pesar del accidente y de todo lo demás, en este momento estamos en una buena situación. Solo tenemos que ser pacientes, trabajar de forma constructiva y esperar los puntos. Al final, a Mick le dieron el alta en el hospital y podría haber corrido. No obstante, la decisión estaba tomada.

Bien, mañana es el día de la carrera. Teniendo en cuenta lo que ya ha ocurrido, con toda sinceridad no sé qué esperar.

Domingo, 27 de marzo de 2022 - Circuito de la Corniche de Yeda, Yeda (Arabia Saudí)

8:00

Por suerte, anoche dormí mucho mejor. Además, antes encendí el teléfono y no había mensajes sobre ningún desastre. ¡Increíble! Solo tengo que hacer una entrevista telefónica después del desayuno y luego me iré al circuito.

17:00

¡Hemos conseguido puntos! Solo dos, pero es mejor que nada. No recuerdo la última vez que sumamos puntos en carreras consecutivas. Es un buen resultado, sobre todo después de todo lo que ha pasado este fin de semana. Ahora solo tenemos que seguir así e intentar que Mick se sume a la fiesta.

Empezamos con una estrategia diferente a la de la mayoría de los demás equipos (llevábamos neumáticos duros y todos los demás llevaban medios) y, por desgracia, el coche de seguridad salió justo en el peor momento, en la vuelta dieciséis, tras un incidente con Latifi. Kevin acabó entrando en boxes, pero, cuando salió, había bajado hasta el duodécimo puesto. Tuvimos un poco de suerte hacia el final de la carrera con el coche de seguridad virtual, lo que nos ayudó a luchar por los puntos. Lo frustrante es que, si hubiera sido el coche de seguridad real, todo el mundo se habría agrupado con neumáticos nuevos y es probable que hubiésemos vuelto a puntuar a lo grande. En cualquier caso, ha sido una buena carrera para Kevin y ha dicho que el coche ha ido fenomenal hoy. Eso me hace casi tan feliz como los dos puntos. De todas maneras, tiene el cuello bastante jodido. No he dicho nada.

Antes, he pensado que quizá debería hablar más del Gran Premio en general, así como de los ganadores y la lucha por el título. No obstante, eso significaría que tendría que aludir a todos los demás equipos, pilotos y directores de equipo y, la verdad, no me importan una mierda. ¡Haas hasta la muerte, nena!

¡Hasta luego!

Lunes, 28 de marzo de 2022 - Hotel del equipo, Yeda (Arabia Saudí)

8:00

He vuelto a dormir bien, así que genial. La verdad es que no me sorprende. Espero que no todos los fines de semana sean como este. No creo que mi corazón pudiera soportarlo. Acabo de recibir un tirón de orejas de Stuart, aunque solo de broma. Ayer hice una entrevista en una emisora de radio por satélite después de la carrera y me sugirieron que, de no haber sido por la bandera amarilla, podríamos haber sumado más puntos. Respondí que siempre queremos conseguir el máximo de puntos, pero que no podíamos ser demasiado codiciosos, ya que el año pasado habría abrazado a todo el *paddock* por dos puntos. Al parecer, pensaron que había dicho «follado a todo el paddock» (¿yo?) y tuvieron que disculparse, pero no les culpo por pensar eso. Recordad que aprendí inglés en un garaje de *rallies*, chicos. Si queréis un director de equipo que nunca diga palabrotas, probad con… en realidad, no se me ocurre nadie. No todos son tan malhablados como yo, pero todos son capaces de decir tacos.

Pronto volaré otra vez a Estados Unidos. Voy de Yeda a Nueva York y luego de allí a Charlotte. Unas veinte horas de puerta a puerta, creo. Va a estar bien ver a Gertie y a Greta, pero ¿sabes lo que también me hace ilusión? La conversación cuando entre por la puerta. ¿Tienes idea de lo que es volver a casa, semana tras semana, cuando lo estás haciendo de pena? En vez de darte un abrazo al llegar, te pasan una caja de pañuelos de papel. «Oh Dios, Haas ha vuelto a ser el último. Sed amables con papá cuando llegue a casa». Esta vez, cuando llegue, voy a echar la puerta abajo de una patada y a gritar: «¡Doce putos puntos!». Eso sí, si lo hiciera, esa misma noche ya me han mandado a vivir a un hotel.

Viernes, 1 de abril de 2022 - Aeropuerto Internacional de Charlotte-Douglas, Charlotte (Estados Unidos)

8:00

Todo el engranaje de *Drive to Survive* ha empezado a funcionar de verdad. No sé muy bien cuánto hace que ha salido la nueva temporada, pero, desde que llegué a casa, los *selfies* y las conversaciones han sido casi constantes. No me molesta en absoluto. Todo el mundo es muy respetuoso, así que, si salgo con mi familia o se ve que estoy ocupado, por lo general me dejan en paz. Todo el mundo quiere saber de Nikita. Soy muy diplomático y digo que no puedo hacer ningún comentario; bueno, la mayoría de las veces. También les gusta citar cosas que he dicho en el programa, como «Parecemos una panda de pringados». Parece que se ha convertido en mi eslogan, ¡y ni siquiera recuerdo haberlo dicho! «¿Estás seguro de que he dicho eso?», contesto. «Por lo general, yo no suelo decir cosas malas».

La otra parte de la que les gusta hablar es cuando perdí los papeles con Kevin cuando me rompió la puerta. Joder, de eso sí que me acuerdo. Les había echado la bronca a Romain y a él por algo y, cuando salían de mi oficina, Kevin dio un portazo. Ese mierdecilla de vikingo. Debería de habérsela hecho pagar.

Entonces, ¿qué me espera hoy aparte de un vuelo de treinta horas a Melbourne? Este es uno de los viajes en los que parece que a la gente le afecta mucho el *jetlag*. En mi caso, no lo padezco demasiado, así que supongo que tengo suerte. A veces, me preguntan cómo lo hago y solo digo que, esté donde esté en el mundo —no importa dónde—, me levanto cuando sale el sol y me acuesto cuando se pone. En realidad, es una trola, pero suena bien. Creo que Gene sufre bastante de *jetlag:* siempre que lo veo está cansado.

Nunca he intentado sumar los kilómetros que viajo cada año, pero lo intentaré antes de que acabe la temporada. Podría ser una cifra similar a las palabrotas que digo en una semana, aunque no conozco a nadie lo bastante valiente como para intentar contarlas. ¡Digamos que necesitarías una calculadora grande de narices!

Tengo muchas ganas de llegar a Australia. A todo el mundo le encanta ir allí. Por lo general, hace buen tiempo, la temperatura es agradable, la gente es sencillamente fantástica y es un buen circuito. En realidad, la gente no solo es fantástica, ¡están como una puta cabra!, pero en el buen sentido. Nunca he conocido a nadie como los australianos. Nuestro mejor resultado allí hasta ahora es un sexto puesto, que consiguió Kevin en 2019 y también Romain en 2016 en nuestra primera carrera.

Bien, mi coche está aquí. Pensaré en los kilómetros que viajo en el avión.

Domingo, 3 de abril de 2022 - Hotel del equipo, Melbourne (Australia)

10:00

Son entre 130 000 y 150 000 kilómetros, creo. Eso incluye los viajes para ver a Gene y visitar las fábricas. Son unas tres vueltas y media alrededor de la Tierra. ¡Me cago en la leche!

Aterrizamos en Melbourne a las seis de la mañana. Para ser sincero, no he estado en mi mejor momento estos últimos días y, por eso, tengo la sensación de que es posible que el *jetlag* me esté afectando más de lo habitual. Espero equivocarme, pero no he conseguido dormir nada en el vuelo, lo cual no es habitual en mí. En fin, a ver qué pasa. Sigo en pie, pero ¡por los pelos!

Una vez más, *Drive to Survive* me sigue de cerca. Solo hacía cinco minutos que había bajado del avión cuando cinco australianos se me acercaron y me pidieron un *selfie*. Siempre son muy entusiastas con las cosas y son gente estupenda. Sin embargo, a veces se emocionan demasiado y, cuando eso ocurre, no consigo entender lo que dicen. Me limito a sonreír y a asentir con la cabeza.

Una vez más, el principal tema de conversación cuando conocí a estas personas fue Nikita. «¡Tiene toda la pinta de ser un cabroncete mimado!», dijo uno de ellos. Como no he visto el programa, nunca sé a ciencia cierta de qué hablan, pero una cosa es segura: ¡no es muy positivo para él! La prensa también me ha preguntado por los Mazepin, algo sobre una carta filtrada y que quieren que les devuelva el dinero de su patrocinio. Les sigo diciendo que no voy a comentar nada sobre el tema y que eso nunca cambiará. Gene y yo tomamos la decisión de cortar los lazos con ambos y hasta ahí puedo leer.

Martes, 5 de abril de 2022 - Circuito de Albert Park, Melbourne (Australia)

14:00

No importa cuántas veces venga aquí, Albert Park siempre me recordará nuestra primera carrera en 2016. Podríamos haber empezado a correr en 2015, pero, en algún momento, decidimos que no estábamos preparados. Fue difícil de digerir, ya que todo el mundo quería empezar, pero fue lo correcto. Igual que en 2021 también lo fue pasar como pudiéramos con el mismo coche. Debería hablarte de esa carrera porque es un día importante en nuestra historia, en mi historia.

Nuestros pilotos eran Romain y el mexicano Esteban Gutiérrez, que había estado en Sauber el año anterior. Solo duró una temporada con nosotros y Kevin lo sustituyó. Si hubiéramos empezado a correr en 2015, seguro que nuestras expectativas habrían sido nulas, pero ese año extra de preparación y desarrollo nos dio esperanzas. También éramos los nuevos en la ciudad, así que estábamos muy ilusionados. Recuerdo que llovió durante los primeros entrenamientos libres y Gutiérrez solo pudo dar ocho vueltas y Romain, seis. Los segundos entrenamientos libres no fueron mucho mejor, pero afectó a todo el mundo por igual. Si no me falla la memoria, Gutiérrez terminó la sesión en décima posición y Romain, en decimotercera, lo que estaba bien de cojones, ya sabes.

Al principio de los terceros libres, tuve la primera impresión de lo que Romain era capaz de hacer cuando chocó con uno de los Manor al salir del garaje. Volvió a entrar directo para cambiar el suelo ¡tras haber recorrido solo unos cuatro metros! Aunque ambos pilotos consiguieron dar más vueltas, marcaron tiempos de mierda y quedaron en las dos últimas posiciones.

Este Gran Premio es famoso, aparte del debut de Haas F1, por el formato de clasificación por eliminatorias en el que se elimina al piloto más lento cada noventa segundos. ¿Lo recuerdas? La idea era obligar a los pilotos a ser rápidos de forma continua, pero resultó ser un espectáculo de mierda, ya que había largos períodos en los que apenas había coches en la pista. Gutiérrez fue el tercer piloto eliminado después de los dos pilotos de Manor y Romain acabó siendo el cuarto, lo que nos colocó decimonoveno y vigésimo en la parrilla. A nadie le gustó el formato, ¡y a mí menos! Era una auténtica mierda.

El día de la carrera, fue en seco y después de que Kvyat —que salía decimoctavo— sufriera una avería en la vuelta de formación, nuestros dos pilotos ganaron un puesto antes incluso de que hubiéramos empezado. ¡Es mi ruso favorito! En la undécima vuelta, Romain era decimocuarto y Gutiérrez, decimosexto. En la séptima vuelta, Alonso, que pilotaba para McLaren, fue a adelantar a Gutiérrez y lo golpeó por el interior, lo que hizo que ambos acabaran en la grava.

El accidente de Alonso fue bastante espectacular y acabó dando una vuelta de campana en el aire. Sin embargo, salió bastante bien parado, solo con algunas costillas rotas. Gutiérrez no se hizo nada, pero su coche estaba, evidentemente, para el desguace. ¡Bienvenido a la Fórmula 1! Unas vueltas más tarde, hubo una bandera roja y, como Romain aún no había entrado en *boxes,* le dieron una parada libre.

En la vuelta veintidós, Räikkönen se retiró, lo que colocó a Romain octavo. Aún quedaba mucho camino por recorrer, pero recuerdo que me sentía ansioso y emocionado al mismo tiempo. En realidad, ¿a quién pretendo engañar? ¡Me estaba cagando encima, joder!

Tengo que reconocer el mérito de Romain, ya que lo que le otorgó ventaja en los últimos compases de la carrera fue que había cuidado bien sus neumáticos y, al final, había conseguido ganar dos puestos más.

—Hemos acabado sextos —le dije a Gertie más tarde—. ¡Y en nuestra primera carrera!

—¿Y el otro coche? —me preguntó ella.

—¡No seas aguafiestas! —le dije—. ¡Hemos acabado sextos! ¡No hay por qué entrar en detalles!

Los pilotos que acabaron por delante de Romain fueron Massa, Ricciardo, Vettel, Hamilton y Rosberg, es decir, los mejores pilotos de la parrilla. Consiguió el premio al mejor piloto del fin de semana, que se lo merecía. Y lo que es más importante, lo que ocurrió aquel año con nosotros en Melbourne se acreditó como uno de los mejores debuts de cualquier equipo en la historia de la Fórmula 1. En fin, ¡basta ya de fanfarronadas! Eso fue entonces, esto es ahora, y tenemos trabajo que hacer.

Con todo, ¡qué gran fin de semana!

Miércoles, 6 de abril de 2022 - Circuito de Albert Park, Melbourne (Australia)

Kevin ha llegado a Australia esta mañana y tiene muy mala pinta. Yo tampoco me encuentro muy bien, pero él parece un fantasma. Estoy bastante preocupado.

Ya se ha confirmado el Gran Premio de Las Vegas para 2023. Hasta ahora, no he hablado con nadie que no piense que es una buena idea y a mí me hace mucha ilusión. Desde que comenzó *Drive to Survive,* el seguimiento de la Fórmula 1 en Estados Unidos ha aumentado muchísimo año tras año, por lo que el momento es perfecto. Desde luego, este año también tenemos Miami, así que serán tres carreras en ese país el año que viene. ¿Creo que un día podríamos tener cuatro carreras en Estados Unidos? Si las cosas siguen creciendo al ritmo actual, ¿por qué no?

Creo que Las Vegas encaja bien con la Fórmula 1. *Glamour,* entretenimiento y chorradas, de eso van las dos cosas. Algunos dirán que ahora hacemos demasiadas carreras, pero no creo que sea así en este momento. Creo que Stefano ha dicho que veinticuatro Grandes Premios serían el límite absoluto, lo cual me parece correcto. En 1980, solo hubo catorce, ¿te lo puedes creer? Otra de las ventajas de celebrar los Grandes Premios en lugares nuevos es que eso debería mantener alerta a los organizadores de las carreras más históricas. Nada es seguro en este deporte, así que un poco de competencia no les vendrá mal. Además, algunas de las históricas son bastante débiles desde el punto de vista comercial, por lo que incluso una pausa en este deporte podría darles la oportunidad de encontrar nuevas inversiones. No solo eso: si la población de esos lugares no tiene un Gran Premio durante unos años, puede que lo eche de menos y se interese más. Algunos países olvidan o dan por sentado cuánto dinero conlleva un Gran Premio. ¡Es una fortuna!

Una de las carreras que estoy seguro de que se mantendrá alerta con la introducción de Las Vegas es Mónaco. De hecho, en los pocos días transcurridos desde el anuncio, mucha gente ha dicho que esta nueva carrera podría acabar avergonzando a Mónaco. Hoy por hoy, los principales argumentos de venta de Mónaco son, simple y llanamente, el *glamour* y la tradición. Las Vegas tiene *glamour* a raudales y, como es mucho más grande que Mónaco, es casi seguro que ofrecerá una carrera más emocionante y competitiva. Entonces, ¿qué le queda a Mónaco? La tradición. ¿Y qué puede hacer la tradición si no vas con cuidado? Pues impedirte avanzar. Antes, la Fórmula 1 necesitaba a Mónaco más que esta a la Fórmula 1, pero eso ha cambiado. Estar en el calendario ya no es una conclusión inevitable para ningún país y así es como debe ser. El efecto que creo que esto tendrá en la relación entre la Fórmula 1 y Mónaco es positivo, ya que nadie quiere que la relación termine. Por otra parte, Mónaco ha tenido muy mala prensa en los últimos años por ser aburrido y predecible, y, cuanto más emocionantes sean las nuevas carreras, peor quedará en comparación.

Jueves, 7 de abril de 2022 - Circuito de Albert Park, Melbourne (Australia)

14:00

¡Cumpleaños feliz, cumpleaños feliz, me deseo a mí mismo, cumpleaños feliz! ¡Hoy cumplo cincuenta y siete años, y no me siento ni un día mayor de noventa! Hoy en día, parece que a la gente le obsesiona la edad, pero para mí es solo un número. Lo viejo que me siento, en realidad, depende de cómo le vaya a mi equipo, ¡así que hasta Baréin llevaba muerto tres putos años!

Hoy, el equipo me ha sorprendido con una tarta, lo cual ha sido un detalle por su parte. El único problema fue que me la dio Kevin, ¡que está enfermo! ¿Intentas matarnos a los dos? Aunque la tarta estaba buena, era de fresa. Pronuncié un discurso, que hizo que todo el mundo se durmiera, y luego hice algunas entrevistas.

Por si fuera poco, este fin de semana será la 125.ª carrera de Haas en la Fórmula 1. Antes había tenido que hacer una entrevista para nuestra página web y Stuart me lo recordó. Quizá sea adecuado que no uno, sino dos de mis momentos más memorables en el equipo ocurrieran aquí en Melbourne. Los dos sextos puestos.

16:00

Tuve que ir a responder algunas preguntas en el escenario de una de las zonas de aficionados. Esto ocurre en la mayoría de los Grandes Premios de estos días y algunos de los pilotos y directores de equipo lo disfrutan y otros no. ¡Joder, a mí me encanta! En esta situación, todo el mundo es del mismo equipo y se ríe junto a los demás. La persona que hacía las preguntas dijo a la multitud qué día era y, entonces, todo el mundo me cantó el cumpleaños feliz. Debía de haber diez o veinte mil personas, pero no un grupo de débiles ancianos. ¡Eran australianos! El ruido que hicieron fue increíble. Fue un momentazo para mí.

Acabo de hablar con alguien sobre las modificaciones que han hecho aquí en el circuito, que, supuestamente, facilitarán los adelantamientos. Varias curvas son más anchas y han reperfilado una o dos. El mayor cambio que han hecho es eliminar la antigua chicane de las curvas nueve y diez, lo que ha creado una sección con mucha potencia a lo largo de Lakeside Drive. Según los organizadores, los tiempos por vuelta se han reducido en unos cinco segundos en comparación con 2019 a pesar de que solo se han recortado veintiocho metros de la línea de carrera. ¡La hostia!

Acabo de estar en el garaje y parece que la relación entre Kevin y Mick no para de crecer. Es agradable verlo. Hay respeto por ambas partes y confían el uno en el otro, y eso me ayuda muchísimo. Por otro lado, tenemos que asegurarnos de que no se sientan demasiado cómodos, de lo contrario, no se presionarán entre ellos. Como todo, se trata de encontrar un equilibrio: si Kevin se encontrara más cerca de la edad de jubilación, creo que sería un problema, pero sigue siendo joven y competitivo. Además, si hace un buen trabajo para nosotros, uno de los equipos grandes podría venir a por él. No me cabe duda de que tendrá eso en mente en este momento y me parece bien. Mientras el coche sea competitivo, seguirá apretando.

Viernes, 8 de abril de 2022 - Circuito de Albert Park, Melbourne (Australia)

10:00

El pobre Kevin sigue sintiéndose como el culo. Le pregunté si quería volver al hotel, pero insistió en que quería conducir. No sé, algo no va bien este fin de semana. Kevin está hecho mierda, yo no me siento demasiado bien. Tenemos que esforzarnos.

16:00

Los primeros entrenamientos libres no han ido nada bien. Kevin dio dieciocho vueltas con un mejor tiempo de 1:23.186 (decimoctavo), pero se sintió mal todo el tiempo. Mick probó un nuevo compuesto de neumáticos al principio antes de pasar a un juego de blandos y marcó un tiempo de 1:24.349 (vigésimo). Tenemos que hacerlo mejor.

Los tiempos por vuelta bajaron durante los primeros libres a medida que la pista se iba engomando. Kevin hizo 1:21.191 (decimosexto) durante su simulación de clasificación, mientras que Mick consiguió 1:21.974 (decimoctavo). Ambos pilotos concluyeron la sesión con tandas de alta carga de combustible que nos proporcionaron algunos datos valiosos para la carrera.

Empiezo a sentirme peor. No tengo náuseas, como Kevin, solo estoy mareado y me duele la cabeza. Al principio, pensé que tendría algo que ver con el *jetlag* (¡que se supone que no sufro!), pero estoy bastante seguro de que no es así. Esto es lo que me faltaba. Creo que voy a volver directo al hotel.

Si este libro termina en esta página, es porque he muerto durante la noche.

Solo quería avisar.

Sábado, 9 de abril de 2022 - Circuito de Albert Park, Melbourne (Australia)

7:00

Bueno, no he muerto durante la noche. Eso es lo único positivo que puedo encontrar de momento. No he dormido bien y todavía estoy hecho mierda. Nunca me pongo enfermo. Soy como aquel puto conejo de los anuncios de pilas, solo que con las patas más largas y la nariz más grande. En fin, será mejor que me levante de la cama a ver qué pasa.

16:00

Madre de Dios. Se puede decir que la clasificación no ha ido según lo previsto. Kevin consiguió pasar de 1:21.243 a 1:20.548 con el primer juego de neumáticos y logró 1:20.254 con el segundo, lo que lo situó decimoséptimo. La tercera y última tanda fue un *sprint* hasta la línea de meta tras una puta bandera roja, pero Kevin fue incapaz de mejorar su tiempo, lo que lo dejó fuera de la Q1. Primera vez esta temporada. *Merda!*

A Mick le fue un poco mejor, por suerte, y pasó a la Q2 gracias a una vuelta rápida de 1:20.104 (decimoquinto). Buen comienzo. Pensé que podría haber mejorado ese tiempo, pero, al final de la Q2, seguía en la misma posición.

Ahora tengo un montón de prensa que hacer. Ojalá pudiera irme a la cama.

Domingo, 10 de abril de 2022 - Circuito de Albert Park, Melbourne (Australia)

18:00

Mick terminó decimotercero y Kevin, decimocuarto. La puesta a punto no fue tan adecuada. El ritmo de carrera fue bueno, pero el coche de seguridad nos jodió las cosas. Es lo que pasa. Digamos que hoy ha sido una curva de aprendizaje. No sé cómo he podido mantenerme en pie. Podría haberme metido debajo de la mesa y dormir un par de semanas.

Lunes, 18 de abril de 2022 - Rancho Steiner, Carolina del Norte (Estados Unidos)

14:00

Bueno, os tengo que contar una cosa. Vaya par de semanas que han pasado, pero no en el buen sentido. ¡En un sentido jodido de verdad!

Después de la clasificación del sábado, me sentí un poco mejor, así que salí a cenar con Mattia. Tomamos un poco de vino, pero nada fuerte. A la mañana siguiente, me desperté y me sentía como si me hubiera bebido una botella de *whisky*. En serio, me sentía muy borracho. Cuando fui a la pista, fui directo a mi despacho y, en cuanto me senté, empecé a cabecear en mi puto sillón como un anciano. ¿Yo? En todos mis años en el automovilismo, eso nunca me había pasado. ¡Yo siempre estoy preparado!

Después de la carrera, salí de inmediato al aeropuerto y, durante el trayecto, me quedé profundamente dormido en el coche. El conductor tardó cinco minutos en despertarme, pensó que estaba muerto. Cuando subí al avión, me pasó lo mismo y no me desperté hasta que aterrizamos en Los Ángeles casi diez horas después. Tras bajar del avión, fui a la sala VIP a esperar mi conexión con Charlotte y volví a quedarme frito hasta que llamaron a mi vuelo tres horas más tarde. En el momento en que la persona de la sala VIP me despertó, dije:

—Oh, mierda, espero no haber estado sentado con la boca abierta todo este tiempo.

—En realidad, eso es justo lo que ha hecho, señor — me dijo con demasiada sinceridad.

A esas alturas, temblaba tanto que apenas podía sostener el móvil y, a las doce menos cuarto de la noche, cuando subí al avión que me llevaría a Charlotte, volví a quedarme profundamente dormido. Tal vez algunos no pegaran ojo en todo el vuelo, pero no yo. La tripulación de cabina tardó diez minutos en despertarme cuando estábamos aterrizando en Charlotte. Al parecer, les preocupé bastante. Yo ni me enteré ¡porque yo estaba noqueado por completo, de viaje en el puto país de las hadas!

Al final, llegué a casa a las 7:30 de la mañana y decidí desayunar un poco. No me encontraba demasiado mal, pero seguía sintiéndome cansado, así que me duché y me fui a la cama. Lo siguiente que recuerdo es a Gertie que me despertaba.

—Sabes qué hora es, ¿verdad? —me dijo—. Es la una de la tarde.

—No me importa —dije—. Déjame dormir.

Creo que dormí otras cinco horas, así que, cuando volví a la tierra de los vivos, llevaba casi veinticuatro horas durmiendo de forma intermitente.

El martes me desperté y me puse enfermo casi de inmediato. Apenas pude ir al baño. Las náuseas se prolongaron durante casi todo el día y, por la noche, sentí que la cabeza me iba a estallar. Fue terrible, nunca me había sentido tan mal en mi vida. El miércoles seguí más o menos igual y el jueves y el viernes empecé a sentirme mejor. No lo suficiente para trabajar, pero sí para caminar y hablar. Luego, el sábado abrí el portátil un par de horas y ayer hice un día completo y empecé a ponerme al día con mierdas varias. Lo bueno es que, al ser Semana Santa, las cosas están bastante tranquilas en este momento.

Sin embargo, ¿sabes lo mal que se puso la cosa? Incluso acabé activando una respuesta automática de fuera de la oficina en mi correo electrónico. No estoy seguro de cuánto tiempo llevo enviando correos electrónicos, pero jamás había tenido que hacerlo. El miércoles pasado, fui a ver a mi médico y me dijo que se trataba de algún tipo de infección vírica. También me comentó que, si el viernes no me encontraba mejor, que fuera al hospital, pero, por suerte, mejoré.

En fin, la buena noticia es que Guenther ha vuelto: más en forma, más fuerte y más guapo que nunca. Hoy mismo vuelo a Italia y pasaré una noche en casa de mi madre, luego iré a Imola para la próxima carrera. El problema es que este es uno de los tres Grandes Premios a los que no creo que nuestro coche se adapte bien, así que, para ser sincero, no espero grandes cosas. Por otra parte, en las carreras en las que espero que lo hagamos bien, a veces nos ha ido fatal, así que, si usamos esa lógica, ¡seguro que ganamos de calle! Este fin de semana nos espera la primera carrera al *sprint*. También será un reto porque solo tenemos una sesión de entrenamientos libres para ajustar la puesta a punto. Es lo mismo para todos, así que los que estén mejor preparados tendrán un coche mejor. No obstante, estaremos preparados. ¡A por ello!

Jueves, 21 de abril de 2022 - Imola, Bolonia (Italia)

14:00

Esta semana, se ha hablado más en la prensa de nuestra relación con Ferrari que del Gran Premio. En serio, esto ya empieza a cansar. Creo que sobreestiman mi influencia en Ferrari, por no hablar del acceso que tengo en Maranello. ¿Qué creen que hago allí, que me cuelo en sus oficinas por la noche y entro en sus servidores? Estamos en un edificio separado por completo del de Ferrari en Maranello. ¿Cuántas veces tengo que decirlo? Mattia ha salido y ha hecho una declaración, pero no creo que sirva de nada. Ha dicho que Haas es un equipo totalmente independiente de Ferrari y, además de que no somos un equipo júnior, no intercambian ninguna información con nosotros más allá de lo que permite el reglamento. Creo que eso va bastante al grano.

Sin embargo, es una causa perdida: cuando tenemos un buen coche, es que nos hemos copiado de Ferrari; y, si tenemos un mal coche, es que nos lo merecemos. No creo que esta forma de pensar demuestre inteligencia. También hay que respetar a la gente y eso es lo que falta en algunos sitios. No estamos aquí para llenar la parrilla. Si alguien ha hecho un buen trabajo, hay que quitarse el sombrero ante él y decirle: «Bien hecho».

Uno de los que más se ha opuesto a nuestra relación con Ferrari ha sido Andreas Seidl, de McLaren. Cree que a los fabricantes solo se les debería dejar compartir unidades de potencia y cajas de cambios con otros equipos, y que a equipos como Haas solo se les debería permitir existir si hacen todo lo demás en casa. Lo que quiere es, en resumen, volver a los viejos tiempos cuando muchos equipos abarcaban más de lo que podían y acababan yéndose a la mierda. O eso, o solo quiere que compitan cuatro o cinco de los grandes.

Lo único que puedo hacer es recordar a todo el mundo, tal como hizo Mattia, que cada cosa que hacemos está dentro de la normativa. Y, si Andreas tiene algún problema con ello, que se queje a la FIA. De hecho, he invitado formalmente a la FIA a que venga a investigar la relación entre Ferrari y Haas, y, en caso de que encuentren algo malo, lo arreglaremos, pero no encontrarán nada. Todo lo que hacemos, una vez más, está dentro de sus normas.

Hace unas semanas, me enteré de que Andreas fue la persona que se opuso a que nos concedieran más tiempo de pruebas en Baréin a pesar de que no fue culpa nuestra que el flete llegara con retraso. Cuando me enteré, le di las gracias por ser un deportista y le pregunté por qué haría algo así. Se rio de mí. Entonces, le dije justo lo que pasaría si volvía a reírse de mí y dejó de hacerlo. Me parece bien que la gente tenga opiniones diferentes a las mías sobre la forma como se organizan y funcionan los equipos, pero no me faltes al respeto ni a mí ni a mi equipo. No lo toleraré.

Viernes, 22 de abril de 2022 - Imola, Bolonia (Italia)

16:00

Después de toda la mierda que nos salpicó ayer a nosotros y a Ferrari, por no hablar de lo que pasó en Australia y de que yo me convirtiera en la Bella Durmiente durante una puñetera semana, necesitaba de verdad que hoy pasara algo bueno.

¡Y así ha sido!

En la clasificación para la carrera al *sprint* de mañana, hemos conseguido el mejor resultado de nuestra historia con Kevin en la cuarta posición. ¡La puta cuarta posición, tío! En un momento dado, pensé que iba a acabar en desastre cuando Kevin hizo un trompo y se salió de pista, pero fue capaz de mantener el coche en marcha y se clasificó por detrás de Verstappen, Leclerc y Norris. Después de eso, nuestro garaje hizo mucho ruido, por no hablar del público. Por cierto, ¿sabías que Leclerc es un antiguo chico de Haas? Es cierto: fue piloto de desarrollo para nosotros en 2016, cuando pilotaba en Fórmula 2, e hizo un par de apariciones para nosotros en entrenamientos libres. Me gusta Leclerc. Es un buen chico.

Todo el mundo vuelve a sonreír, igual que en Baréin. Encima, esto, además de hacer feliz a toda la gente adecuada, también cabreará a la gente apropiada. Lo siento, no debería ponerme político. Todavía estoy un poco enfadado por eso.

Esta noche, Stefano Domenicali —que es de Imola— va a llevar a todos los directores de equipo a su restaurante favorito. Como sabes, Stefano es un buen amigo mío y se asegurará de que todos lo pasemos bien, aunque seguro que tiene cuidado con la distribución de los asientos. No es tonto. Christian estará en el extremo opuesto a Toto y yo en el extremo opuesto a Andreas o, al menos, eso espero. No quiero pasarme toda la noche peleándome con él y dándole patadas por debajo de la mesa. En realidad, Andreas me cae bastante bien. Es un buen tipo.

Mucha gente me pregunta si el enfrentamiento entre Christian y Toto que se ve en *Drive to Survive* es real. ¿Se odian de verdad? Bla, bla, bla... Si esos tíos no se están abrazando todo el tiempo, ¿a mí qué más me da? Antes he dicho que lo que impide que nos matemos entre nosotros es que, a pesar de trabajar para equipos diferentes, todos trabajamos para la Fórmula 1 y nos preocupamos por ella. Toto y Christian son un ejemplo de ello. A veces, en caliente, pienso que quizá querrían matarse el uno al otro, igual que a mí a veces me gustaría matar al mierdecilla que cuestiona nuestra relación con Ferrari. Sin embargo, al fin y al cabo, estamos todos juntos en esto y, por mucho que no esté de acuerdo con lo que piensa un tipo, igual que Christian a veces no estará de acuerdo con Toto y viceversa, tenemos que recordar que, en última instancia, todos nos sentamos a la sombra del mismo árbol. Si no lo hacemos, nos estaríamos dando de hostias todo el tiempo.

En realidad, esa no es una mala idea. Si alguna vez tenemos una carrera aburrida, podríamos organizar un combate de boxeo de altos cargos entre dos directores de equipo. ¿Te lo imaginas? Pobre Fred, no podría tumbar ni a una ficha de dominó. En realidad, es un par de años más joven que yo, pero parece que podría ser mi abuelo. No estoy seguro de quién sería el más duro. Conozco a Christian desde hace mucho tiempo y trabajé con él en Red Bull. Podría ser bastante duro, pero, claro, ahora está casado con una Spice Girl. Otmar en Alpine parece que también podría ser bastante útil en una pelea, es un tipo grande.

En fin, volvamos a esta noche. Creo que, si Stefano me coloca al lado de Fred, no habrá sangre, solo mucho cachondeo. La comida y el vino serán buenos, y es una comida gratis. ¿Cómo no me va a gustar?

Sábado, 23 de abril de 2022 - Hotel del equipo, Bolonia (Italia)

7:00

Me temo que anoche transcurrió apenas sin incidentes, así que no hay nada de lo que informar. Lo sé, yo también estoy decepcionado, quizá la próxima vez. Aunque fue muy divertido y la comida estaba increíble. Stefano también fue un anfitrión fantástico.

Está claro que hemos depositado muchas esperanzas en el día de hoy. La actuación de ayer de Kevin fue una de las mejores que nos ha ofrecido nunca con un coche Haas, así que hoy esperamos más de lo mismo. Por cierto, Mick se clasificó duodécimo, así que tampoco estuvo nada mal. Sin embargo, todavía tiene que pasar a la tercera ronda de la clasificación, algo que sé que está deseando. Ya llegará.

En fin, ahora voy a darme una ducha, me pongo mis pantalones cortos de la suerte y me voy directo a la pista.

16:00

No estoy de muy buen humor, así que voy a ser breve. Todas las promesas de ayer se quedaron en nada en la carrera al *sprint*. Kevin consiguió mantenerse cuarto hasta la octava vuelta. Tres vueltas más tarde, perdió la quinta posición en favor de Ricciardo. En la vuelta dieciséis, Kevin era séptimo y Mick, décimo, así que teníamos a un piloto todavía en los puntos y a otro justo fuera. Kevin perdió un puesto más antes del final y Mick se mantuvo décimo, por lo que, en total, sumamos un punto. Algunos dirán: «Vamos, Guenther, un punto es un punto». Sí, pero cuando te clasificas cuarto… No es un desastre, pero esperaba más. Lo único positivo es que Mick saldrá décimo mañana, lo cual es alentador.

En fin, me voy a dar cabezazos contra la pared. Cruzo los dedos para mañana.

Domingo, 24 de abril de 2022 - Imola, Bolonia (Italia)

18:00

Tan cerca y tan lejos, ¡otra vez! Kevin hizo una gran salida y se colocó quinto, pero entonces Mick tuvo un contacto con Alonso en la primera chicane, hizo un trompo y acabó decimoséptimo. Kevin se esforzó mucho, pero lo cierto es que no iba tan rápido como los demás. Al menos, ahora el problema es el ritmo de carrera y no la fiabilidad. Al final, Kevin acabó noveno, lo que nos dio dos puntos más, y Mick se quedó en decimoséptima posición. Estoy un poco decepcionado con Mick, era una gran oportunidad. En realidad, es cuestión de experiencia. Mucha gente está empezando a decir que el coche es mejor que los resultados que obtenemos y, al final, eso depende de los pilotos. Le daré unas cuantas carreras más, pero tiene que pasar algo. Me gustaría hablar con Mick ahora, pero ha volado directo a Estados Unidos. ¿Ya estoy pensando en alternativas? Por supuesto que sí. Kevin ha sumado quince puntos en lo que va de temporada y, si Mick también lo hubiese hecho, aunque solo fuera la mitad, estaríamos en veintitrés. Hemos esperado mucho tiempo para tener un buen coche y lo único que puede aguarnos la fiesta es que no aprovechemos todo su potencial. Nada sería más frustrante que eso.

Bien, ahora toca Miami. Una nueva carrera. Me gustaría volver a casa antes, pero mañana vuelo a Londres para unas reuniones y luego estaré unos días en la fábrica de Oxford. Lo que siento en este momento es bastante nuevo para mí en Haas. La felicidad o la decepción son las dos emociones habituales en mi vida, pero paso de la felicidad a la frustración, al nerviosismo, a la decepción y de nuevo a la felicidad. Es una combinación extraña, y, como Miami es nuevo, no creo que las cosas vayan a cambiar pronto. Parece que me quejo, pero no es así. La frustración significa que estamos cerca de algo bueno. Y lo estamos. ¡Lo siento!

Lunes, 2 de mayo de 2022 - Fábrica de Haas F1, Banbury, Oxfordshire (Reino Unido)

Una buena noticia. Mañana anunciaremos una nueva asociación con la empresa de tecnología financiera Lunar con sede en Dinamarca. Llevamos tiempo trabajando en ello y ya está casi listo. Aunque nos encontramos en una situación financiera bastante buena, el acuerdo con Uralkali suponía mucho dinero y he estado trabajando duro para reemplazarlo. Más o menos, el sesenta y cinco por ciento de nuestro presupuesto anual se cubre, por lo general, con ingresos de patrocinio, así que ya sabes de qué cifras hablamos; es mucho dinero. Todavía es pronto, pero ya hay un buen número de interesados en el patrocinio del nombre. No es del todo esencial, pero estaría bien que fuese una empresa estadounidense.

Creo que algunas personas del departamento de *marketing* que no son aficionados a la Fórmula 1 asumen que todos los equipos son iguales o que, al menos, son variaciones sobre un mismo tema. Siempre me gusta corregirlos. Les digo: «Somos un poco diferentes del resto». Y no hablo de dinero, tenemos una ética diferente a la de los demás. Te daré un ejemplo: el resto de equipos de la parrilla de Fórmula 1, aparte de Haas, son corporativos o, como mínimo, hasta cierto punto. Todo Mercedes es corporativo de cojones, que es lo que cabría esperar de un equipo alemán superpoderoso que tiene mucho dinero y un tipo como Toto al mando. Esos tíos son la hostia. Los Alfa Romeo y los Alpine de este mundo son un poco menos, pero la gran empresa sigue formando parte de su ADN. Haas, en cambio, no lo es. No somos anticorporativos, por supuesto que no, solo que no va con nosotros. Hace unas semanas, un periodista me preguntó cuál es nuestra USP, nuestra propuesta única de ventas.

—¿Qué os diferencia de los demás equipos? —me dijo—. ¿Qué os hace diferentes?

—Es una buena pregunta —respondí.

Entonces, mencioné el hecho de que, en realidad, no somos corporativos y, al principio, el periodista no lo entendió.

—Pero la Fórmula 1 es el deporte más corporativo del mundo —dijo—. Sin duda, tenéis que seguir ese camino.

—¡Chorradas! —le dije—. Un equipo de Fórmula 1 puede ser lo que quieras que sea siempre que te atengas a las normas y estas no establecen que tengas que ser una empresa.

Aun así, nuestro estilo no es para todo el mundo. Si vas a Mercedes o Ferrari como invitado, habrá un ejército de gente que se ocupará de ti. En cambio, si te pasas por Haas, ¡te daremos un mono de trabajo o te pondremos a limpiar! Bueno, en realidad no tanto, al menos, todavía no. A ver cómo va la nueva temporada y cuántos putos chasis funden los pilotos. Lo cierto es que no contamos con mucha gente para atender a nuestros invitados, así que visitar Haas es una experiencia diferente.

¿Qué más hace diferente al equipo? Bueno, algunos dirán que soy distinto a los demás directores de equipo y tendrán razón. No en un sentido malo o bueno ni peor ni mejor. Es solo que soy diferente. ¿Me imaginas en Mercedes? ¡Dios! Si los mecánicos de allí se desmayan cuando paso por delante de su garaje.

Toda Alemania entraría en combustión espontánea si me fuera a Mercedes.

Sin embargo, la principal diferencia de Haas no soy yo ni el hecho de que no seamos una empresa. La diferencia somos todos nosotros. Un equipo es tan bueno como la gente que trabaja en él y nosotros tenemos a algunos de los mejores. Aunque no todo el mundo es adecuado para Haas y viceversa, por eso me aseguro de participar en cierta medida en todas las contrataciones y los despidos. Suelo entrar en la segunda entrevista. Todos, sean quienes sean, responden ante mí, así que tengo que asegurarme de que encajan. No siempre acierto, pero el hecho de participar me ayuda o, al menos, eso creo. Los otros equipos tienen un gen corporativo y nosotros contamos con Gene Haas. Un hombre tranquilo que ama el automovilismo y lo bastante valiente (y loco) como para depositar su confianza en un italiano feo y bocazas que es probable que muriese por el puto equipo que ayudó a crear.

No sabes cuántos detractores tuvimos cuando empezamos. Todos decían: «Os iréis de este deporte todavía más rápido de lo que habéis llegado». Panda de pringados. También creían que debíamos avergonzarnos por el hecho de ser el equipo más pequeño. No me avergüenzo de ello, estoy orgulloso. Si puedes hacer más con menos, eso es bueno, ¿no crees? Sin duda, es un logro mayor. Aunque no somos pobres. Solo intentamos administrar nuestro dinero de forma adecuada porque queremos estar aquí durante mucho tiempo. Todo lo bueno se acaba, pero, hasta que eso ocurra, queremos aprovecharlo al máximo.

No cabe duda de que las nuevas normas han ayudado, en parte porque se han diseñado para animar a los equipos a funcionar como empresas rentables y no como pozos en los que tirar el dinero o como el pasatiempo de algún rico. La Fórmula 1 lo estaba pidiendo a gritos, pero, por supuesto, supone un reto. Cualquier idiota puede dirigir una empresa si no le importa perder dinero.

Mañana vuelo a Miami para asistir al primer Gran Premio de la ciudad. Como es otro Gran Premio en casa para Haas, los chicos de nuestro departamento creativo han diseñado un cartel para la carrera basado en la portada del videojuego *Grand Theft Auto: Vice City*. He oído hablar de él, pero nunca he jugado. Tengo cosas mejores que hacer, como dirigir un puto equipo de Fórmula 1. Pero te diré una cosa: diez de diez en creatividad. Tiene una pinta increíble y, según Stuart, se ha hecho viral en internet, sea lo que sea lo que eso signifique. Llevo puestas unas gafas de sol y, la verdad, salgo bastante chulo.

¿Qué tal un poco de antecedentes sobre la carrera? Stefano sugirió por primera vez Miami como posible sede de un Gran Premio a principios de 2021. Por la cantidad de personas que ya me paraban para hablarme de este deporte y pedirme *selfies* en lugares como Walmart, yo ya sabía que había público. ¿Pero Miami y la Fórmula 1? En mi opinión, es una combinación perfecta y me entusiasmó.

Cuando se anunció Austin por primera vez hace siete u ocho años, mucha gente dijo que, con suerte, duraría dos años, incluso a mí me preocupaba que no se convirtiera en algo habitual, y míralo ahora. Austin ya es todo un clásico y, en la actualidad, asisten a esa carrera el mismo número de personas que a Silverstone: cuatrocientas mil en un fin de semana. Es increíble, es increíble. Hay que reconocer que *Drive to Survive* generó gran parte del interés inicial por la Fórmula 1 en Estados Unidos. Sin duda, es un hecho. No obstante, si a la gente no le gustara el deporte, no volverían, y lo están haciendo. Cada año hay más espectadores.

La Fórmula 1 es uno de los pocos deportes importantes, aparte del fútbol, que tiene un verdadero atractivo mundial, pero, hasta hace poco, no se había dado mucha cuenta de ello. Antes, solo los fanáticos de la gasolina seguían la Fórmula 1, mientras que hoy en día todo el mundo parece tener un piloto o un equipo favorito. ¿Ha estado alguna vez en mejor situación? No, no lo creo. Habrá algunos puristas que no piensen como yo, pero, en términos de popularidad y emoción, creo que la Fórmula 1 pasa por un buen momento. Lo único con lo que hay que tener cuidado es que el deporte en sí siga siendo lo más importante y no el espectáculo. A todo el mundo le gusta el *show,* pero, si compensa algo que es aburrido o una mierda, al final la gente buscará en otra parte y se irá.

¿Sabes lo que descubrí el otro día? Los hoteles de Las Vegas están ocupados para el Gran Premio del año que viene. Con más de un año y medio de antelación. Hay ciento cincuenta mil habitaciones de hotel en Las Vegas y ya no hay disponibilidad. Ninguna. Le pregunté a nuestra coordinadora de viajes, Kate, dónde se iba a alojar el equipo el año que viene y me dijo:

—¡De momento, Guenther, no estoy segura! ¡Es una puñetera locura! ¡A este paso, vamos a estar en una caravana en el desierto!

En fin, será mejor que me ponga las pilas porque mi coche llegará pronto. ¡Nos vemos en la Ciudad Mágica!

Miércoles, 4 de mayo de 2022 - Autódromo Internacional de Miami, Miami (Estados Unidos)

18:00

He llegado a Miami a las tres y media de la tarde y he ido directo a la pista. Todo el montaje ha superado mis expectativas.

Es asombroso de cojones. El circuito es temporal, igual que Albert Park, pero da la sensación de ser permanente y está situado en el complejo Hard Rock Stadium de Miami Gardens. Es donde juegan los Dolphins y, si vas a lo más alto del estadio, puedes ver hasta el último rincón de la pista. Es impresionante.

Ya se ha hablado de si tres grandes premios serán suficientes para el mercado estadounidense y es algo sobre lo que ya me han preguntado bastante desde que se anunció el de Miami. Mi opinión es que, primero, deben consolidar lo que tienen durante unos años y luego volver a estudiarlo. Una de las tres carreras ni siquiera se ha celebrado todavía. ¡Calma todo el mundo!

Estar aquí, hablar con el público y ver lo que se ha conseguido demuestra el cambio que la Fórmula 1 experimenta en estos momentos. Cuando empezó Haas, cuando le decías a alguien en Estados Unidos que trabajabas en la Fórmula 1, te miraban y te decían algo así como: «Eso es solo un deporte británico, ¿no?». A nadie le importaba. Ahora, cuando se lo cuentas, te dicen: «¡Uau, la Fórmula 1! ¡Eso sí que mola!».

Al bajar del avión, me di cuenta de que esta carrera iba a ser algo especial. Llegué el martes y, por todas partes, ya había aficionados que veían el circuito y creaban ambiente. Antes hablé con uno de los chicos de la cadena de televisión ABC y cree que las cifras de audiencia del Gran

Premio de Miami podrían rivalizar incluso con algunas de la Nascar. Si eso ocurre, creo que se me va a ir la puta cabeza; sería increíble. El año pasado, Austin obtuvo la segunda cifra más alta de espectadores de un Gran Premio de los Estados Unidos con 1,2 millones. Por impresionante que sea, la media de la Nascar es de unos 3 millones por carrera, así que todavía queda camino por recorrer. Sin embargo, Miami es una carrera nueva y el valor de la curiosidad será enorme.

Viernes, 6 de mayo de 2022 - Autódromo Internacional de Miami, Miami (Estados Unidos)

8:00

Esta semana, Ralf Schumacher, tío de Mick, ha afirmado que tengo mejor relación con Kevin que con su sobrino. Y, por una vez, tiene razón. Una cosa que no hace, sin embargo, es preguntar la razón de ello o, incluso, si eso es relevante. Así que déjame que te lo cuente. Para empezar, conozco a Kevin desde hace mucho tiempo y hemos pasado por muchas cosas juntos. Sé cómo trabaja, él sabe cómo lo hago yo y nos entendemos, o, por lo menos, todo lo que nos podemos entender en un entorno tan fluido y de tanta presión. No es que tenga mala relación con Mick, ni mucho menos, es solo que no es muy extensa. He intentado conocerlo un poco mejor, pero, a fin de cuentas, hacen falta dos para bailar un tango; no puedes forzarlo. Tal vez ocurra con el tiempo. Sin embargo, comentarios como el del tío de Mick no ayudan y mi relación con Mick no tiene nada que ver con el rendimiento de ninguno de los dos. Si estuviéramos discutiendo todo el tiempo o no pudiéramos ser sinceros el uno con el otro, entonces podría impactar en el rendimiento, pero las cosas no son así. Que no tenga una relación estrecha con Mick no significa que no pueda ser sincero con él y viceversa. Otro día, otro titular.

De todos modos, me voy a la pista. Ahora empieza la diversión.

18:00

La temperatura de la pista durante los primeros libres era de 54 grados y la del aire, de 34. ¡Eso es bastante calor! Pues claro que estamos en Miami, ¿qué esperabas?

Ambos pilotos dieron veinte vueltas y luego, en los segundos entrenamientos libres, volvieron a hacer más o menos lo mismo. Kevin terminó décimo en la general y Mick, decimoquinto. Ha sido una sesión interesante y hemos aprendido mucho. Creo que todavía podemos mejorar, pero, en general, estoy bastante contento con los conocimientos que hemos adquirido hoy. No creo que estemos en una mala situación, así que, de nuevo en los terceros libres, haremos algunos progresos y nos prepararemos para la clasificación.

Hoy se ha hablado mucho en el *paddock* sobre los famosos que van a aparecer el fin de semana. La verdad es que no veo mucho la televisión ni escucho mucha música, así que las posibilidades de que un vejestorio como yo reconozca a alguien son mínimas. En 2019, un tipo llamado Trevor Noah fue nuestro invitado en el Gran Premio de Estados Unidos y yo no tenía ni idea de quién era.

—Es un cómico sudafricano —me dijo Stuart.

—¿En serio? —dije yo—. Nunca he oído hablar de él.

—Bueno, tiene doce millones de seguidores en Twitter y ocho millones en Instagram, así que es bastante famoso.

—¡No jodas! —dije yo.

Era un tío muy majo. Eso pasa mucho en estos tiempos. «Guenther, este es fulanito». Sé que son famosos, pero la mitad de las veces no tengo ni puñetera idea de quiénes son. Vivo en una burbuja, así que, a menos que seas famoso en el mundo del motor, no tendré ni idea de quién eres.

Sábado, 7 de mayo de 2022 - Autódromo Internacional de Miami, Miami (Estados Unidos)

13:00

Tenía razón en lo de los VIP famosos. Por lo visto, el *paddock* está lleno de celebridades hoy, pero todavía no he reconocido a ninguna. De hecho, este fin de semana vienen algunos de los nuestros. Hemos invitado en Miami a los hermanos Watt, J. J. y T. J. Son jugadores muy famosos de la NFL y unos tíos muy majos. Además, ¡son enormes de cojones! Esto ya es como Mónaco multiplicado por diez, está fuera de escala. Dios sabe cómo será Las Vegas el año que viene y lo entiendo. Los famosos quieren que se los asocie con algo popular y glamuroso, y viceversa con la Fórmula 1. Admitámoslo, necesita ayuda en ese aspecto. Fíjate en los cabrones feos que trabajamos en ella.

Con lo que no estoy de acuerdo es con que los famosos no quieran hablar con nadie de los medios de comunicación. Eso no me gusta. No les importa pasearse por la parrilla, hacerse fotos y sentirse importantes, pero, en cuanto un periodista o un medio de comunicación dice: «Hola, ¿te lo estás pasando bien hoy?», los seguratas se abalanzan sobre ellos y empiezan a perder los papeles. En mi opinión, hay que informar a esas personas de quiénes son los principales periodistas y medios de comunicación de la Fórmula 1 y animarlos a que hablen con ellos. Si estás aquí gratis un día, deberías apoyar al deporte interactuando con las personas cuyo trabajo es hablar de ella y promocionarla. Ese es el trato o, en todo caso, debería serlo. Nuestra casa, nuestras normas.

Eso de la prepotencia de los famosos ha aparecido como tal en los últimos años y de verdad espero que desaparezca pronto. He visto algunas de las sandeces que tienen que aguantar en la parrilla tipos como Martin Brundle y no son nada bueno. A veces, veo cómo lo avasallan los gorilas y es triste. Nuestro deporte debería ser para todos y, cuando los únicos que no quieren interactuar ni siquiera forman parte de él, eso no da buena imagen. Esto es un Gran Premio, no los putos Óscar.

18:00

No ha sido una buena tarde, de hecho, ha sido una tarde de mierda. En los terceros entrenamientos libres, dimos un paso adelante con una gran actuación, y luego, dos hacia atrás por culpa de una avería y un par de malas decisiones. Al principio de la Q1, la radio de Kevin se averió, lo que le impidió comunicarse con su ingeniero. Como resultado, permaneció en pista con un único juego de neumáticos blandos y terminó decimosexto. Mick, que seguía la misma estrategia que Kevin, tuvo que entrar a cambiar sus neumáticos y pasó a la Q2. Sin embargo, no pudo mejorar y acabó clasificándose último, decimoquinto.

Todavía no sabemos por qué dejó de funcionar la radio de Kevin, es un misterio. ¡Uno exasperante! Si hubiera funcionado, habría podido cambiar los neumáticos y lo más probable es que llegara, al menos, a la Q2. En fin, mierdas como estas pasan. A nosotros ¡muchas veces!

Domingo, 8 de mayo de 2022 - Autódromo Internacional de Miami, Miami (Estados Unidos)

8:00

Anoche, después de la clasificación, reuní al equipo para hablar. Dije que aquí tenemos una oportunidad y que tenemos que acelerar el ritmo. Da la sensación de que nos estamos estancando, como si confiáramos en que mañana será siempre un día mejor. Pues bien, tal como les he dicho a los chicos, esos días se van a acabar muy pronto y, a menos que nos saquemos los dedos de donde los tengamos metidos y empecemos a darle la vuelta a las cosas, toda esa promesa se evaporará y la temporada se irá a la mierda. Tenemos que trabajar más duro y, lo que es más importante, hacerlo de manera más inteligente. A veces, la gente se deprime un poco cuando despotrico, pero les he dejado claro a todos que lo digo porque el éxito está al alcance de la mano. Ellos, al igual que yo, se quedarán devastados si llegáramos al final de la temporada sabiendo que teníamos un buen coche pero que no conseguimos aprovechar su potencial.

Después de aquella reunión, junté a los ingenieros y a los pilotos. Les dije:

—¿Entendéis lo que quiero decir, chicos? Porque, si no, mejor que nos vayamos a casa. En serio, no se puede esconder la cabeza bajo el suelo y esperar a que las cosas mejoren. Tenemos que hacer que mejoren juntos y que sea ahora. Si lo he dicho una vez, lo he dicho mil veces. No estamos aquí solo para completar el cupo.

Una teoría sobre por qué puede estar ocurriendo esto —que es otra cosa que he discutido tanto con los pilotos como los ingenieros— es que todavía podríamos estar sufriendo los efectos de la temporada pasada. El año pasado todo fue negativo, todo. No hubo nada positivo. Intenté tranquilizarlos diciéndoles que vendrían tiempos mejores, pero, por mucho que quisieran creerlo, lo único real y garantizado era que la semana siguiente les depararía otra decepción. Ahora ya no es así, es casi como si tuvieran miedo de volver a ser competitivos. Tienen miedo del coche y también tienen miedo de sí mismos. Creo que los chicos vieron a dónde quería llegar y se dieron cuenta de que directamente se trataba de un problema de confianza. Igual que nos acostumbramos a acabar últimos, ahora tenemos que acostumbrarnos a acabar en los puntos. Esa tiene que ser la mentalidad de cara al futuro. Debemos tener hambre.

«Vamos, chicos, está en nuestras manos». Eso es, en esencia, lo que les dije.

Estoy bastante nervioso por hoy, para ser sincero. Las cosas tienen que cambiar rápido.

22:00

Me temo que no he podido escribir esto antes porque estaba lo que se dice un poco de mala leche. En realidad, eso es quedarse corto. Estaba de tan mala hostia que me subía por las paredes.

¿Por dónde empiezo? En realidad, fue una carrera muy emocionante en algunas partes, por lo menos, hasta que salió el coche de seguridad. Nuestros dos pilotos recuperaron posiciones tras la salida y fue alentador. Entonces, tras el coche de seguridad, Kevin quiso salir con neumáticos nuevos. El ingeniero de carrera y el estratega le aconsejaron que no lo hiciera, porque la ventaja no sería suficiente y pensaban que podría acabar perdiendo posiciones, pero él insistió y, al final, decidimos ceder. Tal como nos temíamos, acabó perdiendo puestos y seguro que nos costó puntos. Para ser justos con Kevin, después reconoció que se había equivocado y se disculpó. Eso no cambió lo que había pasado, pero, al menos, aprendió algo. Mick acabó teniendo un incidente con Vettel después del coche de seguridad y ello arruinó sus posibilidades, así que, en general, fue una tarde de mierda. En un momento dado, íbamos octavos y novenos y, en realidad, deberíamos habernos quedado ahí.

Justo después de la carrera, sentí como si todo lo que les había dicho la noche anterior no hubiera servido para nada. Está claro no fue así y, por suerte, ¡me di cuenta antes de darles un bis! Como me sentía un poco cabreado, volví al hotel y metí la cabeza en el retrete.

Lunes, 9 de mayo de 2022 - Charlotte Motor Speedway, Carolina del Norte (Estados Unidos)

10:00

¡Las cosas que hago por este equipo!

No sé de quién fue la idea, pero, mientras nos preparábamos para el Gran Premio de Miami, alguien de Haas F1 sugirió que Kevin y Mick visitaran un día la fábrica de Stewart-Haas Racing para saludar. En parte como un ejercicio de relaciones públicas, pero, también, porque podría ser interesante para los chicos. Stewart-Haas son, básicamente, nuestros vecinos y, aunque somos entidades separadas por completo, es obvio que compartimos propietario. Gene lleva en la Nascar desde 2002 y creó Stewart-Haas Racing con Tony Stewart en 2008. Su fábrica de Kannapolis, que no está lejos de nuestra propia sede, ocupa 13 000 metros cuadrados y es impresionante, una gran instalación. Kevin y Mick fueron a la fábrica y dijeron que se lo pasaron muy bien.

Mientras esto se preparaba, también se propuso que aprovecháramos el día para que ambos diesen una vuelta con un Nascar en el cercano Charlotte Motor Speedway. Kevin y Romain ya lo habían hecho en 2019, así que dijimos: «¿Por qué no?». Kevin tenía muchas ganas de volver a hacerlo, y Mick y Pietro también querían intentarlo. Chase Briscoe, uno de los pilotos de Stewart-Haas, también estaría allí. Parecía divertido.

—¿Tú también te vienes, Guenther?

—Pues claro —respondí—. No me lo perdería por nada del mundo.

Cuando llegamos hace una hora, la persona de Stewart-Haas que lo había organizado todo dijo:

—Escuchad una cosa, ¿por qué no dejamos que Guenther dé unas vueltas?

—¿Qué? —le contesté—. ¡Yo no puedo conducir una de esas cosas!

Lo más cerca que he estado de pilotar un coche de carreras fue cuando fui copiloto de un equipo de *rallies* a principios de los noventa, pero solo en unas pocas carreras. Eso fue lo más lejos que llegué. Nunca tuve ni el talento ni el dinero para convertirme en piloto.

—Pero si yo conduzco un Toyota Tundra, ¡por el amor de Dios! —dije.

—Entonces, ¿qué tal si Kevin te saca a pasear?

Si esto hubiese pasado después de que hubiéramos ganado puntos en Miami, habría estado de acuerdo, pero no fue así.

—La última vez que hablé con Kevin fue después del Gran Premio de Miami cuando tuvo que retirarse tras chocar con otros dos pilotos. Fue una conversación bastante franca y también muy sincera. ¿Qué pasa si quiere vengarse?

Y en eso estamos ahora. Estoy aquí sentado, en el Charlotte Motor Speedway, esperando a que llegue el vengativo danés y me lleve a dar una vuelta a 325 kilómetros por hora. ¿Qué podría irse a la mierda?

Joder, ha sido muy guay, muy guay de verdad, aunque creo que no puedo girar la cabeza hacia la derecha. No, no puedo. ¡Dios! Estuvo a punto de no ocurrir porque no entraba en el puto coche. Olvidé que las puertas están soldadas, así que tienes que entrar por la ventanilla. Lo mejor fue dar la vuelta al óvalo, nunca lo había experimentado y lo volvería a hacer sin dudarlo. Para ser totalmente sincero, tengo un poco de experiencia conduciendo rápido con otras personas al volante, ya que salí bastantes veces con el legendario Colin McRae. Sin embargo, eso fue hace tiempo y no lo he vuelto a hacer desde entonces. ¡Por mucho que respete a los tipos que están hoy aquí, Colin podía hacer cosas con un coche que te harían sangrar los putos ojos! Ese tipo era un auténtico genio, en mi opinión, y, después de Mónaco, intentaré contarte una o dos anécdotas de aquellos tiempos.

Hace un rato, me han llegado los datos de audiencia de Miami y son impresionantes: 2,5 millones en Estados Unidos. Eso ya le está pisando los talones a las cifras de la Nascar. Creo que, al menos, podría repetirse para Austin en octubre y luego Dios sabe dónde llegaremos el año que viene con Las Vegas en el calendario. Son tiempos apasionantes para la Fórmula 1.

Jueves, 19 de mayo de 2022 - Hotel del equipo, Barcelona (España)

18:00

Mañana hará tres años que perdimos a Niki Lauda. Todavía oigo su voz: «Guenther, soy Niki. Vale, escúchame».

Es la primera persona que me convenció para que dejara los *rallies* y viniera a trabajar a la Fórmula 1, así que parece una buena oportunidad para contarte la historia de cómo ocurrió y lo que pasó después. En realidad, eso no es del todo cierto. Lo que debería haber dicho entonces es que él fue la persona que me dijo que iba a dejar los *rallies* y venir a trabajar a la Fórmula 1, y lo haría para él.

Cuando Niki se hizo cargo de Jaguar en 2001, tenía mucho trabajo por hacer y buscaba gente nueva. Yo entonces estaba en M-Sport, que había recibido el encargo de Ford —propietaria de Jaguar— de trabajar en el nuevo Focus para el equipo de carreras de la empresa. El director de deportes de motor del equipo de empresa, un tal Tyrone Johnson, le dio mi nombre a Niki y, un día, recibí una llamada de su secretaria diciendo que el señor Lauda quería hablar conmigo. Yo no lo conocía en persona, pero lo admiraba desde niño, así que fue un honor que me pidiera que hablara con él.

Nuestra primera conversación fue por teléfono y, tras hacerme algunas preguntas, me dijo:

—Supongo que no estarás en Viena dentro de poco.

Por suerte, estábamos a punto de competir con el Focus en el Campeonato de Austria, así que le dije que podría reunirme con él en un par de semanas.

—Cenaremos cuando vengas —dijo y colgó el teléfono.

Con Niki, no había saludos ni despedidas. Cuando terminaba, lo sabías.

Varias personas me habían dicho que él no era de cenas largas, así que esperaba que la cosa acabara en media hora. Al final, estuvimos allí más de dos horas y, a las ocho de la mañana siguiente, me llamó.

—Gracias por el tiempo que me dedicaste ayer —me dijo—. Trabajarás para mí.

—¿Puedo preguntarte qué voy a hacer? —le contesté.

—Todavía no lo he decidido —dijo—. Te lo haré saber. Y colgó.

Yo aún tenía tarea por delante con el equipo de empresa de Ford, así que no pude unirme a Niki hasta el mes de enero siguiente. Cuando me incorporé, hice una serie de trabajos diferentes y un día recibí otra llamada.

—Guenther, ahora vendrás y dirigirás el equipo conmigo.

—¿De verdad?

—Sí.

Fin de la conversación.

Tal vez, podría escribir un puto libro sobre lo que ocurrió durante mi período en Jaguar, eso sí, fue un poco un desastre. Un auténtico lío. Para resumir, no era buena idea que una gran empresa como Ford se hiciera cargo de un equipo de carreras porque pensaban que iba a ser fácil. No hubo un verdadero entendimiento. Cuando llegó Niki, gran parte del daño ya estaba hecho y su visión de futuro no coincidía con la de Ford. Él era un piloto a la antigua usanza, mientras que Ford era muy corporativa. No era una buena combinación.

Cuando decidieron despedir a Niki, habíamos empezado a hacer algunos progresos. Yo sentía que le debía mi lealtad, así que decidimos que, cuando él se fuera, yo también lo haría. Ford empezó entonces a perder interés en el proyecto y, en 2004, lo compró Red Bull.

Espero no aburrirte. Sé que se supone que esto es un diario, pero me preguntan mucho sobre ello y acabo de caer que, si lo escribo y todo el mundo lo lee, me ahorraré algo de tiempo en el futuro.

Cuando Red Bull compró Jaguar, yo trabajaba como contratista para el equipo DTM (el campeonato de turismos alemán) de Opel, por lo que no estaba vinculado a ellos. Esto significó que, cuando recibí una llamada telefónica del señor Mateschitz ofreciéndome un trabajo en su nuevo equipo Red Bull, pude decir que sí. Sin embargo, no poseía ninguna ambición real de volver a la Fórmula 1. Para ser sincero, era muy feliz en el DTM.

Seguía viviendo en el Reino Unido cuando ocurrió todo esto, pero, como el nuevo equipo tenía su sede en Austria, tenía sentido que Gertie y yo nos fuéramos a vivir cerca de mi familia en el Tirol del Sur.

Cuando empecé en Red Bull, no tenía ni idea de qué esperar, en realidad. No sabía cómo era Red Bull como empresa y mi único temor, supongo, era que, quizá, también fueran muy corporativos. Al final, las cosas no habían cambiado mucho desde que Niki y yo nos habíamos ido —lo cual fue una sorpresa—, sobre todo, en lo referente a la estructura del equipo. Lo que sí había cambiado y lo que marcó la diferencia fue el nivel de inversión que estaba haciendo el señor Mateschitz.

Durante los dos años siguientes, dirigí el equipo con Christian Horner y los resultados mejoraron. Entonces, a finales de 2005, el señor Mateschitz me preguntó si me atraía la idea de trasladarme a Estados Unidos para crear un equipo de Nascar para Red Bull. ¡Fue una puñetera sorpresa! Recuerdo que hablé de ello con Gertie y le interesaba. Además, yo siempre había tenido la ambición de trasladarme a ese país, pero no creí que fuera a suceder nunca, ya que a los europeos les resultaba muy difícil trasladarse allí. Por tanto, esa era la oportunidad que nunca pensé que se me presentaría. El único aspecto algo desalentador era tener que empezar de cero y construir un nuevo equipo desde abajo y en un deporte con el que no estaba muy familiarizado. Eso no es fácil en ningún país y mucho menos uno del que sabes muy poco aparte de lo que has visto en el cine. Fue un reto, por decirlo con suavidad.

Tras llegar a Estados Unidos, no tardé en darme cuenta de que mi experiencia trabajando en la Fórmula 1 significaba muy poco en esta situación, por lo menos al principio. La Fórmula 1 es la cúspide, así que crees que lo sabes todo, pero, en realidad, yo no sabía una mierda. Creo que darme cuenta de esto muy pronto fue lo que me salvó: en lugar de seguir adelante y liarla parda, me limité a sentarme y observar durante seis meses. Iba como una puta esponja y lo asimilé todo. La cultura, la forma de hacer negocios, incluso la forma en que la gente se habla en el día a día. Quería saberlo todo.

Al cabo de unos seis meses, empecé a introducir pequeñas mejoras basadas en lo que había aprendido en la Fórmula 1. Por ejemplo, el equipo Red Bull de Nascar fue el primero de su clase en tener un equipo de boxes a tiempo completo y no eran mecánicos, sino atletas que solo hacían las paradas en boxes. También introduje una estructura de ingeniería, cosa que no se había hecho antes. Ahora todos los equipos de la Nascar cuentan con una.

Experimenté bastante resistencia en el momento en que empecé a implantar estas cosas. Mucha gente pensaba que la Nascar no estaba preparada para estos cambios, pero, en mi opinión, eran fundamentales para que el deporte avanzara.

Una pregunta habitual cuando hablo de mi época en la Nascar es si pensaba entonces que volvería alguna vez a la Fórmula 1. Lo cierto es que yo no pienso así. Si se me presenta una oportunidad y me gusta, me centro en ella. No miro hacia atrás ni hacia delante. Conservaba muchos amigos de la Fórmula 1 y de los *rallies* cuando me trasladé a Estados Unidos, pero no por el hecho de que pensara que algún día podría regresar, sino porque solo era gente con la que me llevaba bien.

Al final, el trabajo con el equipo Red Bull de la Nascar solo duró un par de años. No quiero entrar en detalles sobre por qué lo dejé, pero digamos que las cosas ya habían hecho su recorrido. Pronto recibí algunas ofertas para volver a Europa y, aunque eran muy atractivas, tenía la sensación de que todavía no habíamos acabado con Estados Unidos y viceversa. En dos años, habíamos construido una buena vida allí. Gertie era feliz y yo también.

Vale, esta parte hará que se te cierren los putos ojos. No te preocupes, ya casi he terminado. Tras dejar Red Bull, decidí cumplir un sueño creando mi propia empresa. Para entonces, ya conocía bastante bien el mundo del motor estadounidense y me había dado cuenta de que la industria de los compuestos estaba poco desarrollada allí en comparación con el mercado europeo y todavía tenía camino que recorrer. En resumidas cuentas, con la ayuda de Joe Hoffman, un amigo mío que había sido mi director de fabricación en el equipo Red Bull de la Nascar, pusimos en marcha una fábrica de materiales compuestos llamada Fibreworks, de la que seguimos siendo propietarios y que va muy bien. Pusimos en marcha la empresa en 2009 y, durante los cinco primeros años, trabajé muy duro con Joe para que despegara. Entonces, como sabes, empecé a barajar la idea de crear un equipo de Fórmula 1 y el resto es historia.

Hoy en día, Joe se ocupa de ella mientras yo viajo por el mundo insultando a la gente y haciéndome fotos. A mí se me da muy bien montar una empresa y todo el tema inicial, mientras que a él se le da de lujo la gestión y todas las cosas del día a día. De hecho, es brillante en eso y el acuerdo que tenemos funciona muy bien. Joder, ya que estoy escribiendo este libro voy a incluir un pequeño anuncio de la empresa. Eso le encantará a Joe.

Fibreworks: líder en la industria de los compuestos. A la vanguardia del diseño, la ingeniería y la fabricación a medida.

Sin duda, montar un equipo de Nascar y luego una empresa en Norteamérica ayudó a la hora de crear un equipo de Fórmula 1 allí. Necesitas entender la cultura. Por ejemplo, puede que hablen el mismo idioma que los británicos —bueno, más o menos—, pero son como un huevo y una castaña en lo que se refiere a la forma de hacer negocios. No es ni mala ni peor que en Gran Bretaña, es diferente. Así que, a la hora de buscar inversiones, supe decir las cosas como tenía que decirlas. ¡Para variar! Si no hubiera tenido toda esa experiencia, es imposible que lo hubiera conseguido.

Pues ya estaría, ahí van unos minutos de tu vida que nunca recuperarás. A pesar de que dije que no pensaba volver a la Fórmula 1, me alegro mucho de haberlo hecho. También estoy muy agradecido a Niki, que fue un mentor increíble y un muy buen amigo.

La última vez que hablé con él fue el 21 de febrero de 2019, dos meses antes de su muerte. Era la víspera de su cumpleaños y pensé que sería más fácil hablar con él ese día que el día mismo. Sabía que no se encontraba bien y la primera vez que lo intenté no contestó. Uno de sus hijos, con el que me llevo muy bien, debió de ver una llamada perdida mía, me la devolvió y me lo pasó. Parecía muy cansado, pero, al menos, pude felicitarlo.

Trabajar para Niki Lauda fue toda una experiencia. Era un capataz muy duro, pero te podías ganar su confianza solo trabajando duro y dando siempre lo mejor de ti. Una vez confiaba en ti, te apoyaba hasta el final. Contar con el apoyo de alguien como Niki Lauda te hacía sentir que podías lograr cualquier cosa. Era una inspiración.

Antes de irme, te contaré una anécdota divertida sobre Niki. Cuando fui a ver la película *Rush,* sobre James Hunt y él, hablé con él después para decirle lo mucho que me había gustado.

—Niki, el actor que hacía de ti ¡lo hace de puta madre!

—Yo lo preparé —respondió desafiante.

—¿Cómo? ¿Para actuar?

—En este caso, sí. Pasó tres días conmigo.

—Y, en ese tiempo, ¿le enseñaste a actuar?

—Le enseñé a ser Niki Lauda.

—¿En tres días? Te estás quedando conmigo.

—No. La razón por la que es tan bueno es porque yo le enseñé a ser yo. Ni más ni menos.

—Entonces, ¿no tiene nada que ver que el tipo sea un buen actor?

—No. Es el trabajo que yo hice.

—Vale, pues ¡felicidades!

—Gracias, Guenther. Me alegro de que te haya gustado mi película.

Viernes, 20 de mayo de 2022 - Circuit de Barcelona–Catalunya, Barcelona (España)

16:00

Algo que se me ocurrió esta mañana cuando llegué a la pista fue el hecho de que, hoy en día, cada carrera tiene una personalidad diferente. Esto es intencionado por parte de la Fórmula 1 y es una gran idea. Hace siete u ocho años, cuando empezamos, todo se había homogeneizado un poco. No estoy seguro de que también fuera intencionado, pero había muy poco que diferenciara las carreras. Y ya sabes lo que dicen: si siempre hay las mismas galletas en la puta lata, ¿dónde está la gracia de las galletas?

Se ha dicho que el Gran Premio de Miami tuvo un aire a la Superbowl y la reacción ha sido positiva de verdad. España es un animal muy diferente. Es más tradicional y aquí hay muchos aficionados a la gasolina que solo quieren ver carreras y no están interesados en todo el asunto del espectáculo. Me parece muy refrescante después de Miami y me encanta poder sumergirme en todos estos mundos diferentes. Hace que la cosa siga teniendo gracia para todos.

En fin, entrenamientos libres uno y dos. ¿Cómo han ido? Bueno, hoy ha sido un buen día. Los primeros libres han sido un poco flojos, pero, en los segundos, los chicos han encontrado su ritmo. Mick terminó décimo y Kevin, duodécimo; no ha estado mal. Ni que decir tiene que no significa nada si no lo rematamos mañana, pero, con sinceridad, creo que lo haremos. Mick y Kevin están muy contentos en este momento. ¿Quizá la rueda de la fortuna ha girado?

Sábado, 21 de mayo de 2022 - Circuit de Barcelona–Catalunya, Barcelona (España)

17:00

Los altibajos de la Fórmula 1 son los que nos hacen seguir adelante y que, a veces, queramos dejarlo. Esa es la verdad. En ocasiones, la euforia está a solo una centésima de segundo de distancia y el más mínimo error de juicio puede causar el desastre. Es justo decir que, en lo que va de temporada, hemos tenido más días malos que buenos, pero hoy ha sido uno de esos días por los que vivimos.

En fin, ¿que cómo nos ha ido?

¿Un piloto en la Q3? A la mierda, no me interesa. ¿Dos? ¡Sí, señor, te lo compro! Por primera vez desde 2019, nuestros dos pilotos llegaron a la tercera ronda de la clasificación: Kevin en octava posición y Mick, en décima. ¡De puta madre! La Q1 empezó como una carrera contrarreloj, ya que el coche de Mick sufrió un problema con los frenos por cable. No se sabía si lo conseguiría, pero, después de un trabajo increíble de los mecánicos, salió y pasó a la Q2 con una vuelta de 1:20.683. Kevin Magnussen ya se había clasificado con un 1:20.227, así que, aparte del problema de Mick en la salida, no podíamos pedir más.

En la Q2, las cosas fueron más fluidas e incluso mejor en general. Kevin marcó un tiempo de 1:19.810, lo que lo situó en quinta posición, y Mick terminó décimo con un tiempo de 1:20.436. ¡Era la primera vez que Mick pasaba a la Q3! ¡Qué gran momento! Siempre anda con una sonrisa de oreja a oreja, pero, después de eso, ¡es que no se le veía el resto de la cara! Lo que hizo memorable la Q2 para Kevin fue que tuvo que enfrentarse a un mal funcionamiento del sistema DRS. Es un misterio cómo demonios consiguió, aun así, terminar quinto. ¡Fue una sesión intensa!

La Q3 empezó con neumáticos blandos para luego pasar a unos nuevos y lanzar un último ataque contrarreloj. Ambos pilotos consiguieron mejorar un poco: Kevin marcó 1:19.682, lo que lo situó octavo, y Mick, 1:20.368, con lo que selló la décima posición.

Como puedes imaginar, todos estamos animados en este momento, todo el equipo. Ya van dos días positivos seguidos. Dos. Tengo ganas de invitar a todo el mundo a celebrarlo en un bar, pero mejor que no. ¡Sigamos así!

Domingo, 22 de mayo de 2022 - Circuit de Barcelona-Catalunya, Barcelona (España)

10:00

Lo único de lo que se habla en este momento es de las mejoras: los periodistas solo quieren hablar de eso. Algunos parecen tener una fijación con ellas. «Tenemos que ir más rápido». «¡De acuerdo, hagamos una mejora! ¡Es la única manera!». No estoy en contra de las mejoras, pero no me gusta utilizarlas porque sí. El momento tiene que ser el adecuado.

Puede que me equivoque, pero, a veces, parece que se utilizan con fines propagandísticos. Ya sabes, para que otros equipos duden y se pregunten qué están haciendo ellos. Por otra parte, quizá se trate solo de la prensa y los medios de comunicación, que alimentan el culebrón de la Fórmula 1. ¿Quién sabe? Esto último me parece más probable. Sin embargo, casi se esperan las mejoras, lo que me parece bastante molesto. «¿Cómo, todavía no tienes una mejora? ¡Pero si estamos en España! Todo el mundo debe tener una mejora para España».

La razón por la que no me interesa ninguna en este momento es porque todavía no hemos sacado el máximo partido a nuestro coche y no puedes mejorar algo de verdad que todavía no entiendes y aprecias al cien por cien. Esa es mi opinión y Gene está de acuerdo. Un ejemplo de ello es este fin de semana. Todos los demás equipos de la parrilla han traído alguna mejora, pero nuestro coche es uno de los más rápidos. La razón de ello es que hemos aprendido más sobre el monoplaza en su estado actual, incluido cómo disminuir el problema del cabeceo. Eso explica por qué hemos sido más rápidos y esa ha sido nuestra mejora.

Una vez más, ha empezado a correr el bulo de que Haas se ha quedado sin dinero y todo eso. «No», he declarado. «Solo tenemos un enfoque diferente al de los demás. Eso es todo». Hacer algo porque lo hacen los demás no funciona conmigo, nunca lo ha hecho. Eso les dije.

Estoy deseando que empiece la carrera. Sé que hemos tenido una buena clasificación, pero reconforta el hecho de no tener tanta gente y famosos paseando por aquí. Se han congregado más de 300 000 personas durante el fin de semana, pero, tal como he dicho, es un público diferente al de Miami. La semana que viene toca Mónaco, así que, para entonces, estaré listo para mi dosis de Hollywood de nuevo. ¡Luces, cámara, Guenther! No te olvides del maquillaje. Si vas a sacarme a mí, necesitarás un puto cubo entero.

18:00

Creo que ya lo he dicho, pero qué diferencia hacen veinticuatro horas. Desde luego, no ha sido la carrera que esperábamos, vaya, vaya. Cuando llegamos a la tercera curva, Kevin era séptimo, Mick era octavo y nuestro muro de boxes estaba a unos tres metros del puto suelo. ¡Estábamos flotando hacia el cielo! Luego, en la curva cuatro, nos quedamos sin un coche y, en la vuelta treinta, el otro quedó también fuera de la competición por los puntos. Nos arriesgamos con Mick mediante una estrategia a dos paradas y no funcionó, así que no fue culpa de nadie. Lo que sucedió con Kevin es un poco más ambiguo, pero lo dejaremos para otro día.

Lo que escribí ayer sobre los altibajos de la Fórmula 1 parece bastante pertinente en este momento. Hemos tenido ambos extremos en rápida sucesión, sin embargo, la diferencia ahora, aquí y ahora, es que nadie está demasiado abatido. Tuvimos un viernes limpio y un sábado excelente, y, aunque hoy cometimos errores, fueron de buena fue y se debieron más a la mala suerte que a otra cosa. Tengo la sensación de que, ahora, el coche y el equipo están casi en el mismo punto. Por fin estamos conociendo el potencial del bólido, así que, a partir de ahora, lo importante será perfeccionar lo que tenemos y luego mejorarlo cuando lle-

SOBREVIVIR A TODA VELOCIDAD

gue el momento. El equipo también está funcionando casi al máximo de su capacidad, por ende, si nos marcamos otro fin de semana como este, deberían alcanzar lo que llamamos el punto dulce.

Para ser sincero, me gustaría que Mónaco no fuera la próxima carrera. Por mucho que me guste el ambiente que se respira a veces allí, si no llueve, la carrera no es más que un desfile de coches. A pesar de lo competitivos que creo que somos ahora, no creo que vayamos a prosperar allí. Podría equivocarme, por supuesto, así que crucemos los dedos.

Vale, tengo que coger un avión.

¡Adiós!

Miércoles, 25 de mayo de 2022 - Circuito de Mónaco (Mónaco)

14:00

Literalmente, acabo de llegar de Italia. Es, sin duda, uno de mis viajes más fáciles. Y ya hay mucha gente aquí, lo cual no es normal. Las cosas suelen empezar a ponerse más concurridas el jueves. Durante la última semana, me he dedicado, en especial, al patrocinio, del que hablaré dentro de un momento. Antes de eso, primero te diré lo que me gusta del Gran Premio de Mónaco.

Bien, ya he acabado. Me alegro de que nos hayamos quitado eso de en medio. Pasemos al patrocinio.

Solo estoy bromeando. Bueno, más o menos. Mónaco tiene algunas cosas a su favor en cuanto a lo que los aficionados pueden experimentar en persona, pero, desde el punto de vista de un equipo —por no hablar de las personas que lo ven en casa por televisión—, no aporta mucho. No hay escapatorias,* por lo que los pilotos no pueden asumir riesgos, ni adelantamientos. Es una pista corta, aburrida. Hasta hace unos años, corría el rumor de que Mónaco no pagaba ni un céntimo por albergar la carrera. Resultó no ser cierto, pero la cantidad que pagan sigue siendo muy inferior a la de los demás: Arabia Saudí paga unos sesenta millones de dólares por ello, mientras que Mónaco abona unos quince millones. Luego está la cobertura, que es una de las principales cosas de las que se quejan los aficionados. No me preguntes por qué, pero, por alguna razón, a diferencia de todas las demás carreras, Mónaco se encarga de su propia cobertura televisiva, lo que significa que depende de ellos lo que veas en la tele. Comprendo que dirigir una carrera así debe de ser bastante difícil, ¡pues razón de más para dejar que lo haga un puto profesional! El año pasado, también hubo una gran polémica sobre la publicidad. Por algún motivo, a Mónaco se le permite publicitar sus propios patrocinadores y, el año pasado, hizo un trato con un competidor directo de Rolex, que es uno de los principales patrocinadores de la Fórmula 1. Esto, como puedes imaginar, sentó como una patada en el culo.

El acuerdo de Mónaco con la Fórmula 1 para albergar carreras toca a su fin este año, así que será interesante ver si permanece o no en el calendario. Sería una pena que desapareciera, pero hay que avanzar con los tiempos y muchos dirían que Mónaco no lo ha hecho.

Bien, ya me estoy aburriendo hasta a mí mismo. Voy a dejar las noticias sobre los patrocinadores para la próxima vez. Me alojo en casa de un amigo mientras estoy en Mónaco y ya casi he llegado.

---

* Zonas de asfalto o grava alrededor de la pista de un circuito pensadas para reducir la velocidad de los coches que se salen de la pista. *(N. del T.)*

Jueves, 26 de mayo de 2022 - Circuito de Mónaco, (Mónaco)

8:00

Anoche pasé una noche estupenda. Siempre me quedo con el amigo que mencioné cuando estoy en Mónaco y me trata como a un rey. Rey Guenther I de Mónaco. Los hoteles están bien, pero estar aquí es un cambio agradable para mí. Su casa da al mar y, anoche, después de una buena cena, nos sentamos en su balcón, encendimos un puro cada uno y estuvimos hablando de cosas durante un par de horas. No es frecuente que pueda relajarme así durante la temporada y me ha hecho mucho bien. Ahora estoy listo para preparar el desfile.

La presión para conseguir un nuevo patrocinador principal está empezando a crecer un poco, pero ya está todo controlado. Estamos hablando con un buen número de empresas y hay mucho interés. Debido a la situación actual de la Fórmula 1 en el escenario mundial, el valor del patrocinio es alto y hay que tenerlo en cuenta. En otras palabras, ¡pon unos cuantos ceros más al final! Es broma. Lo que pretendo es presentar algo a Gene y a la junta que ayude a asegurar el futuro del equipo a medio y a largo plazo sin dramatismo ni perjudicar lo que somos. El drama, además de distraer, no es bueno para nuestra marca, que además es bastante fuerte en estos momentos. A veces, un poco de controversia puede venir bien, pero creo que ya hemos tenido bastante para rato. Queremos menos choques, menos polémica y más puntos.

Las empresas con las que estamos hablando en este momento proceden de todo el mundo y ya he conocido a mucha gente interesante de verdad. Sin embargo, hay muchos factores que se deben tener en cuenta, sobre todo, ¿se adaptarán bien a Haas? No se trata solo de aceptar al mejor postor. No quiero parecer un experto en *marketing,* pero quien se incorpore debe entender nuestra filosofía y sentirse a gusto con lo que somos, y viceversa, por supuesto. Por suerte, gran parte del interés que hemos tenido hasta ahora provenía de empresas a las que les gusta lo que somos y el hecho de que no seamos tan corporativos como los demás equipos. No gustamos a todo el mundo, pero eso está bien. También nos portamos muy bien con nuestros patrocinadores en cuanto a lo que reciben a cambio. Somos un equipo pequeño, así que lo más normal es que acaben conociendo a la mayoría de nuestra gente. De nuevo, no a todo el mundo le gusta eso.

En fin, me voy a la pista a ver cómo les va a los chicos.

14:30

Acabo de hacer una entrevista para Sky Sports del Reino Unido y el presentador me ha preguntado si Haas va a poder completar la temporada. Que haya hecho esa pregunta tiene algo que ver con Christian, de Red Bull, que dice que, en su opinión, algunos equipos no podrán terminarla debido al aumento de los gastos. ¿De dónde saca Christian las noticias estos días? ¿Del tío de Mick? Lo que sí hay son muchas escuderías que esperan que Red Bull no pueda acabarla, Ferrari en especial.

Aunque Christian lo diga de forma un poco exagerada, no obstante, es cierto que el tema que aborda se está convirtiendo en un problema, ya que los costes que conlleva dirigir un equipo de Fórmula 1 se están disparando. No están fuera de control como tal, pero los grandes costes duros, como el transporte, han subido mucho este año y tenemos que vigilarlos. El límite presupuestario se diseñó con el objetivo de fomentar la igualdad de condiciones y eso, a su vez, ha creado una especie de frente unido, aunque no sobre todas las cosas, por supuesto. Seguirá habiendo muchas batallas entre nosotros, gracias a Dios. Eso nunca cambiará. Sin embargo, me pregunto si el «titular» de Christian tiene algo que ver con el hecho de que, de forma reciente, hemos tenido que presentar lo que hemos gastado durante el último año. ¿Quizá va tan justo que se le han puesto un poco de corbata?

La última pregunta de la entrevista no me la esperaba. Era algo sobre si Lewis Hamilton debería o no tener que quitarse los *piercings* antes de una carrera. Me complace decir que este debate importante de la prensa deportiva había pasado desapercibido para mí. ¡Por Dios! En realidad, tengo una opinión y es que, si el reglamento prohíbe llevarlos durante una carrera —que parece ser el caso—, tendría que quitárselos. Que a Lewis Hamilton le parezca justo o no es irrelevante, pero, si quiere cambiar las normas, debería evaluar el nivel de apoyo que recibiría y, si gusta, empezar a hacer pasillos y a presionar. Yo no tengo *piercings* y mis conductores tampoco, por lo menos ninguno del que estén dispuestos a hablar, aunque nunca se sabe.

Lo reitero, la cantidad de gente que hay aquí se sale de la escala. Esto es bastante extraño, ya que este año, en lugar de tener sesiones de entrenamiento el jueves y luego tener el viernes libre, la carrera sigue el formato estándar de tres días. En consecuencia, como no había nada el jueves, pensé que hoy todo estaría más tranquilo, pero ¡qué va! Nunca había visto tanta gente. Supongo que se debe a la efervescencia que envuelve al deporte en estos momentos y es bueno verlo.

Como en Mónaco se puede ir andando a todas partes, interactuamos mucho más con los aficionados y, hasta ahora, he tenido algunos encuentros interesantes. Un tipo que quería hacerse un *selfie* llevaba una camiseta en la que solo aparecía mi cara. En serio, tenía medio cuerpo cubierto por completo con cientos de cabecitas de Guenther. Era un puto horror. Nadie quiere ver eso, ¿verdad? Deberían haberlo detenido y metido en la cárcel.

Viernes, 27 de mayo de 2022 - Circuito de Mónaco (Mónaco)

8:00

Otra noche fácil y relajante en Mónaco. Más puros en el balcón, más charlas sobre mierdas varias con mi amigo y anfitrión. Es obvio que no le he contado a Gertie lo de los puros; me mataría. Y no te preocupes, no hay ningún peligro de que lea mi libro, así que mi secreto está a salvo. ¡No se atrevería! En cualquier caso, esto es vida.

Hace unos años, me metí en un lío con la Policía aquí en Mónaco. La casa de mi amigo está en lo alto de una colina, por lo que siempre alquilo una *scooter*, y, una mañana, después de bajar la colina, un chico empezó a desafiarme a una carrera. Si hubiera sido un adulto normal, lo habría ignorado y habría seguido a un ritmo razonable. Por desgracia, no lo soy, así que, cuando me adelantó, pensé: «¿Así que me buscas? Vale, ¡pues me vas a encontrar!». Para ser justos, el chaval era bastante rápido, pero no era rival para mí y, al pasarle, le dediqué una gran sonrisa. Unos segundos más tarde, un policía apareció de la nada y me hizo un gesto para que me detuviera. ¡Vaya cabreo tenía el agente! En ese momento, mi adversario se cruzó con nosotros y empezó a hacer señas y a tocar el claxon. «¡Que te jodan!», le grité. Para mi sorpresa, eso no mejoró mi situación con el policía y, a los cinco minutos, estaba en la comisaría y un sargento me reprendía. Madre mía, de verdad que el tío me echó la caballería. Mientras me echaba la bronca, el Guenther sensato se peleaba en mi cabeza con el Guenther idiota y tuve que hacer un esfuerzo para no empezar a discutir con aquel tipo. Después de leerme no la cartilla, sino la puñetera ley antidisturbios entera, dijo que iba a hablar con su superior y, luego, decidiría si presentaban cargos o no. ¿Cargos? ¿Por qué? ¿Por un poquito de exceso de velocidad? ¡Por Dios! Eso no me gustó nada y, tras darme otro rapapolvo por maleducado (¿yo?), se fue a buscar una silla eléctrica. Mientras estaba fuera, llamé a Stuart.

—¿Puedes venir a comisaría, por favor? Creo que tengo un pequeño problema.

No se sorprendió mucho.

—Vale —dijo—. Ahora voy a buscarte. Y, por favor, no digas nada más hasta que llegue.

Seguí su consejo. Así fue otro día bastante normal en la vida de Guenther Steiner.

18:00

Ha sido un día sólido en su mayor parte. Mick tuvo un problema con la caja de cambios durante los primeros entrenamientos libres que lo obligó a detenerse en la entrada del *pit lane* y provocó una bandera roja. Por desgracia, este tipo de cosas son imprevisibles. El equipo trabajó duro entre sesiones para que estuviera listo y volviera a salir en los segundos libres, e hizo una buena sesión sin más inconvenientes. Lo positivo es que hemos dado un buen número de vueltas y en los segundos libres Kevin acabó undécimo. El ritmo está ahí. Espero que mañana podamos sacar más partido de ambos coches. Ahora es fundamental que todo esté listo para la clasificación, así que aprovecharemos al máximo los entrenamientos finales.

Vale, me vuelvo a mi palacio a por un puro y a rajar más con mi anfitrión. *Bonne nuit.*

Sábado, 28 de mayo de 2022 - Circuito de Mónaco (Mónaco)

17:00

Ambos pilotos pasaron de la Q1 a la Q2, lo cual estuvo bien. Sin embargo, algunas cosas no salieron según lo previsto y Kevin se clasificó decimotercero, y Mick, decimoquinto. Esperábamos meter a ambos en la Q3, pero ahí estamos. Tal como sigo diciendo, sabemos que tenemos velocidad en este coche. Los pilotos están convencidos de ello, todos lo están. Seguiremos luchando. Lo que necesitamos es algo de lluvia, algo de suerte y una bandera roja en algún momento ¡que no implique a ninguno de nuestros coches!

21:00

Los chicos de Netflix se han puesto en contacto con nosotros. Quieren venir a Carolina del Norte para rodar en algún momento. Dios mío. ¡Mi mujer estará encantada! Uno de ellos mencionó algo de grabarme haciendo esquí acuático. Le dije: «¡Tienes que estar de puta coña!». También quieren echar un vistazo a la empresa de materiales compuestos de la que soy copropietario. ¿Y eso por qué? Espero que no me estén investigando. Son buenos chicos y siempre nos reímos juntos, aunque, por lo general, es a mi costa.

Domingo, 29 de mayo de 2022 - Circuito de Mónaco (Mónaco)

13:00

El luchador de la UFC Conor McGregor ha venido esta mañana al garaje. Joder, ¡qué loco está! En el buen sentido. ¡No quiero repercusiones! La gente piensa que soy un tipo intenso, pero Conor está a un nivel muy superior. Supongo que tienes que estarlo, si te dedicas a lo que te dedicas. Pero ¿sabes qué? ¡Juró lealtad a Haas F1! Es un fan muy guay. Los chicos del garaje se volvieron locos cuando entró. En una entrevista posterior, dijo: «Apoyo al equipo Haas. Nuestros coches son excepcionales». Sea eso cierto o no, a él nadie se lo va a discutir. ¡Quizá debería contratarlo para que nos lleve las relaciones públicas!

18:00

Estoy demasiado cabreado para escribir en este momento. Mañana, tal vez.

Lunes, 30 de mayo de 2022 - Mónaco

Algo de lluvia, algo de suerte y una bandera roja que no implicara a uno de nuestros coches es lo que deseaba el día de la carrera. Pues bien, conseguí una de esas cosas. ¡Lluvia! También conseguí la bandera roja, pero, por desgracia, no lo segundo. Nada de suerte. Nada de nada.

La razón por la que no escribí una entrada ayer fue porque no quería revivir tan pronto lo ocurrido. Simplemente, no estaba de humor. También tenía que hacer una llamada telefónica muy incómoda con mi jefe.

Tras un retraso de una hora, la vuelta de formación se puso en marcha detrás del coche de seguridad. Kevin empezó a remontar algunas posiciones y, en un momento dado, pensé que podría luchar por estar entre los diez primeros. Entonces, en la vuelta veintiuno, se vio obligado a abandonar por un problema en el motor. No fue culpa de nadie, pero aun así fue muy frustrante. La fiabilidad venía siendo buena estos últimos días.

Y, ahora, llegamos a Mick. Dios bendito, ¿por dónde empiezo?

Después de cuatro vueltas, entró en boxes para montar neumáticos intermedios, perdió la posición en pista y se vio envuelto en un incidente que lo dejó con el alerón delantero dañado. Tras entrar en boxes para cambiarlo, volvió a salir y, unas vueltas más tarde, perdió el control en la curva Piscina y se estrelló. Partió su coche en dos por completo. Una vez más, se nos encogió el corazón al ver el accidente, pero, por suerte, salió ileso. Resulta obvio que eso es lo más importante, pero la cosa es que tenemos una factura de reparación que asciende a casi un millón de dólares.

Hay que olvidarse de la primera vez que un piloto destroza por completo un coche en una temporada debido a un error humano. Es una de esas cosas y, a fin de cuentas, a veces sale cruz. La segunda vez que ocurre piensas: «Espera, algo no va bien aquí». Una cosa es el coste y el efecto que tiene en nuestras posibilidades de conseguir puntos, pero ¿qué pasa con el peligro para el conductor y para otras personas? Nadie lo menciona nunca.

Sé que no paro de hablar de ello, pero esta temporada tenemos un buen coche y se me han acabado las excusas para cosas como esta. «¿Se ha vuelto a estrellar, Guenther?», dirá la junta. «¿Por qué? ¿De qué sirve tener un buen coche si no consigues puntos y sigues estrellándote?». ¿Qué puedo responder a eso? Nada. Contar con un buen monoplaza se ha convertido con rapidez en un arma de doble filo para mí y una de las principales razones es que seguimos destrozándolos, joder. Mejor dicho, un piloto los destroza: el que aún no ha puntuado y que es uno de los dos únicos de la parrilla ahora mismo que todavía no lo han hecho.

No digo que nadie más del equipo cometa errores, todos lo hacemos, pero esto no es suficiente. Hice una declaración muy breve después de la carrera diciendo que tenemos que ver cómo podemos avanzar a partir de aquí y, de momento, no estoy seguro de qué camino tomaremos. Mick parece incapaz de apreciar la gravedad de la situación, al menos de forma pública, lo que también es preocupante. Habla como si fuese una de esas cosas y no fuera culpa de nadie. Si metes la pata, admítelo, pide disculpas, y luego intenta mejorar. Eso es lo que tiene que hacer, aunque yo preferiría que tan solo dejara de chocar.

La excusa de Mick para el accidente fue que, para ir más rápido, tiene que arriesgarse más y esa fue una de las ocasiones en las que lo haces, pero no funciona. Esa puede ser una razón para el accidente, pero no es una excusa. ¿Qué quiere? ¿Que le dé permiso para seguir asumiendo riesgos en las carreras que no es capaz de controlar? Ya de paso también podría haberme pedido permiso para conducir. Es su criterio lo que cuenta, no el mío. No soy yo quien conduce el coche. Lo lejos que un piloto puede llevarlo depende de su talento y su capacidad, y es responsabilidad de Mick saber dónde poner el límite. Es un piloto de Fórmula 1, por el amor de Dios. Está en la cúspide del automovilismo.

A mí me contratan para dirigir un equipo porque, en teoría, tengo talento para ello y, cuando tengo que tomar una decisión, utilizo mi criterio. No hablo con Gene a cada paso para pedirle permiso o validación, tampoco lo utilizo como excusa cuando las cosas van mal. Lo que intento decir es que, si decido asumir mayores riesgos en Haas y la cosa se va a la mierda, después no me parapeto en ello como excusa.

Gene me paga por dirigir el equipo, lo que significa que soy responsable de cualquier riesgo que asuma, es parte de lo que hago. Pagamos a Mick para que conduzca un coche y es su responsabilidad.

Nunca he visto la Fórmula 1 tan intensa como en este momento, lo que hace que situaciones como esta sean aún peores. Todo está creciendo: la afición, el calendario, la cobertura; sin embargo, sigue habiendo solo diez equipos, por lo que la presión para cumplir es mayor que nunca. Es muy exigente. Lo que esto hace, además de poner de relieve nuestros errores, es separar a los hombres de los niños o, en términos de pilotos, a los que pueden permanecer en la pista y sumar puntos para el equipo de los que no.

Tengo mucho que pensar.

De todos modos, quiero dejaros con algo positivo. Mañana podré ver a Gertie y a Greta, que es justo lo que necesito.

Merci, Mónaco. Ha sido… ¡interesante!

Jueves, 2 de junio de 2022 – Rancho Steiner, Carolina del Norte (Estados Unidos)

10:00

Hace un tiempo, prometí contaros algunas anécdotas de mi vida en los *rallies,* así que, como esta semana no hay carreras (ni tampoco ningún puto drama, para variar, ¡es la primera vez que todo está tranquilo!), he pensado ponerlas aquí. Antes de hacerlo, para empezar debería contarte la historia de cómo llegué a trabajar en *rallies*. En otras palabras: mi vida antes de Netflix. Al contrario de lo que mucha gente piensa, ¡yo ya existía por aquel entonces! ¡De verdad, joder!

Empecemos por el colegio. Allí se me conocía por una cosa: por ser un charlatán, por supuesto. Nadie me ganaba en eso, era el mejor de todos los tiempos. Aunque también era bastante inteligente. Sorprendente, ¿verdad? Pues es cierto. A pesar de estar entre los tres o cuatro mejores en casi todas las asignaturas, no me interesaba el mundo académico. Lo único que me atraía era el automovilismo, mientras que a nadie más de mi familia le importaba una mierda y mucho menos participaba en él. Solía ver mucho la Fórmula 1 en la tele con mi padre, pero mi introducción al automovilismo en directo fue una carrera de subida a una colina que se celebraba a unos veinte minutos de casa. Eso fue lo que de verdad me atrapó, creo.

Cuando acabé los estudios, empecé como aprendiz de mecánico de coches de carretera y, luego, tuve que hacer el servicio militar. Al terminar, volví a ser mecánico y vi un anuncio en alguna parte para trabajar como mecánico en el equipo de *rally* Mazda, que tenía su sede en Bélgica. Eso fue en 1986, así que yo tenía veintiún años. No tengo ni idea de por qué les gusté, pero me ofrecieron el trabajo y me trasladé directamente allí.

Fue un gran año para el equipo Mazda Rally Team Europe porque, además de contratarme, dieron el salto del Grupo B del Campeonato del Mundo de Rally al Grupo A. Al año siguiente, en 1987, llevamos a Timo Salonen, nuestro piloto, a su primera victoria en el Rally de Suecia y el equipo acabó sexto en el Campeonato Mundial de Marcas. En 1988, volvimos a mejorar y acabamos cuartos con Timo en quinta posición.

Mi jefe en Mazda era el gran Achim Warmbold, que es una leyenda en el mundo de los *rallies*. A Achim le ocurría algo insólito cada vez que se emocionaba o se enfadaba. Le empezaba a sudar el labio superior, lo que, al cabo de un rato, hacía parecer que echaba espuma por la boca. Era algo muy extraño de ver y, cuando ocurría, yo siempre me inventaba alguna excusa y salía de allí por patas. Tenía una buena relación con Achim. Incluso entonces, yo solía decir lo que pensaba y, al principio, creo que él no sabía cómo tomarme. Fue una maravilla que no me despidiera, pero, al final, creo que se acostumbró a mí. Aunque mi puesto oficial en Mazda era el de mecánico, a mí eso se me daba un poco de pena, así que, antes de que me descubrieran, acepté un trabajo como jefe de equipo adjunto en Top Run, Italia. Mi principal responsabilidad allí era organizar y dirigir a inscritos a título privado en varios campeonatos de *rallies* y también tuvimos cierto éxito. Bajo mi atenta dirección, el piloto belga Grégoire De Mévius quedó sub- campeón del Grupo N del Campeonato del Mundo de Rally en 1989 y 1990.

Debió de correrse la voz sobre este nuevo y asombroso talento en el sector de la dirección de equipos, porque, allá por 1991, me trasladé a Milán para incorporarme al Jolly Club como jefe de reconocimiento del equipo del Grupo A. Hoy en día, seguro que gran parte de ese trabajo se podría hacer a distancia, pero, por entonces, te daban una gran bolsa de dinero y te decían que cogieras el pasaporte y te pusieras manos a la obra. Lo mismo con las pruebas, en las que también participé. Eso es, de forma literal, lo que ocurría. Nada de teléfonos móviles, solo dinero en efectivo, una agenda de contactos y algunos mapas. Menuda experiencia.

Mi toque del rey Midas continuó en el Jolly Club cuando ganamos el Campeonato Mundial de Constructores en

1991 y 1992, con los Lancia Delta Integrale 16V. Al año siguiente, en 1993, Carlos Sainz se incorporó al equipo y, durante ese tiempo, pasé no menos de doscientos días con él probando y desarrollando el coche. ¡Doscientos putos días con Carlos Sainz! ¿Te lo puedes imaginar?

Aquel resultó ser uno de los momentos más importantes de mi carrera. Además de ser un piloto increíble, Carlos Sainz es uno de los seres humanos más profesionales que he conocido y nunca baja el ritmo. Aquello se me pegó muy rápido. En realidad, no tenía elección: o seguía su ejemplo e intentaba ser el mejor, o me largaba. Gracias a él, también aprendí mucho sobre disciplina y cómo comportarse, pero lo más importante es que descubrí que puedes conseguir algo en la vida si trabajas duro y tienes confianza para esforzarte al máximo. Carlos ya tiene más de sesenta años, pero, cuando corre el Rally Dakar, sigue siendo el primero en levantarse y el último en acostarse. Es implacable.

En 1994, me ascendieron a director técnico y era responsable de los dos coches Ford Escort RS Cosworth que competían en el Grupo A. Una vez más, el éxito me perseguía como las moscas a la mierda, ya que no solo ganamos de forma consecutiva el Campeonato de Italia de Rally en 1994 y 1995, ¡sino que en 1996 lo volvimos a hacer!

En 1997, a Gertie y a mí nos apetecía cambiar de aires, así que nos trasladamos a Banbury, en el Reino Unido, donde me convertí en director del equipo Prodrive Allstar Rally. Este era nuevo, pero aun así conseguimos ganar el Campeonato de Europa en nuestra primera temporada.

Pensabas que era una especie de puto oportunista sin trayectoria que no sabía lo que hacía, ¿verdad? Reconócelo. No es cierto; en algunos casos, incluso sé de lo que hablo.

Tras un año en Prodrive, Malcolm Wilson, mi amigo —que más tarde se convertiría en mi mentor— me pidió que me uniera a su equipo M-Sport como jefe de proyecto de la flota de Ford Focus WRC. Poco después de incorporarme, Ford eligió a M-Sport para diseñar y construir su nuevo Ford Focus WRC. No obstante, no puedo atribuirme ese mérito: fue cosa de Malcolm. Entonces, empecé a asumir un papel más de liderazgo para establecer las instalaciones técnicas, así como la dirección general del desarrollo del coche.

El nuevo coche apareció al año siguiente, en 1999, con Colin McRae al volante y acaparó los titulares de inmediato por registrar los tiempos de etapa más rápidos durante el Rally de Montecarlo, que fue el primer evento del equipo. M-Sport consiguió su primera victoria en el Campeonato Mundial de Rally en su tercera prueba de la temporada, el Rally Safari de Kenia, y, un mes después, Colin alcanzó su segunda victoria consecutiva en el Rally de Portugal. Acabó sexto en el Campeonato de Pilotos y el equipo, cuarto en el de Fabricantes. No fue un mal comienzo.

Debería aprovechar la oportunidad para decir aquí unas palabras sobre Colin, ya que es, con diferencia, el piloto con más talento con el que he trabajado. Era lo contrario de Carlos, ya que no necesitaba esforzarse mucho. Su talento era puramente natural y eso podía crear un ambiente bastante impredecible. Hacía lo que quería, en esencia. No en el mal sentido, pero había que estar preparado para todo. Estaba en su mejor momento como piloto cuando no había mucha electrónica ni ayudas a la conducción en el coche. Con Colin, todo era cuestión de control y, cuanto más tenía sobre este, mejor era. Las pruebas con él son el mejor ejemplo que tengo de esto. Le apetecía o no le apetecía, y, si las cosas no iban como él quería, lo sabías. Por otra parte, si era al revés, estabas de enhorabuena, porque era capaz de conseguir que el coche hiciera cualquier cosa.

A menudo, me han preguntado si creo que Colin podría haberse convertido en un exitoso piloto de Fórmula 1 y es fácil responder. Si hubiese querido convertirse en un exitoso piloto de Fórmula 1, no tengo ninguna duda de que habría podido, pero ¿habría querido dedicarse a ello? Esa es la cuestión. Todo lo que Colin quería era subirse a un coche y conducir, así que es probable que las distracciones inevitables que conlleva pilotar un Fórmula 1 lo hubieran disuadido.

Tras el Campeonato Mundial de Rally de 1999, me ascendieron a director de ingeniería en M-Sport. Luego, en el 2000, trabajé con Colin McRae y Carlos Sainz padre, y acabamos segundos en el Campeonato del Mundo de Marcas, mientras que ellos finalizaron cuarto y tercero, respectivamente. En 2001, volvimos a quedar segundos en el Campeonato del Mundo de Marcas, con Colin segundo y Carlos, sexto. Poco después, Niki me propuso unirme a Jaguar.

No quiero extenderme demasiado sobre mis días en los *rallies,* ya que esto no es una autobiografía ni un libro sobre *rallies.* Aun así, creo que un par de historias pueden ser divertidas. Sin embargo, ¿sabes lo que me aportó el *rally,* aparte de miles de experiencias y recuerdos? Una comprensión del automovilismo y de cómo funciona desde la base. No lo veo desde arriba hacia abajo, nunca lo he hecho ni lo haré. Puedo decirle a la gente lo que tiene que hacer desde arriba, pues claro, pero yo no lo concibo así. Lo de abajo es sacar el coche a la pista y eso es lo primero que aprendí a hacer. Es obvio que no lo sé todo, pero puedo hablar con un mecánico igual que puedo con un director financiero o un jefe de producción. Es muy difícil engañarme y venderme la moto, y eso se debe, ante todo, al *rally.*

Una de mis anécdotas favoritas de mis días de *rallies* ocurrió un año en Kenia durante el Rally Safari. Trabajaba para el Jolly Club y conducíamos un Lancia Delta. Otro tipo y yo nos encargábamos de repostar y ambos llevábamos monos ignífugos. Había un depósito de aluminio grande de la hostia y, mientras uno controlaba la válvula de purga, el otro vertía el combustible con una lata. No era muy tecnológico, pero sí muy peligroso.

No sé bien cómo ocurrió, pero, mientras repostábamos el coche, se escapó un poco de combustible y, sin previo aviso, quedó envuelto en llamas. ¿Sabes el sonido que hace cuando lo ves en el cine? Pues es justo el mismo puto ruido. ¡Whoosh! Quizá fue la electricidad estática la que prendió el combustible o fueron los frenos. En cualquier caso, ¡teníamos un incendio entre manos! Lo primero que hicimos mi colega y yo fue tirar al suelo la lata de combustible, lo cual no ayudó mucho. No estoy seguro de cuántos litros contenía, pero los suficientes para tostar unos cuantos millones de putos *marshmallows*.

Una de las primeras cosas de las que me di cuenta después de tirarla fue que yo también estaba ardiendo. Mi mono era ignífugo, en el sentido de que impedía que el fuego penetrara en el material, pero el propio material sí ardía.

—¡Mierda! —dije o quizá grité.

Entonces, procedí a quitarme el mono tan rápido como pude. Lo único que llevaba debajo eran los calzoncillos y, cuando me lo quité, empecé a saltar sobre él para apagar el fuego. Por suerte, Colin McMaster, fotógrafo de *rallies* muy famoso, estaba allí para fotografiarme haciendo esto y, si los editores han hecho lo que amenazaban con hacer, puede que esa fotografía aparezca en algún lugar de este libro.

Una vez me quité el mono —que, claramente, era lo más importante a tener en cuenta cuando el coche era como una bola de fuego—, de repente recordé que había dos personas dentro del vehículo. Por suerte, el conductor ya había conseguido liberarse, pero el copiloto tenía problemas para desabrocharse el cinturón. Sin pensar en mi propia seguridad ni en el hecho de que solo llevaba unos calzoncillos, fui a ayudarlo a salir del coche. Menudo héroe, ¿eh? Guenther al rescate. Una vez hecho esto, oí que sonaba una radio. Era alguien del helicóptero que estaba arriba.

Me preguntaron:

—¿Qué está pasando ahí abajo?

—¿Que qué está pasando? Estamos celebrando un bonito pícnic de safari, no te jode. ¿Tú qué coño crees que está pasando?

Recuerdo que miré la escena en ese momento y era una locura. Alguien estaba intentando mover el camión de servicio, que estaba lleno de combustible, y había gente corriendo por todas partes en diversos estados de pánico y en diversas fases de desnudez. Fue una locura.

Una de las personas que nos ayudaba había sufrido quemaduras bastante graves en el accidente, así que le dije al piloto del helicóptero que aterrizara lo antes posible y llevara a ese hombre al hospital. Había mucho ruido, pero nadie sabía qué coño hacer.

El helicóptero y su tripulación acabaron aterrizando y, cuando volvieron a marcharse y comprobamos que todos los demás estaban bien, se inició de inmediato una investigación sobre lo ocurrido.

—Mirad, no es culpa de nadie —dije—. Son cosas que pasan. Estos depósitos pesan una tonelada y, a veces, es fácil derramar el combustible.

Encontrar a un culpable no estaba en mis planes y todos los demás pensaban lo mismo, excepto una persona.

—Creo que fue culpa de Guenther —dijo el tipo con el que había repostado.

—¡¿Qué cojones?! ¡Anda ya, tío! —le dije—. Ha sido un accidente. No estamos repartiendo culpas.

No me lo podía creer, pero aquel tipo no quería ni oír hablar de accidentes sin culpa. Para él, el incidente había sido culpa mía y punto. No tenía nada que ver con él.

—Éramos dos repostando —afirmé, tratando de defenderme.

A eso no pudo contestarme nada, pero no cambió su opinión. Por lo que a él respecta, Guenther había sido el que había provocado el incendio. ¡Ese retorcido pirómano!

Vale, tengo otra historia que contarte, pero hoy no. Me llevaría demasiado tiempo.

Viernes, 3 de junio de 2022 - Rancho Steiner, Carolina del Norte (Estados Unidos)

00:00

Anoche me acosté pensando en la anécdota que voy a contarte ahora y acabé soñando con ella. Es una completa locura, pero te prometo que es verdad.

Vamos a retroceder treinta años, hasta 1992, para el Rally Dakar, que ese año era París-Ciudad del Cabo en lugar de París-Dakar. No me preguntes por qué, no tengo ni idea. Había conseguido un trabajo como copiloto de un camión de servicio para uno de los equipos y me hacía mucha ilusión. Mis colegas de los *rallies* me habían contado todo tipo de historias sobre el Dakar, pero yo nunca había participado en la carrera. «Dejémoslo así, será una puta aventura», me dijo uno de ellos.

Una de las primeras cosas que aprendí sobre el Rally Dakar fue que, además de ser una de las carreras de motor más famosas del planeta, también era una de las mayores estafas a las aseguradoras. No puedo decir quién ni cuándo porque no lo sé, pero, al parecer, los equipos cogían coches de carreras viejos y luego los quemaban en el desierto para reclamar al seguro. La carrera era célebre por ello.

El camión que yo conducía había pertenecido a la familia real de Mónaco y había sido personalizado en consecuencia. Llevaba toldos de colores brillantes y todo tipo de chorradas, supongo que al equipo le debió de salir barato. A las tres horas de partir de Italia hacia París, causamos estragos cuando el turbocompresor del camión reventó. Todo el aceite empezó a salir por el tubo de escape a la carretera y, en un minuto, ¡había coches patinando por todas partes! De algún modo, conseguimos detener el flujo de aceite y cambiar el turbocompresor antes de que muriera nadie. Después de que el *rally* empezara en París, nos dirigimos al siguiente punto de llegada, que era Sète, en la costa sur. Desde allí, fuimos a Marsella y subimos a un barco de carga que nos llevaría a Libia. Fue entonces cuando empecé a darme cuenta de que el equipo para el que trabajaba no estaba tan bien financiado ni era tan profesional como me habían hecho creer. El barco en el que nos habían metido apenas estaba en condiciones de navegar y no parecía tener colchones ni cojines por ninguna parte. ¡Todo era de acero! Cuando desembarcamos al día siguiente, no solo no podíamos andar bien porque no habíamos dormido, sino que todos estábamos dispuestos a matar a alguien. ¡A cualquiera!

—Bueno, al menos no puede ir a peor, joder —recuerdo que le dije a mi copiloto.

—¿Tú crees? —dijo él—. ¿Has estado alguna vez en Libia en esta época del año?

Yo había supuesto que haría mucho calor y el tiempo sería muy seco, pero me equivoqué. Llovía y hacía frío.

—¿Dónde demonios vamos a dormir? —pregunté.

—Hay un campamento improvisado para los equipos del *rally* a unos kilómetros de aquí —respondió—. Algunos se alojan en autocaravanas, pero nosotros dormiremos en tiendas.

—¡Por Dios! ¿De verdad? ¿Acabo de pasar una noche en una cama de acero y ahora tengo que dormir en el puto suelo?

—Al parecer, hay tiendas en algún lugar del camión.

A continuación, hizo un gesto al tercer miembro —un tipo de unos cincuenta años que era tonto de remate— de nuestro equipo italiano de tres hombres para que fuera a buscar las tiendas. Volvió unos diez minutos después con una gran bolsa y supusimos que, en ella, había tres tiendas y tres sacos de dormir.

No tardamos mucho en encontrar el campamento del equipo y, en efecto, era un caso de los que tienen y los que no tienen. Dicho de otra forma, de autocaravanas y de tiendas de campaña. Encontramos un espacio que creímos suficiente para tres tiendas y vaciamos la bolsa.

—¿Qué cojones? —dije—. Eso ni siquiera es una tienda y mucho menos tres. ¿Y dónde están los sacos de dormir?

Lo que el equipo nos había dado eran tres mantas y un toldo. Una tienda no, un toldo. El tipo de mierda de cosa que los británicos ponen en sus jardines en verano porque saben que en algún momento empezará a llover.

—¿Qué vamos a hacer? —pregunté—. No pienso dormir debajo de ese puto trasto. Ni hablar, creo que deberíamos buscar un hotel.

Como ninguno de los otros dos me lo discutió, salimos a pie para intentar encontrar un lugar donde dormir que nos protegiera de la lluvia y tuviera calefacción. Llevábamos literalmente dos minutos caminando cuando nos encontramos con un tipo en la esquina de una calle con un AK-47 en la mano. Eso no es tan extraño en Libia, al menos, no por aquel entonces.

—¿Hablas inglés? —le pregunté.

Asintió con la cabeza.

—¿Tienes idea de dónde podemos encontrar un hotel barato? Si puede ser, uno que tenga paredes y un puto techo.

Volvió a asentir.

—De acuerdo. ¿Podrías llevarnos a él, por favor?

—Solo por cerveza —respondió en voz baja.

El alcohol era ilegal en Libia, pero teníamos un montón en el camión.

—Quiero dos cervezas. Luego al hotel.

—De acuerdo, pues —le dije—. Sígueme.

Llevamos al tipo al camión y le dimos dos latas de cerveza que se bebió en unos treinta segundos. A mitad de la primera, tiró su AK-47 al suelo.

—¿Qué coño haces? —le grité—. ¡Podría haberse disparado y habernos dado a cualquiera, joder!

El tipo estaba demasiado ocupado bebiendo cerveza como para que le importara una mierda lo que yo decía y ni me contestó.

Esperaba que me pidiera más, pero, después de la segunda, nos llevó directos al hotel. Antes de irse, le pregunté si podía volver por la mañana y llevarnos a la salida del *rally*.

—Claro —me dijo—. Nos vemos mañana, pero con más cerveza.

No creí ni por un momento que fuera a aparecer, pero, a las siete de la mañana siguiente, llegó al hotel con su AK-47.

—¿Me das cerveza? —me dijo.

—¿Qué, para desayunar? ¡No me jodas! Claro que puedes tomarte una cerveza. Puedes bebértela mientras nos guías hasta la salida en Misurata.

Cuando llegamos a Misurata para empezar la siguiente etapa, ya se había tomado tres cervezas y estaba más contento que un niño con zapatos nuevos. Le pagamos con

Izquierda: Un momento destacado de mi carrera en los *rallies:* de pie, en calzoncillos (ese de blanco con las piernas grandes soy yo, detrás del camión), tras haber ayudado a destruir un Lancia Delta.

Izquierda: Hablando con Eddie Irvine. Está loco, pero en el buen sentido.

Abajo: No podría haber deseado un mejor mentor que Niki Lauda.

Arriba: Con Gene Haas, anunciando la formación del equipo Haas F1 en 2014.

Derecha: Contrariamente a la creencia popular, Mick Schumacher y yo nos llevábamos bien. Es un buen chico.

Arriba: Inicio de la temporada 2022. No podíamos imaginar lo que nos depararía...

Arriba: «¿Y si recuperamos a Magnussen?», me preguntó Gene. «¿Crees que lo haría?». Me alegro de que aceptara.

Izquierda: Celebrando el regreso vikingo de Kevin.

Abajo: Primeros puntos en Baréin. ¡Qué bien nos sentaron!

Izquierda: El accidente de Mick en Arabia Saudí. No puedo negar que fue un fin de semana bastante agitado.

Derecha: Gene y yo con aspecto serio en Miami. Puedo ponerme serio, de vez en cuando.

Abajo: Mick y Kevin con los fans en Austin.

Arriba: «Toto, tengo la sensación de que ya no estamos en Kansas». En Baku, con mi rumano favorito.

Izquierda: Enviando un mensaje en Abu Dabi.

Arriba: El segundo accidente de la temporada de Mick, esta vez en Mónaco.

Derecha: «¡Nuestros coches son fantásticos! Con Conor McGregor, seguidor de Haas.

Izquierda: ¡Top Gunth!

Debajo: Mick vistiendo una camiseta con mi cara. Me pregunto si todavía la tendrá...

Abajo, izquierda: Una persona sostiene una máscara con mi cara, lo que demuestra que en el mundo hay gente bastante enferma.

Abajo, derecha: Gente enferma en el Gran Premio de Canadá.

Derecha: Con Fred Vasseur de Alfa y Mario Isola de Pirelli. Dos tipos fantásticos.

Derecha: Aquí podría hacer un chiste sobre tocarle las pelotas, pero no lo haré. Kevin se prepara en Arabia Saudí.

Abajo: Mick practicando estrategia en Canadá.

Izquierda: Cuando eres piloto, te piden hacer cosas bastante extrañas...

Abajo: Celebrando los primeros puntos de Mick en Silverstone.

Izquierda y abajo:
Kevin celebrando
nuestra primera *pole*.
Esperemos que no
sea la última.

Abajo: Dando las
gracias a Mick el
último día de la
temporada. Le
deseo lo mejor.

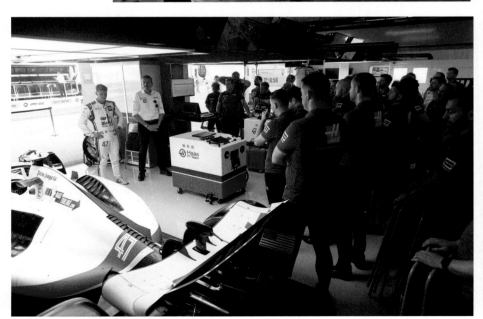

cuatro cervezas más y algo de dinero para que volviera a casa y nos despedimos de él. Durante la siguiente etapa, que era hasta la ciudad de Sirte, tuvimos un problema con la bomba de combustible y tuvimos que hacer una chapuza que consistió en bombear el carburante desde la parte superior del camión hasta el depósito. Después, se estropeó el maestro de ruta, por lo que lo único que teníamos para guiarnos hacia donde íbamos era la puñetera brújula. Llevábamos solo cuatro días de carrera, pero ya se había convertido en una de las cosas más jodidas que había hecho en mi vida.

Mientras conducíamos por el desierto hacia Níger, descubrimos que el viejo, que también conducía el camión a veces, podía hacerlo mientras dormía. Nunca lo olvidaré mientras viva, pero se sentaba erguido sujetando el volante, cerraba los ojos y se quedaba dormido manteniendo justo la misma velocidad y dirección. ¡Incluso se ponía a roncar! Aunque solo funcionaba en el desierto, ya que por allí rara vez te cruzas con otro vehículo.

No recuerdo bien cuándo fue, pero, mientras nos dirigíamos a Níger, el primer copiloto, que tenía más o menos mi edad, sugirió que tomáramos un atajo.

—Pero estamos en el desierto —le dije—. ¿Cómo puedes conocer un atajo en un desierto?

—Confía en mí —dijo—. He estado aquí muchas veces. Sé adónde voy.

No me creía a aquel idiota, pero ¿qué podía decir?

Unos noventa minutos después de tomar ese atajo suyo, al camión empezó a pasarle algo raro.

—¿Qué coño está pasando? —pregunté—. ¡Por Dios, nos estamos hundiendo! ¡Nos estamos hundiendo, joder! Vamos, ¿qué está pasando?

—Creo que nos hemos metido en un lago de sal seco —dijo mi copiloto.

—¿Un puto lago de sal? Tienes que estar de broma. ¿Dónde demonios lleva este atajo? ¿A una muerte prematura?

Debíamos de ir a unos ochenta kilómetros por hora cuando empezamos a hundirnos y descendimos unos dos metros, nunca había experimentado nada parecido.

Al cabo de media hora, unos cincuenta lugareños se habían reunido alrededor del camión y conseguimos pagar a algunos de ellos para que nos sacaran. Al final, tardaron dos días enteros. Llevábamos mucho retraso. Mientras esto ocurría, el escoba (así se llama la persona que cuida de todo el mundo fuera del *rally)* se ofreció a llevarnos al aeropuerto más cercano, pero nos negamos. Si lo hubiéramos hecho, habríamos tenido que dejarlo todo allí y no podíamos. En lugar de eso, decidimos esperar a que nos sacaran y seguir conduciendo.

—Esta vez seguiremos la puta ruta —dije—. Nada de atajos.

Para asegurarnos de no volver a perdernos, contratamos a uno de los lugareños que se había ofrecido a guiarnos hasta que alcanzáramos la carrera. Tenía más o menos la misma edad que nuestro conductor durmiente, pero sufría los mismos problemas de higiene personal que nosotros y, como es obvio, no se había lavado en varios días. Esto significaba que ahora había cuatro bastardos apestosos —tres italianos y un libio— en un solo vehículo, era repugnante. Intentamos mantener las ventanillas abiertas, pero no parecía ser de ayuda.

Dios sabe cómo, pero conseguimos llegar a Níger y, aunque íbamos por detrás del *rally,* seguimos adelante. Parecía increíble que aún no nos hubiéramos peleado entre nosotros. Lo más cerca que estuvimos era cuando alguien se tiraba un pedo, es decir, ¡cada veinte segundos, más o menos! Había un griterío que duraba un rato y luego todo el mundo se calmaba de repente. Todos dormíamos unas tres o cuatro horas por noche, así que quizá estábamos demasiado cansados para discutir.

Justo cuando empezaba a permitirme ser algo optimista sobre nuestras posibilidades de alcanzar el *rally* y recuperar un poco de normalidad, empezó una tormenta de arena que nos frenó en seco. Estábamos en algún lugar entre Dirkou y N'guigmi y no podías ver más de medio metro delante de ti. ¡Era una locura! Nos quedamos allí sentados como una panda de pringados esperando a que escampase. Cuando llegó la noche, intentamos dormir un poco, pero nos resultó imposible. Cuatro hombres apestosos en un vehículo sin ninguna ventilación. ¿Estás de broma? Fue una tortura. Cuando por fin amaneció, vimos que la tormenta de arena se había calmado lo bastante como para abrir un poco la ventanilla y dejar que entrara un poco de aire.

—Oigo camellos —dijo el maloliente libio después de abrirla.

—¿Qué?

—Que oigo camellos.

Antes de que pudiera insultarlo y decirle que se callara, saltó de la cabina y se alejó corriendo.

—¿Adónde coño vas? —grité, pero no se detuvo.

Pasaron tres horas y, para entonces, ya me había convencido de que el libio debía de estar alucinando y seguro que yacía muerto en alguna duna. Estaba pensando en cómo podríamos avisar a su familia en Libia cuando se abrió la puerta del conductor. Era él.

—¿Dónde demonios te habías metido, capullo?

—Te dije que había oído camellos —respondió—. Y así era. ¡Mira!

Se dio la vuelta, señaló con el dedo y allí, a lo lejos, había cuatro hombres montados en camellos.

—Son tuaregs —dijo—. Nos ayudarán.

En ese momento, pensé que estaba alucinando. Todo era extraño de cojones.

Tras negociar un poco, uno de ellos se ofreció a subir a la cabina y nos guio hasta sus tiendas, lo que significaba que ahora teníamos en el camión a cinco bastardos apestosos. Tardamos una hora y, cuando llegamos, nos dieron algo de beber.

—¿Qué es esto? —pregunté.

Tenía un aspecto asqueroso. Como leche muy pasada.

—Yogur de camello —dijo uno de los tuaregs.

No podíamos rechazarlo, ya que habían sido muy amables con nosotros, así que tuvimos que beberlo. ¡Era horrible! Pensé: «Si estos tipos no terminan por matarnos, esto lo hará».

Acabamos haciendo un trato con los tuaregs por el que nos sacarían de la tormenta de arena y nos llevarían a una base del ejército donde podríamos repostar el camión. Dos de ellos insistieron en venir con nosotros y, si no hubiera sido porque el libio decidió cortar por lo sano y volverse a su casa, habría sido insoportable. El viaje aún duró cinco horas. Tengo un olfato bastante bueno y, cada treinta segundos más o menos, percibía una vaharada de nuestro hedor colectivo y me daban arcadas.

Para cuando llegamos a la base militar, ya nos habíamos librado de la tormenta de arena y habíamos podido abrir un poco las ventanillas. Como la atmósfera dentro del camión seguía siendo bastante asquerosa, después de repostar, le preguntamos a alguien si podíamos ducharnos. Nos miró y sacudió la cabeza como diciendo: «¿Cómo? ¿Dejar entrar en nuestras duchas a una panda de guarros como vosotros? De ninguna manera».

Creo que nunca me había sentido tan decepcionado en toda mi vida. No podía escapar de mi propio puto hedor ¡y mucho menos del de los otros dos tíos!

Al día siguiente, encontramos por fin un lugar donde ducharnos y, después, pasamos dos días ininterrumpidos conduciendo sin ningún desastre; por fin, nuestra suerte estaba cambiando. Al tercer día, vimos que íbamos otra vez bajos de combustible y empezamos a buscar un lugar donde repostar. Nos detuvimos para hablar de ello y, literalmente, al cabo de un par de minutos, un camión militar con un depósito de combustible en la parte trasera se detuvo detrás de nosotros. ¡Estábamos en medio del puto desierto! El copiloto más joven y yo salimos de la cabina y fuimos a hablar con el conductor.

—¿Le podemos comprar combustible?

—No —respondió el conductor.

Justo entonces, me di cuenta de que, en la parte delantera del camión, había un antílope que debían de haber abatido. Sin embargo, era algo bastante habitual, así que no le di mucha importancia.

—Puedes tener combustible si compras la mitad del antílope —dijo el conductor.

—¿Para qué coño íbamos a querer medio antílope? —pregunté.

—¿Y el antílope entero? —preguntó el conductor del camión cisterna.

—Bueno, si nos sirve para repostar, ¿por qué no?

Después de repostar, seguimos nuestro camino con un antílope muerto en la parte trasera del camión. Lo único que me cabreaba ahora era que me dolían los labios. De hecho, me estaban matando. Además del calor, estaba bastante deshidratado y llevaba varios días con los labios muy agrietados. Recuerdo que le dije a mi copiloto:

—Esto duele mucho.

Aparte de encontrar una farmacia o un supermercado —en el puto desierto—, no se podía hacer nada. No me quedó más remedio que aguantarme y joderme.

Una hora más tarde, atravesábamos un pequeño pueblo cuando vi a lo lejos a alguien que conducía un *quad*.

—Un momento —dije—. Conozco a ese tío.

Era un amigo mío que formaba parte del equipo de servicio de otro equipo.

—¿Qué coño hace aquí? Voy a hablar con él.

Resultó que se había perdido y, a cambio de ayudarlo a encontrar el camino, me dio un bote de bálsamo labial. ¡Le habría dado un beso!

Aunque sabíamos adónde íbamos, todavía no habíamos conseguido alcanzar al convoy. Esto supuso un gran problema, ya que las etapas diez y once pasaban por Chad, donde había una guerra. El convoy del *rally* había obtenido permiso para atravesar el país, pero no se había dicho nada de los rezagados.

—No pasará nada —dijo el tipo del *quad*—. Verán que formamos parte del *rally*.

—¿Y qué pasa si no les importa una mierda? —pregunté yo—. Si te matan, nadie lo sabrá nunca. Incluso si no lo hacen, te quitarán todo lo que tienes.

A pesar de lo que le dije, el tipo del *quad* decidió atravesar solo un Chad devastado por la guerra. Intenté convencerlo de que no lo hiciera, pero se mostró inflexible.

—Quiero alcanzar el *rally* —dijo—. No me pasará nada. Ya lo verás.

¡Qué idiota! Mis dos compañeros y yo acabamos poniéndonos en contacto con el propietario de nuestro equipo, que nos dijo que condujéramos hasta Benín, en la costa oeste, pusiéramos el camión en un barco de vuelta a Italia y, luego, encontráramos un aeropuerto y voláramos de vuelta a casa. Tardamos unos días, pero no nos importó. Es curioso, pero acabamos llegando a Italia casi al mismo tiempo que los pilotos y el resto del equipo, pero, cuando les contamos lo sucedido, no parecieron impresionados.

—Es el Dakar —dijo alguien—. Es lo que tiene.

Un mes después de que terminara el *rally*, me encontré con el tipo del *quad* y, cuando me vio, se puso colorado.

—Tenías razón —me afirmó.

—Deja que lo adivine —dije yo—. ¿Se lo llevaron todo?

—Sí —contestó—. Todo.

Qué idiota.

Acabo de darme cuenta de que me he pasado años escribiendo dos historias de *rallies* para este libro ¡que en realidad no trata en absoluto de los putos *rallies!* ¿Quién es ahora el idiota? ¡Jesús!

Lunes, 6 de junio de 2022 - Rancho Steiner, Carolina del Norte (Estados Unidos)

11:00

He salido antes y me ha parado alguien que, después de hacerse un *selfie* conmigo, me ha preguntado qué se siente al ser famoso. Creo que le he contestado que estaba bien, pero me ha hecho pensar. Es algo que nunca me habían preguntado ni había pensado antes. ¿Qué se siente al ser famoso? Bueno, a veces puede ser una locura. Cuando llegué al aeropuerto para volar de vuelta a Charlotte desde el Gran Premio de Mónaco hace un par de semanas, una mujer me pidió que nos hiciéramos un *selfie*.

—No hay problema —le respondí.

Entonces, me di cuenta de que llevaba una camiseta con mi puta cara impresa en ella.

—¡Por Dios! —le dije—. ¡Necesitas ayuda!

No es la primera vez que me pasa. De hecho, la última vez fue en el aeropuerto de Charlotte. Mi hija estaba conmigo y, una vez más, se me acercó una persona que llevaba una camiseta con mi cara para hacerse una foto. Mi hija estaba horrorizada del todo y me di cuenta de lo que se le pasaba por la cabeza. «¿Por qué demonios querría alguien llevar una camiseta con un retrato de él?».

En realidad, no estoy seguro de cómo se siente Greta con respecto a que su padre sea famoso, porque nunca hablamos de ello. A veces, he querido averiguarlo, pero siempre pienso que, en cuanto lo mencione, pensará que soy un pretencioso. Lo único que a veces la confundía un poco era cuando la gente empezaba a saludarme. Antes de que ocurriera todo, solo me saludaba la gente que me conocía y, tras *Drive to Survive,* empezó a hacerlo muchísima gente. Creo que se lo toma con calma. Todo sucedió de forma muy gradual, así que nos hemos acostumbrado con los años. Ahora soy una superestrella. ¡Asúmelo!

Para ser honesto, ni siquiera estoy seguro de cómo me siento al ser famoso. Antes de que empezara *Drive to Survive,* me presentaba en un Gran Premio y casi nadie me decía nada, aparte de: «¿Quién es ese tío tan feo y tan raro de ahí? Seguro que no puede estar en la Fórmula 1».

Ahora, cuando aparezco, puedo tardar media hora en llegar al *paddock.* No todo el mundo se alegra de verme, pero si la gente que sí lo hace quiere charlar y hacerse un *selfie,* me parece fantástico. El único momento en el que se convierte en un problema es cuando me acompaña alguien como Gene. No puedo hacerlo esperar mientras poso para las fotos, así que, si está conmigo, susurro a quien sea: «¡Estoy con el puto jefe!» y me voy.

Los que más se divierten con esta situación son los conductores y los mecánicos, estos últimos siempre me toman el pelo. A veces, cuando tiene lugar el paseo por la parrilla, me empujan fuera del garaje hasta la parrilla como si yo fuera un bicho raro de feria. «¡Vengan a ver al tonto de

Guenther! ¿No les gustaría pellizarlo e insultarlo?». Soy una especie de puta mascota, pero me lo tomo con humor. Al fin y al cabo, no soy el papa, él no sería capaz de dirigir un equipo de Fórmula 1. Por otra parte, ¿me imaginas saliendo al balcón de la plaza de San Pedro en Roma y pronunciando el *urbi et orbi?* Al final diría: «Vale, ya he terminado. ¡Todo el mundo de vuelta al puto trabajo!». ¡El papa Guenther I también sería Guenther el Último!

Pronto mantendré una reunión con nuestro director de *marketing* sobre el nuevo patrocinador principal y, esta noche, volaré al Reino Unido, y luego, a Bakú. Ahora estamos en una fase con el patrocinador en la que tenemos que tomar una decisión sobre con quién nos quedamos. Contar con más de una empresa que quiera trabajar con nosotros es fantástico, pero no podemos hacerlos esperar más. Tenemos que llegar a la fase del aleluya, como yo la llamo. En este momento, estamos equilibrándolo todo. Lo que quieren, lo que podemos darles, etcétera, pero la decisión tendrá que tomarse pronto o, de lo contrario, perderemos credibilidad. Para mí, lo más importante de este acuerdo, aparte del encaje entre nosotros y el patrocinador, es la duración: no solo la del contrato inicial, sino intentar asegurarnos de que renovarán dentro de unos años. A lo largo del tiempo, hemos tenido otros problemas con el patrocinador principal, aparte de Uralkali, y no quiero que siga pesando sobre nosotros. Ya está bien.

Vale, hora de mi reunión. Que Dios esté con vosotros, hijos míos.

Jueves, 9 de junio de 2022 - Hotel del equipo, Bakú (Azerbaiyán)

19:00

Te prometo que la Oficina de Turismo de Azerbaiyán no me tiene en nómina, pero si alguien nuevo en la Fórmula 1 me pidiera que le recomendara un Gran Premio emocionante en una ciudad agradable que no esté demasiado masificada, le diría que Bakú. La ciudad es preciosa, la gente es estupenda y el circuito, muy rápido. A los pilotos les encanta y a los aficionados, también.

Empezó en 2016 —el mismo año que nosotros—, pero, durante el primero, se conoció como Gran Premio de Europa. Si Bakú estuviera en medio de Europa, vendrían cientos de miles de personas cada año, pero, de momento, vienen unas noventa mil. A pesar de ello, está creciendo.

Desde mi punto de vista, el hecho de que no haya demasiada gente es excelente, ya que significa que tenemos muchas menos distracciones y podemos concentrarnos más en las carreras. No es que tener más gente alrededor sea un problema para nosotros, al menos de forma habitual. Sin embargo, los eventos más tranquilos son estupendos y, en especial, aquellos que se adaptan a nuestro coche y ofrecen una buena carrera.

El único problema real que tengo con el Gran Premio de Azerbaiyán de este año es que es consecutivo con Canadá, que se encuentra a 8000 kilómetros de distancia en un continente diferente. Todos los equipos están en el mismo barco, pero va a ser mortal. Si el coche está dañado, será todavía más difícil, así que esperamos tener un fin de semana limpio. Para la próxima temporada, sería genial que pudiéramos combinar las carreras de forma regional, por lo menos, en la medida de lo posible. Sé que Stefano está trabajando mucho en ello en estos momentos y espero que este tema mejore.

Ojalá tuviera un dólar por cada persona que me ha dicho algo como: «Debe de ser genial trabajar en la Fórmula 1. ¡Viajáis tanto!». Si lo tuviera, no solo podría fichar a Adrian Newey, ¡sino que podría comprárselo a su familia y guardarlo en un puta caja! Mucha gente cree que la Fórmula 1 solo tiene *glamour* y que todo el mundo viaja en primera clase o en *jet* privado. No es cierto: alrededor del sesenta por ciento de nuestro personal vuela en clase turista.

Todo eso del *glamour* no es más que una fachada, un mito. Claro que hay mucho dinero en juego en la Fórmula 1 y que a algunas personas se les paga una fortuna, pero no se me ocurre ningún otro deporte en el que la gente entre bastidores trabaje tanto como en la Fórmula 1. Por ejemplo, la vida de un mecánico es cualquier cosa menos glamurosa: estos tipos se dejan la piel y la responsabilidad que recae sobre sus hombros es enorme. Creo que esto es posible que haya aparecido en *Drive to Survive,* pero, hace unos años, un mecánico nuestro no colocó de forma correcta una rueda durante una parada en boxes y acabó costándonos puntos. La persona en cuestión estaba angustiada, pero no se puede obviar el hecho de que marcó la diferencia en nuestra temporada. La mayoría de las veces, estos chicos tienen *jet lag* y están agotados, pero tienen que sobreponerse. Yo no sería capaz.

Entonces, ¿cuáles creo que son nuestras posibilidades aquí? El circuito es muy rápido y con muchas curvas, y eso podría venirnos bien. Tenemos que dar en el clavo con la puesta a punto y creo que podemos conseguir un buen resultado como pudimos o incluso debimos hacerlo en España y Montecarlo. Estoy deseando que llegue el momento.

Viernes, 10 de junio de 2022 - Circuito urbano de Bakú, Bakú (Azerbaiyán)

9:00

El ambiente en el campamento es bueno en estos momentos. A pesar de lo ocurrido con Mick, el recuerdo que la mayoría del equipo se llevó de Mónaco, aparte de haber conocido a Conor McGregor, es lo que podría haber ocurrido con Kevin. Con facilidad, podría haber acabado noveno en esa carrera y todo el mundo lo sabe. Para mí, ha sido algo diferente y, aunque estoy de acuerdo con lo que él habría sido capaz de alcanzar, el accidente me ha causado muchos dolores de cabeza. No es solo el presupuesto, también es la producción de las piezas. Solo tienes uno o dos juegos de moldes y no puedes hacer más. Es muy difícil mantener el ritmo ahora.

La mayor parte del equipo llegó aquí el lunes y, como el flete no lo hizo hasta el martes, tuvieron un poco de tiempo de inactividad. Eso no ocurre muy a menudo durante una doble sesión de carreras. Además, después de Canadá la semana que viene, la siguiente carrera es Silverstone.

Además de pasar algún tiempo en casa con sus familias, algunos miembros del equipo podrán incluso dormir en sus propias camas durante el fin de semana de la carrera. Eso es algo muy poco frecuente para alguien que trabaja en Fórmula 1.

18:00

Los primeros entrenamientos libres empezaron mal con una fuga de agua en el coche de Mick, que le impidió salir. Eso no es bueno en un circuito como este. No sé exactamente qué pasó, pero lo arreglamos para los segundos entrenamientos. No funcionamos como habíamos planeado en estos últimos, así que tenemos que volver a la mesa de dibujo esta noche y ver qué podemos hacer para mañana. Hoy por hoy, el rendimiento no está ahí.

De todas formas, será mejor que descanse un poco. Mañana tengo una rueda de prensa de directores de equipo con Mattia y Toto, ¡y para eso necesitaré estar al menos medio despierto!

Sábado, 11 de junio de 2022 - Circuito urbano de Bakú, Bakú (Azerbaiyán)

Creo que la rueda de prensa fue bien. Intenté cachondearme de Toto varias veces, pero no picó. Fue decepcionante, ya que, además de soltar gilipolleces, dar malas noticias y persuadir a la gente para que haga cosas, es algo que se me suele dar bastante bien. Sin embargo, no me rendiré, la próxima vez lo conseguiré.

Uno de los periodistas preguntó por el cabeceo, que sigue siendo un problema para la mayoría de los equipos. Al parecer, uno de los pilotos de Mercedes (he olvidado cuál) ha dicho que, si sigue así, habrá que replantearse el concepto. Creo que es un poco pronto para eso, solo llevamos unas pocas carreras y seguro que los ingenieros lo arreglarán. Opino que debemos esperar un poco más. Si no podemos, llegará un momento en que tengamos que hablar de cambiar el reglamento, pero, en general, los coches no van mal.

17:00

Gracias al duro trabajo de los chicos durante la noche, conseguimos mejorar el rendimiento en los terceros entrenamientos libres y teníamos ganas de que llegara la clasificación. Por desgracia, todo se puso en nuestra contra y no conseguimos pasar de la primera ronda. En nuestro último intento de salir, llegamos demasiado tarde y, por eso, no nos dejaron entrar en la cola. Seguimos diciendo que no tenemos suerte y que, en algún momento, eso va a cambiar, pero hoy hemos sido nuestro peor enemigo. No lo hemos hecho bien ni de lejos.

Domingo, 12 de junio de 2022 - Circuito urbano de Bakú, Bakú (Azerbaiyán)

18:00

¡Dios santo! Supongo que ya sabes lo que se avecina. Así es, otro fin de semana en el que deberíamos habernos ido con algo, pero nos vamos con las manos vacías. Empiezo a parecer un disco rayado, pero ¿qué puedo hacer? Mick terminó decimocuarto, Kevin no acabó y Guenther se está dando cabezazos contra la pared.

De todos modos, hay algo más de lo que tengo que hablar. Necesito desahogarme. Justo cuando salía del *paddock* para ir al muro de boxes antes de la carrera, Sky Sport Alemania me pidió que diera una entrevista rápida. Supuse que querían hacerme algunas preguntas sobre la carrera y dije que sí. En lugar de eso, empezaron a soltar un montón de mierda sobre Mick. Dijeron que, según su tío, no hablo con Mick y no lo ayudo. ¿De verdad? Eso es nuevo para mí. Peter Hardenacke, el tipo que me entrevistaba y con el que suelo llevarme bien, fue bastante agresivo y debo admitir que, al principio, me pilló por sorpresa. Luego, al cabo de unos segundos, encontré mi ira y salí a luchar. Lo que intentan con estas acusaciones es dividir al equipo y crear titulares. Además de ser molesto, creo que es muy poco profesional y no tiene nada que ver con Mick. De todos modos, Peter se llevó la sorpresa de su puta vida cuando no me callé y le contesté.

El otro día, estuve hablando con Johnny Herbert, a quien conozco de mis tiempos en Jaguar, y me dijo que, en sus once años en la Fórmula 1, el único piloto con el que no se llevó bien fue el tío de Mick. Johnny Herbert es un ser humano muy tolerante, así que tienes que ser muy especial para llevarte mal con él. También es muy buen presentador y puede ser crítico y polémico sin atacar de forma personal. No creo que el tío de Mick sea lo bastante espabilado como para entender la diferencia. En fin, en la entrevista, repartí tanto como recibí y, la próxima vez, estaré preparado para ellos.

Miércoles, 15 de junio de 2022 - Hotel del equipo, Montreal (Canadá)

Aunque estoy agotado, es agradable estar de vuelta en Canadá. Digo agradable porque los habitantes de Montreal siempre se alegran mucho de vernos.

Es un gran acontecimiento para su ciudad y toda la comunidad de la Fórmula 1 adora Montreal. Además, la mayoría de las veces, es una buena carrera y me encanta el ambiente.

Preveo que el problema del cabeceo será grave aquí. Aunque hemos progresado, todavía lo sufrimos un poco. Es diferente de un circuito a otro. En Barcelona, parecía que todo el mundo había encontrado una solución, pero, en Bakú, volvimos a la casilla de salida. Sabremos más cuando salgamos en los primeros libres. Canadá tiene bastantes baches y relieves, así que es probable que la cosa no mejore, pero ya veremos. Los directores de equipo tendremos una reunión al respecto en algún momento del fin de semana y puede que una o dos personas se emocionen un poco.

Espera, acabo de escribir una entrada entera sin comentarios ni palabrotas. ¡Uau!

Viernes, 17 de junio de 2022 - Circuito Gilles Villeneuve, Montreal (Canadá)

Los primeros entrenamientos libres no fueron ideales, pero aun así fue una buena sesión porque aprendimos mucho. Los segundos entrenamientos nos acercaron a donde queremos estar. Todavía no estamos ahí, pero, al menos, no tuvimos muchos problemas y hubo muy poco cabeceo. Ahora veamos qué pasa mañana. El tiempo que haga puede marcar una gran diferencia.

Esta es mi segunda entrada sin insultos ni quejas. Esta racha no durará para siempre. De algún modo, siento que no lo estoy haciendo bien.

Sábado, 18 de junio de 2022 - Circuito Gilles Villeneuve, Montreal (Canadá)

13:00

Antes, ha tenido lugar la reunión de directores de equipo sobre el cabeceo. ¡Vaya, vaya! Ha sido muy interesante. Toto y Mercedes argumentan que afecta a la seguridad de los pilotos y quieren que la FIA cambie la normativa. Por su parte, Christian ha acusado a Mercedes de haber diseñado un coche que empeora el cabeceo y cree que deberían arreglarlo en lugar de pedir a la FIA que cambie las normas. Ha habido rumores de que se arrojaron tazas de té durante la reunión, pero es mentira. Toto se animó bastante en un momento dado, aunque eso es normal. Netflix estaba allí, así que esos tíos lo celebrarán esta noche, seguro. Puede que mi idea del boxeo entre directivos se haga realidad algún día.

19:00

Si el conductor que me llevó a la pista esta mañana me hubiera soltado: «Te diré una cosa, Guenther. Hoy Haas va a quedarse con la tercera fila de la parrilla en la clasificación», habría asumido que me estaba tomando el pelo. No porque no lo creyera posible, sino por la mala suerte que hemos tenido últimamente, o debería decir la falta de suerte. En cualquier caso, eso es justo lo que ocurrió. Kevin quedó quinto y Mick, sexto, lo que supone nuestra mejor clasificación con dos coches. Intento no dejarme llevar demasiado, pero es difícil. El ambiente en el equipo es bastante bueno en estos momentos, pero queda mucho camino por recorrer.

Domingo, 19 de junio de 2022 - Circuito Gilles Villeneuve, Montreal (Canadá)

19:00

¿De verdad quieres que te cuente la carrera? Vamos, ya sabes lo que pasó. ¡No me obligues a hacerlo! De acuerdo entonces, tú ganas. Ambos pilotos hicieron una buena salida y durante las dos primeras curvas mantuvieron bien sus posiciones. Entonces, en la tercera, Kevin se puso gallito y decidió pasar a Hamilton. Aunque hubiera conseguido adelantarlo, el Mercedes es un coche más potente y con mejor ritmo de carrera, así que Hamilton habría recuperado su posición. No lo consiguió adelantar y, durante la maniobra, Kevin chocó con Hamilton y ahí se acabó su carrera. Fue una mala decisión, sobre todo por lo poco que la carrera llevaba en marcha. Creo que, al final, acabó decimoséptimo.

Mick también tuvo una tarde de mierda, pero no por culpa suya. Rodó bien hasta la vuelta dieciocho, pero, luego, tuvo un fallo en el motor. Lo único positivo es que ha sido su fin de semana más fuerte hasta la fecha y, si no hubiera tenido que retirarse, seguro que habría estado en los puntos. Así las cosas, hemos sumado dos en las últimas siete carreras. Por favor, ¡a ver si tenemos un poco de puta suerte para variar!

Miércoles, 22 de junio de 2022 - Castello Steiner (norte de Italia)

Aunque me encanta pasar tiempo en Italia, aquí no tengo oficina, lo que significa que tengo que trabajar en el salón y me cuesta la hostia. Tengo que hablar mucho en el trabajo y, a veces, puede llegar a ser muy intenso. Si hay otras personas aquí, es una distracción, sobre todo Greta. Solo tiene trece años, así que, cuando está cerca, tengo que pasar del Guenther entero al semidesnatado. A veces, incluso al Guenther desnatado si algún amigo suyo está aquí.

El arquitecto que se supone que va a diseñar mi despacho ha estado aquí esta mañana a las 8:30, que, para esa gente, es medianoche. Se suponía que tenía que haber estado terminado hace meses, pero siempre estaba de vacaciones. Le dije: «Tío, vamos. Se supone que esto ya debería estar hecho». Ya nadie quiere trabajar. Dios, parezco un viejo gruñón. Ya ves que tengo un buen día.

Hoy mismo vuelo a Inglaterra y mi primera parada será la fábrica de Banbury. Tengo muchas reuniones previstas, pero será bueno ver a los chicos. Ya he dicho antes que no siempre me resulta fácil visitarlos, así que estoy deseando estorbarlos y distraerlos de su trabajo.

El próximo martes, celebraremos allí una jornada familiar para el equipo. Eventos como este son muy importantes no solo porque el personal tiene la oportunidad de reunirse en un entorno social, para variar, y mostrar a sus familias lo que hacen para ganarse la vida, sino también porque podemos darles las gracias. Hasta que llegó el covid, celebrábamos una cada año. Entonces, en 2021, cuando las cosas estaban volviendo a la normalidad, decidimos celebrar un evento navideño en su lugar. Tuvimos que cancelarlo en el último momento debido a un gran aumento de casos, así que es estupendo que por fin podamos volver a organizar algo. Los chicos tienen todo tipo de cosas planeadas, y Kevin y Mick también vendrán. Va a ser muy divertido.

Silverstone es una carrera especial y la mayoría de la gente de la Fórmula 1 piensa lo mismo. Seguro que al público le gusta divertirse, pero todos conocen el automovilismo y son muy entusiastas. No tengo ni idea de con cuántos aficionados hablo cuando estoy allí cada año —es posible que cientos—, pero disfruto conociéndolos, de verdad. También me avergüenzo a veces por lo mucho que saben —más que yo, eso seguro—, pero no solo los aficionados dan con el equilibrio justo; también los organizadores. Dada la historia de Silverstone y del Gran Premio de Gran Bretaña, sería muy fácil para ellos concentrarse demasiado en el pasado e ignorar el presente, pero no lo hacen. Sienten respeto hacia el pasado, pero engrandecen el presente y el futuro. Como aficionado al automovilismo, siempre espero con impaciencia lo que tienen planeado.

Iba a intentar escribir algo sobre cómo creo que nos irá en el Gran Premio, ¡pero todavía no puedo pensar con tanta antelación! Y, quizá, también estaría tentando a la suerte. Mejor mantengo la boca cerrada.

Jueves, 30 de junio de 2022 - Circuito de Silverstone, Northamptonshire (Reino Unido)

17:00

Hoy habré hablado con, al menos, cien espectadores. En serio, son increíbles. Disfruto conociendo a gente que quiere charlar sobre Fórmula 1 en su estado actual, pero, en cuanto empiezan a hablar de cosas históricas, me engancho de verdad. No diría que soy un friki de la Fórmula 1 exactamente, pero, sin duda, soy un entusiasta cuanto menos. La diferencia entre Silverstone y otras carreras es que aquí, a veces, acabo haciendo preguntas a los espectadores. Es una locura.

Viernes, 1 de julio de 2022 - Circuito de Silverstone, Northamptonshire (Reino Unido)

8:00

¿Qué demonios le pasa a Bernie? Acabo de ver una entrevista suya en la televisión y, después de que le preguntaran si seguía siendo amigo de Putin, dijo que recibiría una bala por él. ¿Qué demonios? Luego afirmó que Vladímir Putin era una persona de primera. Eres un multimillonario de noventa y un años, Bernie, por el amor de Dios. Vete a comprar una isla o algo.

15:00

Los primeros entrenamientos libres fueron un fracaso para todos y solo diez equipos registraron tiempos de vuelta. Sin embargo, los segundos libres fueron bastante bien para nosotros. Hemos dado todas nuestras vueltas, hecho todo nuestro trabajo y sabemos lo que tenemos que hacer mañana. ¿Me atrevo a decir que estoy bastante confiado? Sí, me atrevo. Lo estoy.

Sábado, 2 de julio de 2022 - Circuito de Silverstone, Northamptonshire (Reino Unido)

7:00

Anoche no dormí demasiado bien. No sé por qué, pero, por alguna razón, tengo la sensación de que hay mucho en juego en esta carrera. Aunque Gene no me ha presionado ni nada parecido, tengo esa sensación. Seguro que está frustrado, pero sabe que estamos haciendo todo lo posible para cambiar las cosas. A fin de cuentas, Haas ha sumado dos puntos en las últimas siete carreras. Eso es irrefutable. Puesto que soy el director del equipo, soy el único responsable, aunque creo que la presión que siento en este momento seguro que es autoinfligida. No dejo de preguntarme si podría hacer algo más para mejorar la situación y no se me ocurre nada. ¿Es solo mala suerte? Joder, no lo sé. Como soy el que manda, el equipo mira hacia mí en los momentos difíciles y, la verdad, me estoy quedando sin cosas que decirles.

Fíjate. Me estoy creando nervios yo mismo. Ayer lo hicimos bien y, mientras estemos aquí, tenemos una oportunidad. Así es, ¿no?

10:00

Kevin se clasificó decimoséptimo y Mick, decimonoveno. No sé qué decir, parece como si fuera 2021 otra vez. A partir de entonces, todo el mundo ha estado de bajón, desde los chicos de relaciones públicas hasta los del garaje. Y quiero decir muy de bajón. Semana tras semana, oyen hablar de este gran coche que tenemos y, semana tras semana, seguimos sin cumplir. En un equipo pequeño, cosas como estas de verdad que calan muy dentro. Todo el mundo siente de manera muy intensa los buenos momentos, pero, Dios mío, también los malos. No hay dónde esconderse. Iba a intentar hablar con todos para motivarlos, pero ya lo han oído todo antes. Llega un momento en el que las palabras no bastan: en este momento, lo único que animará a este grupo de personas son los puntos y los buenos resultados.

Domingo, 3 de julio de 2022 - Circuito de Silverstone, Northamptonshire (Reino Unido)

19:00

¡DOBLES PUNTOS, HOSTIA! Después de cinco putas carreras sin conseguir nada y una clasificación de mierda ayer, de repente, conseguimos puntos con los dos coches. Todavía estoy en estado de *shock*. Y no es que nos los hayan dado en bandeja: tuvimos que abrirnos camino y luchar por cada uno de ellos. El ritmo del coche fue bueno, las estrategias fueron correctas y los pilotos estuvieron estupendos. Mick incluso libró una buena batalla contra Verstappen al final de la carrera, que resultó muy divertida. Me preocupaba un poco que pudiera hacer algo estúpido en la última curva, pero no lo hizo. Fue sensato. Al menos, Mick ya ha sumado algunos puntos y ha hecho una carrera muy buena. Me alegro por él.

La primera persona a la que llamé después de la carrera fue, obviamente, a Gene. Alguien me preguntó una vez cómo expresaba Gene Haas la alegría y todavía no soy capaz de responder a eso. En realidad, es el típico californiano: no se emociona mucho y no exterioriza nada. No es una crítica, él es como es. Al principio, tuve que intentar averiguar qué era lo que motivaba a Gene y esa fue una de las primeras cosas en las que me fijé. Cuando le conté el resultado de hoy, lo primero que dijo fue:

—¿Cuándo vamos a subir al podio?

—Mira —le dije—, por el momento, estoy contento de que ya no estemos en la mierda. Paso a paso, Gene.

No bromeaba. Gene Haas es un ser humano muy decidido y perseverante.

Es obvio que el gran reto ahora es ver si podemos mantener esta forma y sumar puntos la semana que viene en Austria. Eso es lo que tanto Gene como yo esperamos. Además, es otro fin de semana de carreras al *sprint,* así que tendremos el doble de posibilidades. ¿Quizá la rueda de la fortuna esté empezando, por fin, a girar a nuestro favor? Oh, Dios mío, ¡eso espero!

Jueves, 7 de julio de 2022 - Hotel del equipo, Spielberg (Austria)

21:00

A pesar de ser doble jornada, todos en Haas siguen llenos de energía. Está claro que cualquier punto es bienvenido, pero conseguir puntos dobles te da un impulso extra. De ese modo, ambos lados del garaje tienen motivos para celebrarlo y nadie se queda fuera. ¿No sería estupendo que pudiéramos repetirlo aquí? Gene va a volar para venir a la carrera, así que espero que así sea.

Antes, hice una entrevista en Teams sobre las carreras al *sprint*. Sé que no todo el mundo piensa así, pero a mí me gusta mucho el concepto. Los espectadores quieren ver eventos competitivos, así que celebrar una el viernes, el sábado y el domingo solo puede traer cosas buenas. Las carreras al *sprint* del año pasado recibieron comentarios positivos y los de las de este año todavía son mejores. Lo único que cambiaría sería suprimir los segundos entrenamientos libres del sábado, no tienen sentido. A los ingenieros les encantan, pero, al fin y al cabo, no corremos para ellos, sino para los espectadores y a ellos les parecen aburridos. ¿Por qué no hacer una segunda sesión de clasificación el domingo? Ya he hablado de ello con Stefano y está de acuerdo conmigo. En caso de que no funcione, se vuelve a cambiar. Nunca tengas miedo de volver a hacer algo como lo hacías antes si es necesario. Lo más importante es que pruebes cosas. Creo que el mayor número de carreras al *sprint* que podríamos hacer en una temporada sería ocho o, quizá, diez, pero no más. Y habría que saltearlas un poco, tal vez utilizarlas como incentivo. Si un promotor de uno de los países hace un buen trabajo y consigue un patrocinio adicional o algo así, recompénsalo con una carrera al *sprint*. Es otra baza que debemos utilizar sabiamente.

De todos modos, mañana tenemos la clasificación, así que me voy a acostar pronto.

Viernes, 8 de julio de 2022 - Red Bull Ring, Spielberg (Austria)

14:00

Antes he tenido que ir a una reunión de la Comisión de Fórmula 1 y, cuando he salido, ya habían empezado los primeros entrenamientos libres.

—¿Hay algo de lo que informar, chicos? —pregunté.

—No —dijeron—. Todo va según lo previsto.

Todo el mundo en el garaje estaba muy relajado y los dos pilotos se encontraban entre los diez primeros. Estos últimos días, hemos tenido muchos problemas en los primeros libres, así que esperaba que el ambiente fuera bastante frenético. ¡Prefiero este nuevo estilo!

18:00

La clasificación fue como una versión ampliada de los primeros libres. Todo el mundo estaba muy tranquilo y relajado y, antes de darme cuenta, los dos coches habían llegado a la Q3. Kevin acabó clasificándose sexto, y Mick, séptimo. Pensé: «¿Qué demonios pasa aquí?». La última vez que estuvimos en una situación así fue en 2019. En realidad, fue casi demasiado fácil, pero, tal como digo siempre, ser malo cuesta mucho más trabajo que ser bueno.

Sábado, 9 de julio de 2022 - Red Bull Ring, Spielberg (Austria)

17:00

Menuda tarde. ¡Y qué carrera! Sin duda, ha sido un buen espectáculo para los aficionados. Como existía el peligro de que Mick y Kevin compitieran entre sí desde el principio, los senté antes de la carrera y les dejé claro que nosotros decidiríamos quién era más rápido, no ellos. A fin de cuentas, tendríamos todos los datos. Si dos coches del mismo equipo compiten entre sí con tres zonas de DRS, el que va detrás siempre pensará que es más rápido y lo dirá por radio todo el tiempo. Si el piloto de detrás solo lo es en la recta, no tiene sentido dejarlo pasar, ya que lo único que hará será perder impulso durante la maniobra. Sin embargo, si también es más rápido en las curvas, está claro que tiene que pasar delante.

Lo que ocurrió durante la carrera fue justo eso, excepto que Lewis Hamilton perseguía a Mick, y él, a Kevin. En esta situación, tuvimos que pensar en el equipo. En realidad, Mick podría haber sido un poco más rápido que Kevin, pero de haberlo dejado pasar, existía el peligro de que Lewis hubiese adelantado a ambos pilotos, lo que nos habría costado puntos. Fue duro para Mick, pero tuvo que mantener su posición y, al final, Hamilton lo pasó a falta de dos vueltas. Sin embargo, no consiguió adelantar a Kevin, en parte gracias a Mick, así que Haas se llevó dos puntos. Lo más lamentable para Mick era que, si le hubiéramos dejado intentar adelantar a Kevin, podría haber sido él quien se anotase esos puntos y, en cambio, no se llevó ninguno. Por otra parte, Lewis podría haberse llevado los dos y nosotros habríamos acabado solo con uno. Al final, todos trabajamos para Haas F1 y el equipo siempre será lo primero. Se lo expliqué a Mick después y le pareció bien. Sin embargo, es un piloto joven que tiene hambre de éxito y, si no se hubiera enfadado, me habría preocupado.

9:00

Cabe decir que, esta noche, no soy la persona favorita de los medios de comunicación alemanes de Fórmula 1. La cosa es, ¿alguna vez lo he sido? Aunque Mick se llevara el puto campeonato, se quejarían de que no ganó por suficientes puntos. Entiendo que quieran que lo haga bien, pero Mick Schumacher trabaja para Haas, no al revés. Tiene derecho a recibir el apoyo del equipo y lo hace, pero no a cualquier precio.

Lo que me preocupa un poco es la influencia que pueda tener la prensa alemana en Mick. Como sabes, allí hay una o dos personas que me tienen manía y, si Mick creyera todo lo que escriben y dicen, pensaría que estoy deseando que fracase. Es obvio que no es el caso, pero hay gente que piensa que sí. Por ser quien es, Mick se encuentra en una posición muy difícil y no lo envidio. La presión para triunfar cuando eres un Schumacher debe de ser, a veces, agobiante. Sin embargo, diré esto: si algunos elementos de los medios de comunicación alemanes no inventaran tanta mierda como hacen, a Mick y a mí nos resultaría más fácil desarrollar una relación que, a su vez, lo ayudaría a progresar. Ellos —no yo— lo están frenando.

En fin, basta de tonterías. Hoy tenemos dos puntos más que ayer y mañana empezamos séptimo y noveno. Si alguien me hubiera ofrecido eso cuando llegué el otro día, se lo habría arrancado de la mano de un mordisco.

Forza Haas!

Domingo, 10 de julio de 2022 - Red Bull Ring, Spielberg (Austria)

16:00

Estuve buscando a Sky Sport Alemania después de la carrera, pero no los encontré. ¿Y por qué no los encontré? Porque el pobre Mick, que no recibe ningún apoyo de

Guenther, hoy ha acabado sexto y ha conseguido ocho puñeteros puntos. Chúpate esa.

En dos fines de semana de carreras, hemos pasado de ser una panda de pringados en el noveno puesto de Constructores a ser una panda de tíos cojonudos en el séptimo. Antes he visto sonreír a Gene. ¡Te lo juro! Lo he visto con mis propios ojos. Luego lo estropeó todo preguntándome cuándo íbamos a ser sextos en la clasificación de Constructores. Le dije:

—¡Dame un respiro, Gene!

Ahora empiezo a soñar de nuevo. En un momento de 2018, Kevin puntuó en cinco de seis carreras, y Romain, en cuatro de ellas. Cuando algo así ocurre, empiezan a pasarte todo tipo de cosas por la cabeza; ya sabes, podios, etcétera. Es casi como si una nueva parte del cerebro se pusiera en marcha. «Mierda, ¡recuerdo estos pensamientos! ¿Me das más, por favor?». A pesar de todos los sueños, lo que de verdad quiero es que seamos capaces de construir sobre lo que hemos conseguido hasta ahora y que no retrocedamos. Si podemos hacerlo, seré un hombre feliz.

Martes, 12 de julio de 2022 - Castello Steiner (norte de Italia)

10:00

De vez en cuando, empiezo a recibir un montón de mensajes de texto y de WhatsApp de amigos míos que me dicen cosas como: «¡Hostia, mira lo que te han hecho esta vez!». Siempre significa lo mismo, que nuestro equipo creativo ha hecho algo que me hace parecer un pringado. Empezó de nuevo ayer cuando recibí un mensaje de un amigo mío que decía: «Jesús, ¡qué descuidado está Tom Cruise!».

Inmediatamente, pensé: «Oh, joder. ¿Qué han hecho esta vez?». En los minutos siguientes, recibí unos diez mensajes similares más y, al final, alguien me envió un enlace. No sé muy bien cómo explicar lo que vi. Dentro de poco, se estrena una nueva película de *Top Gun* y lo que ha hecho el equipo creativo es hacer una nueva versión del póster igual que hicieron con *Grand Theft Auto* para Miami. Han sustituido la foto de Tom Cruise por una mía con unas gafas de sol de lo más molonas y han cambiado el título de *Top Gun* a *Top Gunth*. Espero que pongan una foto en algún sitio, porque tiene bastante gracia. Por lo visto, ha tenido muy buena acogida en internet. Stuart me envió una respuesta en Instagram que decía: «Los diseñadores de Haas se merecen un aumento de sueldo». ¿Qué será lo próximo? *¿Iron Gunth? ¿En busca del Guenther perdido? ¿Poltergunth? ¿Uno de los Guenthers? ¿La dolce Guenther?* Al menos, sabemos que la cosa tiene recorrido. Creo que somos uno de los mejores equipos en lo que respecta a las cosas en internet. Nuestros chicos son divertidos y saben lo que hacen. Pero lo del aumento de sueldo se lo pueden ir pintando al óleo, eso sí.

Lunes, 18 de julio de 2022 - Rancho Steiner, Carolina del Norte (Estados Unidos)

Bueno, por fin se ha puesto en marcha lo que yo llamo la *silly season*. Cada año por estas fechas, los representantes de los pilotos a quienes se les acaba el contrato al final de la temporada empiezan a ponerse en contacto con los directores de los equipos y el tiovivo se pone en marcha de nuevo. Por no hablar de los representantes de todos los pilotos que intentan volver a la Fórmula 1 o entrar en ella por primera vez. Esto ha ocupado la mayor parte de mi tiempo en los últimos días, ¡y ya estoy harto! No obstante, es un mal necesario, porque, además de estar preparado por si un piloto decide marcharse, tienes que mantener tus opciones abiertas si decides que quieres un cambio. A Mick se le acaba el contrato al final de la temporada y muy pronto sus chicos me hablarán de uno nuevo o no, según el caso. Quién sabe, podría tener otros planes. Tenemos un contrato de varios años con Kevin, pero eso no significa que esté atado. De nuevo, podría querer marcharse o nosotros podríamos decidir que necesitamos un cambio.

Mick lleva una temporada como novato y media como lo que los estadounidenses llamarían un jugador de segundo año. Claro que se ha mostrado prometedor, pero, hasta que no anote puntos con regularidad y desafíe a Kevin, no estaré contento. Me parece que él cree que es lo bastante bueno como para correr en un equipo que gane el campeonato, pero, en mi opinión, le queda mucho camino por recorrer para conseguirlo. Este año, hay veintidós carreras, pero tres o cuatro buenas actuaciones no es la proporción que busca ningún equipo de Fórmula 1, y menos aún uno que gane el campeonato. La Fórmula 1 consiste en progresar y lo que no puedes hacer como director de equipo es permitir que nada te frene. Esto también va para Kevin, por cierto. El hecho de que tenga un contrato de varios años y lo haya estado haciendo bastante bien no significa que esté a salvo de cualquier crítica. Él también necesita rendir en cada carrera y solo estamos a mitad de temporada. Si ignorase la *silly season* y no tuviera un ojo puesto en cómo están las cosas, no estaría haciendo mi trabajo. Así de sencillo.

La otra noticia de Haas es que estamos haciendo progresos con el nuevo patrocinador principal. No puedo decir mucho por el momento, pero espero que, en las próximas semanas, podamos plasmarlo en papel. Si sale bien, encajarán a la perfección con Haas, así que crucemos los dedos.

De todos modos, tengo que coger un avión. Me esperan por delante unos días en el Reino Unido con más reuniones de las narices sobre absolutamente todo y, luego, un Gran Premio al que ir en Francia. *Au revoir, mes amis.*

Viernes, 22 de julio de 2022 - Circuito Paul Ricard, Le Castellet (Francia)

10:00

En este momento, el tiempo aquí es increíble: no hay ni una nube en el cielo. Más tarde, esperan que la temperatura de la pista alcance los 60 grados, ¡así que me alegro de no ser piloto! Mucha gente me ha preguntado por Austria desde que llegué. Una gran actuación en los entrenamientos, Q3 para ambos coches en la clasificación, puntos conseguidos en el *sprint,* doble puntuación en el Gran Premio. Supongo que es una buena historia. Alguien quiso saber si había sido un fin de semana perfecto. «Casi», creo que dije. No importa quién seas, la perfección solo se consigue ganando. Lo que sigo diciendo es que Austria y Silverstone no fueron un milagro. Ocurrieron porque tenemos un buen coche y porque todo el mundo hizo bien su trabajo. No estamos peleando por encima de nuestras posibilidades; estamos donde estamos porque nos lo merecemos. La pregunta que está ahora en boca de todos —de Gene, del equipo, de los medios de comunicación y de la mía— es si podemos mantenerlo. Dios, eso espero. ¡Todo esto del éxito es adictivo de cojones!

16:00

Los entrenamientos libres fueron bastante bien. Nada importante. Ningún problema grave, que es lo principal, y ambos pilotos están contentos. Pasando calor, ¡pero contentos! Justo el comienzo que queríamos. Hoy me voy a dormir temprano.

Sábado, 23 de julio de 2022 - Circuito Paul Ricard, Le Castellet (Francia)

17:00

Por el amor de Dios. Doña Fortuna no solo me ha abandonado este fin de semana, sino que, además, ¡se ha cagado en el cajón de mis calcetines antes de irse! Ha sido frustrante. Kevin se clasificó octavo en la Q2, pero tuvo que someterse a un cambio de motor, lo que significa que ha excedido los elementos con la unidad de potencia y tendrá que salir desde el final de la parrilla. Mick no pudo pasar de la Q1 después de que se anulara su vuelta más rápida de la sesión por sobrepasar los límites de la pista en la curva tres, lo que significa que saldrá decimonoveno. Lo irónico es que Kevin ya se había clasificado para la Q3 y no tenía necesidad de volver a salir, que es cuando tuvimos que sustituir el motor. Aunque no es culpa de nadie, solo mala suerte. Lo bueno es que el coche tiene velocidad suficiente como para hacernos subir en la parrilla y me atrevería a decir que, incluso, puntuar. Puede que la suerte me haya abandonado, pero no mi optimismo.

Domingo, 24 de julio de 2022 - Circuito Paul Ricard, Le Castellet (Francia)

18:00

Hoy ha sido como ayer. Una tarde de mierda, pero no exenta de promesas. Kevin estuvo genial en la salida y pasó del vigésimo puesto de la parrilla al duodécimo en un abrir y cerrar de ojos. Entonces, salió el coche de seguridad y todo se fue a la mierda. Todos los monoplazas, excepto el de Kevin y el de Mick, seguían una estrategia de una parada, así que, cuando salió el coche de seguridad, todos tuvieron una parada gratis. Luego, Zhou chocó con Mick, que hizo un trompo y nunca se llegó a recuperar, y Kevin, con Latifi, lo que supuso el final de su carrera. ¿El lado positivo? El coche volvió a demostrar que es rápido. Ahora solo tenemos que reagruparnos y esperar que la suerte vuelva pronto.

Jueves, 28 de julio de 2022 - Hotel del equipo, Mogyoród (Hungría)

No sé si hay rumores circulando, pero, una vez más, esta semana he recibido mucho cariño tanto de los pilotos como de sus representantes. Resulta curioso, pero Gene y yo hemos empezado a hablar de la situación de los pilotos para el año que viene, así que ¿quizá sean todos adivinos? De todas maneras, todavía no podemos tomar una decisión. Queremos darle a Mick tantas oportunidades como sea posible para que demuestre su valía y, de momento, el jurado aún no ha alcanzado un veredicto. También necesitamos saber quién estará disponible la próxima temporada; ahora mismo, la lista es corta. La otra razón es la política. Hay que tener cuidado de no verse envuelto en las batallas en curso, así que es mejor guardar silencio el mayor tiempo posible.

Creo que se me permite decir en este momento que tenemos un «favorito en las apuestas» para el patrocinio del equipo. Hasta ayer, todavía había dos aspirantes, pero el que parece mostrar más interés ha vuelto hoy y ha mejorado su oferta. Sin ánimo de ofender al otro, se trata de una empresa estadounidense —la que mencioné la última vez— y tienen muchas ganas de trabajar con nosotros. Esto, casi tanto como lo que hemos conseguido con el coche esta temporada, valida las decisiones que hemos tomado. Estamos casi en la fase de redacción del preacuerdo, así que ya está bastante encaminado.

Viernes, 29 de julio de 2022 - Hungaroring, Mogyoród (Hungría)

17:00

Esta semana, tengo la mayor noticia de la Fórmula 1. Más grande que cualquier cosa en Mercedes o Red Bull. ¿Estás preparado?

¡¡Haas tiene una mejora!!

La Fórmula 1 ya puede estar tranquila. La mejora ya está aquí.

Al principio, estaba prevista para Francia, pero se retrasó una semana. Solo el coche de Kevin la tendrá aquí, pero, si los datos y los números coinciden con los del túnel de viento, ambos coches la llevarán después de las vacaciones de verano.

De todos modos, tras la sesión de entrenamientos de hoy, está claro que todavía nos queda trabajo por hacer, ya que ha habido algunos problemas de equilibrio. Sin embargo, nada ha cambiado mucho y Kevin dice que las características del coche son, más o menos, las mismas. Como ves, una mejora no es una solución mágica. Nos ha llevado mucho tiempo llegar a conocer el coche tan bien como lo conocemos y con la mejora será un proceso similar, aunque espero que más corto.

Sábado, 30 de julio de 2022 - Hungaroring, Mogyoród (Hungría)

10:00

Los comentarios sobre la actualización que se han hecho desde fuera de Haas han sido entretenidos: nos han acusado de copiar a Ferrari. De hecho, según Stuart, algunas personas en internet llaman ahora a nuestro coche el Ferrari blanco, lo cual es original. Mira, a fin de cuentas, hay solo tres conceptos disponibles: el de Ferrari, el de Red Bull y el de Mercedes. Estamos cerca de Ferrari, así que es obvio que vamos a copiarlo. Tenemos el mismo motor, la misma caja de cambios, la misma suspensión. Vamos, ¿por qué íbamos a copiar cualquier otra cosa? Y están ganando carreras. No te preocupes, puedo soportar las críticas. A nuestros coches les han llamado cosas peores y a mí también. ¡A veces con razón! Será interesante ver qué pasa en la clasificación. Aun así, estamos controlando nuestras expectativas. Como dije ayer, las mejoras no son una solución mágica.

16:00

La clasificación ha ido bien. Salimos bastante bien de la Q1, pero no tuvimos el ritmo para pasar de la Q2 a la Q3.

Kevin es decimotercero y Mick, decimoquinto. De todas formas, ahora estamos centrados en mañana. Si hacemos una buena salida, no hay razón por la que no podamos acabar en los puntos. Estamos aquí para luchar y eso es justo lo que haremos mañana.

Domingo, 31 de julio de 2022 - Hungaroring, Mogyoród (Hungría)

21:00

Si dijera lo que de verdad pienso de la FIA en este preciso momento, ¡me expulsarían de por vida, joder! Bien, ¿por dónde empiezo? Bueno, al principio de la carrera, el alerón delantero de Kevin sufrió algunos daños tras una pequeña colisión con Ricciardo. Y digo pequeña, nada grave y, desde luego, nada peligroso. Entonces, Ocon se pone por radio y empieza a quejarse y, antes de que nos demos cuenta, Kevin ha recibido una bandera negra y naranja.

Ya se había acordado con la FIA que, en situaciones como esta, llamarían primero al equipo y pedirían su opinión. Al fin y al cabo, los coches sufren daños de forma continua durante las carreras y los que mejor conocen su alcance son los equipos. Si lo hubieran hecho tal como habían acordado, les habríamos dicho que los daños en el alerón de Kevin eran insignificantes y que podía continuar sin peligro. No solo era seguro para él, sino para todos. En caso de que no estuvieran de acuerdo, habríamos podido discutirlo y, al final, decidido que yo tenía razón. La cuestión es que, en vez de llamarnos y pedirnos nuestra opinión, hicieron lo que Ocon quería y se limitaron a mostrarle a Kevin la puta bandera.

El reglamento establece que, cuando un piloto recibe una bandera negra y naranja, tiene que entrar la próxima vez que pase frente a los boxes y, cuando Kevin se reincorporó a la carrera después de que le cambiáramos el alerón, estaba justo a la cola. Si hubiéramos retrasado la parada e intentado contactar con control de carrera, habrían descalificado a Kevin, así que no tuvimos elección. Tuvimos que esperar hasta después.

Cuando llamé a control de carrera tras la carrera, negaron tener conocimiento del acuerdo.

—¡Pero si tengo la puñetera carta! —les dije—. ¡La que firmasteis!

Mañana les enviaré una copia. El tipo intentó decirme que creía que el alerón se iba a caer, lo cual es una auténtica gilipollez. Sabemos cómo se ha diseñado y la razón por la que sé que no se habría caído es porque tiene zylon encima y no se rompe. Está claro que hubiésemos cambiado el alerón porque estábamos perdiendo carga aerodinámica, pero en el momento en el que nos conviniera a nosotros, ¡no a Ocon! Incluso hacerlo solo una vuelta más tarde nos habría ahorrado, al menos, diez segundos porque estaba bajo el coche de seguridad virtual. Kevin iba bien en decimotercer lugar cuando ocurrió esto, así que tenía muchas posibilidades de entrar en los puntos. Está claro que la suerte se ha aliado con esa gente.

Esto ya viene de lejos. En Canadá, cuando Kevin entró en contacto con Hamilton, recibió una bandera negra y naranja por lo que era básicamente un rasguño en su alerón delantero. Al igual que esta vez, se vio obligado a entrar en boxes antes de tiempo, lo que arruinó nuestra estrategia. ¡El año pasado, en Yeda, Hamilton ganó la puta carrera con solo medio alerón delantero! ¿Dónde está la coherencia? Estoy muy decepcionado con esto. Tiene que cambiar.

De todas formas, ¿qué más puedo decir? En esta carrera hemos tenido una pesadilla con los neumáticos. Kevin cambió a un compuesto duro cuando entró en boxes por el puñetero alerón delantero y, debido a las banderas azules que siguieron, nunca pudo hacerlos funcionar. Mick tuvo un problema similar. Acabó decimocuarto y Kevin, en decimosexta posición. No es la forma en la que quería empezar las vacaciones de verano, pero ¿qué se le va a hacer? No se pueden legislar estas cosas. Ahora tenemos un mes libre: un mes de descanso para reagruparnos y volver a la lucha.

¿Dónde he oído eso antes?

VACACIONES DE VERANO

Sábado, 6 de agosto de 2022 - En algún lugar bonito de la Toscana (Italia)

Actualización rápida desde la tierra de Guenther. He estado tomando el sol en la Toscana con Gertie y Greta. No suelo admitirlo, pero, al final de Hungría, estaba bastante cansado y me apetecía un descanso. No es solo la parte física: la mental es igual de agotadora y unos días sin preocupaciones han sido justo lo que me recetó el psiquiatra. De todos modos, volveré al tajo en breve, así que nos pondremos al día entonces.

Lunes, 15 de agosto de 2022 - Castello Steiner (norte de Italia)

Por mucho que disfrute de las vacaciones con mi familia, me gustaría que las vacaciones de verano no fueran tan largas. Hasta lo bueno deja de serlo en exceso, ¿sabes? Entiendo por qué lo hacen, pero a mí no me va. Por suerte, a finales de la semana pasada, Stuart me llamó y me pidió que hiciera una entrevista el miércoles para la que quizá tenga que prepararme un poco o, al menos, pensar en ello. Nunca suelo hacer eso para las entrevistas, así que será un cambio. Por lo visto, quieren hablar de muchas cosas, como infraestructuras, sostenibilidad, competencia, financiación e inclusión. Le dije a Stuart:

—¿Qué coño quieren, un discurso sobre el estado de la nación?

—Básicamente, sí —me respondió.

Así que me dije, mientras pienso qué responder, ¿por qué no lo pongo aquí? No me negarás que no te mueres de ganas de oír lo que tengo que decir sobre esas cosas. ¿No te apetece saber cómo es el mundo según Guenther Steiner? Pues mala suerte, porque eso es lo que te voy a contar. Vamos, aún nos quedan casi dos semanas hasta la próxima carrera. ¡Pon un poco de tu parte! Ayudará a pasar el tiempo.

Debido a cómo la Fórmula 1 ha crecido en los últimos años y cómo se relaciona ahora con los aficionados y con los medios de comunicación, las preguntas y conversaciones sobre cosas como el futuro del deporte, su estructura, sostenibilidad, financiación, competición, sus reglamentos y presiones medioambientales se han convertido en algo cotidiano. Desde mi punto de vista, estoy más que de acuerdo con ello porque son conversaciones que deberíamos mantener con regularidad. También han ayudado al deporte a desarrollar una conciencia que no creo que tuviera antes, por no hablar de un sentido de autoconciencia. Ya no es necesario arrojar luz sobre lo que hace la F1 porque ella misma lo está haciendo. Claro que no es perfecta, pero cosas como la sostenibilidad y el cuidado del medio ambiente han pasado a formar parte de la cultura del deporte, mientras que, antes, creo que solo eran algo simbólico. En otras palabras, antes eran solo marcar una casilla, se hacía porque tenía que hacerse. Como gran deporte mundial, es nuestra responsabilidad liderar en este tipo de cuestiones y, en general, creo que lo estamos haciendo bastante bien.

¿Qué dices? Demuéstralo, Guenther, idiota. Vale, lo intentaré.

En cuanto al futuro de este deporte, yo diría que la Fórmula 1 se ha colocado en una buena posición a medio y largo plazo por el mero hecho de atraer a los aficionados más jóvenes. Mientras lo siga haciendo y no se olvide de ello, todo irá bien. No conozco las cifras exactas, pero la diferencia entre un aficionado medio a la Fórmula 1 en 2001 —que es cuando yo me incorporé al deporte— en comparación con 2022 es muy notable. Para empezar, ¡hay muchos más! Eso está claro, pero también son más jóvenes y hay muchas más mujeres en las carreras que antes. Todo eso es positivo.

Lo único que creo que debe hacer la Fórmula 1 para asegurar su futuro a medio y largo plazo es estabilizar y perfeccionar lo que ya ha conseguido. El crecimiento que ha experimentado en los últimos años ha sido una locura y estoy seguro de que para la gente en la cúspide del deporte debe de ser tentador dejar que continúe. Al fin y al cabo, la Fórmula 1 es una empresa comercial y, cuando una muestra este comportamiento, no quiere que se detenga. El propio deporte necesita seguir el ritmo de ese crecimiento y solo puede lograrlo dando un paso atrás, evaluando lo que ha sucedido y haciendo pequeños cambios cuando sea necesario. Eso —la parte del perfeccionamiento— es algo en lo que la Fórmula 1 ha conseguido ser muy buena en los últimos años. En última instancia, cuidar hasta el más mínimo detalle siempre ha sido una parte fundamental de lo que hacemos, así que ¿por qué no hacerlo con todo?

Lo bueno es que el diálogo entre los equipos, la Fórmula 1, la FIA y todos los que tienen algo que ver con este deporte es continuo y, mientras siga así, creo que todo irá bien. Hoy en día, no hay excusa para no comunicarse con la gente. No es como en los viejos tiempos, cuando nadie tenía ni teléfono móvil ni ordenador. Todo el mundo podía ignorar a los demás, y eso es lo que hacíamos, lo que significaba que siempre tenías una excusa para no hacer las cosas. A veces, disponer de un móvil resulta un poco molesto, lo entiendo. Sin embargo, tiene muchas ventajas y una de ellas —la principal, diría yo— es poder transmitir un mensaje a una persona o incluso a varios millones en unos segundos. En cuanto a la comunicación dentro de Haas, hay tres pasos: lo hablamos, decidimos que tengo razón y continuamos trabajando.

La financiación es un tema sobre el que me preguntan mucho últimamente, en especial desde el condenado caos con Uralkali. Esto siempre ha sido un tema candente en la Fórmula 1 y eso se debe, como es obvio, al dinero que mueve este deporte. La desventaja de que todo el mundo tenga móviles y ordenadores es que se difunde mucha información falsa y eso puede acarrear problemas. Una de las cosas más divertidas que leo en internet es lo que se supone que cobran los pilotos. Gran parte de eso no son más que conjeturas, al igual que muchas otras tonterías que leo sobre otros asuntos. El lado positivo es que, ahora, hay muchos contenidos muy buenos sobre la Fórmula 1, así que es una de cal y otra de arena. Mira al hombre que se cachondea de mí en Twitter, ¿te imaginas un mundo sin él? Yo no.

Con todo y con eso, la financiación funciona muy bien. Hay una demanda muy alta de Fórmula 1 en este momento y, donde hay demanda, hay dinero. El interés que hemos recibido como equipo esta temporada —no solo de posibles patrocinadores, sino de gente que quiere invertir en este deporte— ha sido increíble. No puedo hablar por la Fórmula 1 en su conjunto, por supuesto, pero, si nosotros estamos recibiendo mucha atención, puedes imaginarte que el resto también.

La financiación dentro de la Fórmula 1 también se encuentra en un buen momento, en especial gracias al recorte presupuestario. Además, se ha conseguido en solo tres años (desde el último acuerdo comercial), así que supone todo un logro. Sin duda, a los equipos más grandes no les ha gustado, pero ¿qué se le va a hacer? Si se le quita una ventaja a un equipo, es normal que proteste. No solo por lo que pierde, sino también por la subsiguiente reestructuración que debe hacer. Solo tienen que ser mejores, eso es todo.

Antes, el equipo con mayor presupuesto casi siempre ganaba los campeonatos. Ahora, la atención se centra en el talento: el talento y la gestión eficaz del dinero que tienes. ¿Recuerdas lo que dije antes del Gran Premio de Mónaco sobre Christian que se quejaba de los gastos? Resulta que la razón por la que querían que se aumentara el presupuesto era porque se habían pasado. Maldita igualdad de condiciones, ¡a veces puede causar putos estragos!

Supongo que esto encaja en la financiación, pero una pregunta que me hacen mucho estos días es si deberíamos o no contar con más equipos en el *paddock*. La razón por la que me la hacen mucho en este momento es porque Michael Andretti lleva bastante tiempo hablando de entrar en un equipo y es justo decir que algunos de sus últimos comentarios no han sido muy constructivos. Según mi experiencia, no sé, si quieres invertir en una organización que ya tiene éxito, además de decirle a la gente de arriba lo que puedes aportar a la fiesta, tienes que intentar establecer una buena relación con todos. Vamos, al menos a mí me parece la forma más sensata de hacerlo. Si no se ha aceptado tu inversión de forma inmediata, lo mejor sería averiguar la razón y volver con otra mejor. La Fórmula 1 pasaba por un buen momento cuando Michael empezó a hablar de esto, pero, ahora, está en uno todavía mejor. En otras palabras, tiene la sartén por el mango.

Desde mi punto de vista, si alguien es capaz de demostrar que puede ayudar a aumentar los ingresos de nuestro deporte al menos en un cinco por ciento, entonces ¿por qué no? Ahora bien, si solo quiere entrar porque nos va bien, pues no, que se joda. Tienes que aportar algo más que tu mera presencia. Es obvio que la Fórmula 1 es muy consciente de ello y seguro que, por eso, las candidaturas presentadas poco tiempo antes no han tenido éxito.

Cuando Gene se arriesgó a formar un equipo conmigo en 2014, la Fórmula 1 estaba en un momento muy diferente. No estaba en un mal lugar, pero no era ni de lejos tan popular como ahora. A lo largo de los años, Gene ha invertido muchos millones de dólares tanto en el equipo como en el deporte, a veces en tiempos bastante inciertos. Perdón, ¡en tiempos muy inciertos! ¿Por qué querría que esa inversión se diluyera teniendo otro equipo en la parrilla si este nuevo no entra para mejorar las cosas? En 2015, podrías haber comprado el equipo Manor F1 por una libra, pero nadie quería. Ahora, el precio de salida de un equipo de Fórmula 1 ya existente debe de estar sobre unos 500 millones de dólares. No me extraña que todo el mundo quiera entrar, pero ¿dónde estaba toda esa gente hace siete años?

Aunque no estoy en contra de la llegada de un nuevo equipo a la Fórmula 1 —o, ya que estamos, de nuevos equipos—, creo que las cosas están bastante bien tal como están. ¿Cuándo fue la última vez que la Fórmula 1 contó con diez equipos estables en la parrilla? No recuerdo que nunca haya sido así. En mi opinión, la mejor manera de entrar en Fórmula 1 en estos momentos, pues, sería adquirir uno de los equipos existentes. Todo está en venta, eso sí lo sé. Solo depende del precio.

En fin, creo que ya basta por hoy.

Martes, 16 de agosto de 2022 - Castello Steiner (norte de Italia)

Desde que se creó el equipo, la relación que he tenido con nuestros patrocinadores ha sido, en general, muy buena. Sin embargo, como todo, cuanto más aprendes sobre las personas y la empresa que te patrocina, mejor van las cosas. Bastantes de nuestros patrocinadores me piden, a veces, que me pase por sus oficinas a decirles chorradas y siempre lo hago encantado. No sé por qué me lo piden, pero siguen haciéndolo. Nunca tomo notas ni elaboro un guion. Igual que cuando Gene y yo solicitamos la licencia, solo me hago una lista de puntos que quiero tratar, entro y empiezo a hablar. No siempre dejo de hablar, pero al menos lo hago.

Al igual que en la Fórmula 1, a la hora de hacer presentaciones y discursos, mi enfoque de «hablar sin guion» ha evolucionado un poco e, incluso, he tenido que hacer algunos cambios.

Te pondré un pequeño ejemplo.

Hace algún tiempo, uno de nuestros patrocinadores me preguntó si podía dar una charla de cuarenta y cinco minutos a sus empleados. «¡Claro!» dije. «Estaré encantado». Me enviaron cuatro puntos que querían que tratara —que me olvidé de leer— y así pensé que ya estaba listo. Al día siguiente, una hora antes de salir para allá, recibí un correo electrónico pidiéndome las diapositivas.

—¿Mis qué? —dije.

—Tus diapositivas, Guenther. Para tu charla. ¿Sobre sostenibilidad?

—¿Sobre qué? ¡Oh, mierda!

Cuando la gente me pide que hable durante cuarenta y cinco minutos, suelo ofrecerles una hora y cuarenta y cinco con la condición de que me dejen decir mis tonterías habituales. En eso destaco y, si me avisaran con suficiente antelación, seguro que podría hacer yo solito mi propio festival. *¡Guentherstock!* En lo que no soy muy bueno es en que me den temas concretos. Bueno, mira, también lo soy, pero solo cuando me acuerdo de leer el puto correo electrónico que me dice qué tema es.

Llamé al patrocinador y les dije:

—Chicos, creo que tenemos un problema. Me temo que no me he preparado, lo que significa que me he preparado para fracasar.

—No pasa nada —me dijeron—. Pondremos a alguien que te haga preguntas y lo convertiremos en un debate.

Al hacer eso, crearon un monstruo, porque solo hay una situación en la que puedo hablar más que si estoy solo: cuando estoy con alguien que me hace preguntas. Por suerte, la persona encargada sabía cuándo parar y, así, el público pudo escapar al cabo de poco más de una hora. ¡Qué suerte tuvieron!

En fin, esta pequeña historia me lleva al tema de la sostenibilidad en lo que, desde aquella charla, me he convertido en experto. Ahora en serio, es algo que todos debemos tener en mente hoy en día. Es lo mismo que ocurre con cosas como la inclusión, la sostenibilidad y el medio ambiente, que han pasado a formar parte de nuestro pensamiento cotidiano, así que siempre hay que tenerlas en cuenta.

Lo primero que diría al respecto es que empieza por el individuo. Ser más consciente de la importancia de la sostenibilidad y el medio ambiente me ha permitido extrapolarlo a mis propias acciones y sigo intentando mejorar. En realidad, no se puede hacer más que eso. Y esto no es una patraña corporativa que me haya pasado Stuart para que la repita; esto es, de verdad, lo que está ocurriendo ahora mismo. Tener una hija adolescente ayuda. Para los jóvenes, este tipo de cosas son algo natural hoy en día y, por suerte, ellos lideran desde el frente.

La Fórmula 1 también tiene que predicar con el ejemplo y, en Haas, nos tomamos muy muy en serio el medio ambiente y la sostenibilidad. ¡No tenemos otra puta opción ahora que soy un experto! Estamos trabajando para conseguir las tres estrellas del Programa FIA de Acreditación Medioambiental, que reconoce que la sostenibilidad y el medio ambiente están ahora integrados en nuestros procesos y en todo lo que hacemos. Creo que, en este momento, todos los equipos están igual, e incluso, los circuitos.

Por ejemplo, mira el transporte de mercancías. Hace ya algún tiempo, empezamos a estudiar distintos métodos para transportar nuestro equipo por todo el mundo y enseguida nos dimos cuenta de que, en lugar de amontonarlo todo en aviones de carga, teníamos que estudiar la posibilidad de enviarlo por mar. Resultó que el transporte marítimo no solo es más respetuoso con el medio ambiente que el aéreo, sino que, además, es más barato, por lo que invertir menos en ese tipo de cosas significa que podemos gastar más en el resto.

La idea es que el deporte tenga una huella neta cero de carbono para el año 2030. No va a ser fácil, pero todos los equipos y los circuitos del calendario están trabajando para conseguir justo ese mismo objetivo y, por lo tanto, si uno de ellos no está haciendo lo que debe, todo el mundo lo sabrá. A eso me refiero con lo de convertirlo en parte de nuestra cultura. Además, te puedes jugar hasta el último céntimo que tengas a que habrá cierta competencia: Mercedes no querrá que Red Bull y Ferrari la superen, y viceversa. De verdad que es una situación perfecta. Desde luego, lo es en términos de dar ejemplo, piensa en ello. Al pedir a diez equipos de Fórmula 1 que consigan una huella neta de carbono cero, en esencia estás iniciando una carrera que podría ganar cualquiera de los equipos. Aquel que gane tendrá derecho a presumir de ello y se beneficiará de un gran impulso en sus relaciones públicas. Y eso no tiene nada de malo, por cierto.

La iniciativa huella neta cero también incluye cambios en los coches. Para 2026, el cincuenta por ciento de la unidad de propulsión será por motor de combustión, y el otro cincuenta, eléctrico. Los coches tendrán menos carga aerodinámica, pero todos estarán en el mismo barco. A veces, para hacer lo correcto, hay que adaptarse y eso se le da muy bien a la Fórmula 1, por lo menos desde la perspectiva tecnológica.

Será interesante ver cómo afecta esto a la Fórmula E. Seguro que, cuanto más se acerque la Fórmula 1 a ser neutra en carbono, menos necesidad habrá de algo como la Fórmula E, aunque podría equivocarme, por supuesto. Creo que la Fórmula E ha hecho un buen trabajo al concienciar a la gente de los retos a los que nos enfrentamos, pero ¿tiene porvenir? La Fórmula 1 está a un nivel en el que es casi intocable, es un deporte muy grande. Además, todavía no sabemos si la electricidad será el futuro. Sin duda, formará parte de él, pero, en la actualidad, se están desarrollando muchas tecnologías (muchas de ellas, dentro de la Fórmula 1), por lo que poner todos los huevos en la misma cesta tecnológica no es sensato en mi opinión. Si tuviera que hacer una conjetura ahora mismo, diría que el futuro del automovilismo no pasa por la Fórmula E. También hay muchas idas y venidas en ella; lo más notable es que Audi la ha abandonado para venir a la Fórmula 1. ¿Qué te dice eso? Por último, y siento ensañarme así, los coches de la Fórmula E suenan como putas máquinas de coser y los neumáticos chirrían como las zapatillas en los partidos de baloncesto, ¡lo que me pone de los putos nervios! Conociendo mi suerte, me equivocaré por completo y, dentro de diez años, me quedaré sin trabajo y fingiré que nunca dije nada de esto.

Creo que el hecho de incluir los circuitos en la iniciativa de neutralidad de carbono ha sido un paso importante. Claro que los equipos están allí todo el año, pero piensa en lo que supone organizar un Gran Premio y que trescientas o cuatrocientas mil personas acudan allí durante el fin de semana, o en la logística que conlleva. Por no hablar de cosas como el reciclaje.

Además de reducir nuestras emisiones, reciclar y reducir los residuos, etcétera, la motivación detrás de todo lo que acabo de mencionar es dar un buen ejemplo. Desde el punto de vista de un espectador, la idea es que, si la Fórmula 1 lo hace, yo también debería. Incluso los viejos idiotas como yo pueden concienciarse de estas cosas. Hoy en día, intento no comprar agua en botellas de plástico y, cuando voy a Walmart en pantalones cortos y sandalias con aspecto desaliñado, me aseguro de no utilizar bolsas de plástico. Más que nada, la razón por la que he tomado conciencia de ello es por lo que ha ocurrido en nuestro deporte. Esto ya no es objeto de discusión, forma parte de lo que somos y de lo que hacemos.

Lo siguiente de lo que quiero hablar es la inclusividad, que es otro tema candente en estos momentos. Antes he dicho que el recorte presupuestario nos obligará a centrarnos más en el talento que en el dinero y creo que eso debería ser así en todos los ámbitos. La Fórmula 1 tiene fama de ser bastante elitista y, en mi opinión, eso es algo que tiene que cambiar no solo desde el punto de vista de la inclusión, sino también desde el del talento. A fin de cuentas, cuanta más gente participe en el automovilismo de iniciación, más posibilidades tendremos de encontrar al próximo Lewis Hamilton o Max Verstappen. No obstante, es un dilema. Para empezar, el automovilismo a cualquier nivel es muy caro y de eso no hay escapatoria; no es como el fútbol, donde basta con un balón. Además, como el deporte es tan popular ahora, podría haber peligro de masificación. Como siempre, se trata de encontrar un equilibrio. El público quiere participar, nosotros queremos descubrir el talento, pero ¿quién va a pagar? La misma historia de siempre. No va a ocurrir de la noche a la mañana, pero se están poniendo en marcha iniciativas en todo el mundo para que cosas como el *karting* sean más accesibles a la gente. En realidad, soy bastante optimista al respecto y, aunque tenemos que hacer las cosas más abiertas, creo que, si alguien cuenta con el talento y el empuje, lo conseguirá. Quizá sea ingenuo por mi parte, pero es lo que pienso.

La pregunta más habitual que me hacen con respecto a la inclusividad es por qué no hay más gente de color y más mujeres trabajando en la Fórmula 1. Mi respuesta actual es que, sencillamente, ahora mismo no están ahí fuera, cosa que es cierta. Al igual que con los jóvenes pilotos, la Fórmula 1 (y el automovilismo en general, creo) tiene que hacer —y lo está haciendo— más para cambiar la percepción de la gente sobre quién puede trabajar en el deporte del motor. Y, lo que es más importante, para cambiar la percepción de quién queremos que lo haga. Cuando hay mujeres o personas de color aquí, nadie los mira de forma diferente, así que el problema no está dentro. Como he dicho, todo es cuestión de percepción. Aun así, es un problema que debe resolver el automovilismo, no nos equivoquemos.

Nosotros, como equipo, y yo, como ser humano, nunca hemos dado o negado un trabajo a nadie por el color de su piel o su género. Me da igual quién seas. Si eres lo bastante bueno y hay un puesto disponible, siempre tendrás una oportunidad conmigo. No puedo creer que todavía tengamos que mantener estas conversaciones porque no conozco a nadie en nuestro deporte que piense de forma diferente. Como deporte e industria, la Fórmula 1 siempre quiere a los mejores disponibles; ahí es donde empieza y ahí es donde termina por nuestra parte. Sin embargo, la cuestión es: ¿qué podemos hacer al respecto? Bueno, aparte de alterar la percepción de la gente, quizá tengamos que dirigirnos más a las minorías. Al igual que la sostenibilidad y el medio ambiente, esto ya forma parte de nuestra cultura y confío en que las cosas mejoren con el tiempo.

A Stuart le va a dar un puto ataque cuando lea lo siguiente, pero, igual que en 2021, para 2023 habrá un Gran Premio en Catar y yo tengo algo que decir al respecto. ¡Te prometo que ya estará sudando como un cerdo en una fábrica de salchichas! En realidad, me formé mi opinión cuando me enteré de que íbamos a correr en aquel país. Entonces, esta se basaba en lo que había oído y leído en los medios de comunicación, así que decidí investigar por mi cuenta. Acabé hablando con algunas personas que conocía de Arabia Saudí y de otras partes de Arabia y todos dijeron lo mismo: que acontecimientos como la Fórmula 1 ayudarán a lugares como Arabia Saudí y Catar a progresar y a realizar cambios importantes. También comentaron que el problema que tienen es con las generaciones mayores y que las cosas no pueden cambiar así como así. La cuestión es que, según ellos, pueden cambiar y lo harán, que es una de las razones por las que creo que debemos intentar predicar con el ejemplo y competir en estos países. Y no me refiero a que intentemos que adopten toda nuestra mierda occidental. ¿Quién quiere eso? No somos perfectos, ellos aprenden de nosotros y nosotros, de ellos. Si no estamos de acuerdo con algunas de sus creencias y leyes, intentemos hacer algo para modificarlas. La Fórmula 1 es un deporte global y tendríamos que tener cuidado al elegir ignorar países por determinadas creencias. Si no cambias nada, nada cambiará.

Hace unas semanas, tuve una discusión sobre este tema con un amigo mío y me comentó que la homosexualidad era ilegal en Catar.

—De acuerdo —le dije—, pero ¿va a ser siempre así? Además, ¿no podría la visita al país de un deporte proinclusividad como la Fórmula 1 ayudar a cambiar las cosas?

Te voy a decir una cosa: desde luego, no hará ningún daño. No nos olvidemos de algunas de las actitudes hacia las personas LGBTQ+ en los lugares donde ya competimos. Mira a Hungría, por ejemplo. Forma parte de la OTAN y de la Unión Europea, pero las parejas del mismo sexo no pueden acceder a algunos de los mismos derechos legales que las heterosexuales. Allí las cosas no son perfectas, pero han mejorado. Claro que no somos responsables de esa mejora, pero preferiría estar con la gente de Hungría, Catar y Arabia Saudí mientras se alejan poco a poco de este tipo de prejuicios que quedarme al margen y limitarme a criticarlos. Matt Bishop es amigo mío y experiodista de Fórmula 1 y jefe de relaciones públicas. Es gay y opina que es mejor ir a estos lugares y formar parte del cambio que boicotearlos. Me parece muy valiente por su parte, sobre todo en un país donde es ilegal ser homosexual. Sin embargo, es lo correcto y yo, y estoy seguro de que todos en la Fórmula 1, apoyamos a Matt y a la comunidad LGBTQ+.

SE REANUDA LA TEMPORADA

Viernes, 26 de agosto de 2022 - Circuito de Spa-Francorchamps, Francorchamps (Bélgica)

11:00

Me temo que la Oficina de Turismo de Bélgica no estará tan contenta conmigo como lo estuvo la de Azerbaiyán porque, para ser sincero, en realidad no quiero estar aquí ahora mismo. Spa es una pista rápida en la que necesitas poca resistencia aerodinámica y, por desgracia, nuestro coche no es el adecuado. Es ineficiente en ese aspecto y simplemente no tendremos el mejor ritmo. Sin embargo, nunca se sabe. En este deporte, puede pasar cualquier cosa.

18:00

Bueno, ha estado bien. ¡Mentira! Mick empezará la carrera desde la parte trasera de la parrilla debido a una penalización por exceder el número permitido de elementos de la unidad de potencia y componentes. A pesar de ello, se mantuvo positivo y profesional durante toda la sesión, así que no podría haberle pedido más. Kevin sufrió un problema en el sistema de alta tensión que lo obligó a aparcar a la salida de La Source antes de que una bandera roja les permitiera recuperar el coche. La segunda sesión de entrenamientos libres transcurrió sin incidentes y terminó la sesión en decimoséptima posición.

Bien, voy a por un vaso de vino. Puede que sea una botella, tal como está yendo el día.

Sábado, 27 de agosto de 2022 - Circuito de Spa-Francorchamps, Francorchamps (Bélgica)

18:00

Por Dios, ¡hoy sí que hemos tenido suerte! Kevin se clasificó decimoctavo en la Q1, pero empezará la carrera duodécimo debido a otras penalizaciones en la parrilla relacionadas con la unidad de potencia que se aplicaron después de la clasificación. Mick pasó a la Q2 y, si no lo hubieran penalizado, saldría decimoquinto. Para volver a la realidad por un segundo, Kevin no tendrá el ritmo necesario para mantener su posición, así que, salvo milagro, acabará mucho más abajo. Si fuera un hombre dado a las apuestas, diría que Kevin terminará decimosexto y Mick, decimoctavo. Soy optimista, pero también realista. No es un buen circuito para nosotros.

Domingo, 28 de agosto de 2022 - Circuito de Spa-Francorchamps, Francorchamps (Bélgica)

19:00

¡Me equivoqué solo por un puesto! Kevin acabó decimosexto, tal como predijo Guenther el Adivino, pero Mick fue decimoséptimo. Dadas las circunstancias, Mick lo hizo bien. Sigo decepcionado con el resultado, pero solo porque no hemos sido competitivos; me recuerda a la temporada pasada. Como nota positiva, los chicos que están en el Reino Unido ya están trabajando en un paquete para este circuito que espero que sí nos haga serlo el año que viene. De todos modos, intentaremos resarcirnos la semana que viene en Zandvoort. Nuestro coche debería adaptarse mejor a esa pista y, con un poco de suerte, podría acabar siendo otra carrera como la de Austria o Silverstone. Me alegro de que solo tengamos que esperar una semana. ¡Necesito exorcizar esta carrera de mi mente!

Martes, 30 de agosto de 2022 - Castello Steiner (norte de Italia)

20:00

Hoy ha sido uno de los días más difíciles en más de una década. Espero que te compadezcas de mí cuando te lo cuente. Básicamente, Netflix se presentó demasiado pronto por la mañana y me llevó a casa de Mattia. Acaba de comprarse un viñedo y pensaron que sería una buena idea que me lo enseñara y que luego catáramos vino juntos mientras fingíamos saber de qué hablábamos, comíamos y nos sentábamos a hablar de gilipolleces. Les dije:

—Estáis de suerte. Se nos dan bien todas esas cosas.

Cuando el vino de Mattia esté listo, compraré una caja, le pondré una insignia de Haas y se la enviaré a Andreas Seidl, de McLaren, con una tarjeta que diga: «Hecho con mala uva, ¡tu favorita!».

Después de comer, beber y decir tonterías en casa de Mattia, fuimos a una bodega cerca de mi casa e hicimos lo mismo otra vez.

Menudo día. ¡Ya debes de estar llorando a moco tendido! ¡Reza por Guenther!

Jueves, 1 de septiembre de 2022 - Circuito de Zandvoort, Zandvoort (Países Bajos)

14:00

¡Esto es lo que queremos! Muchas curvas de velocidad media a alta, no muchas de baja velocidad y ninguna recta que sea ridículamente larga. Nada está garantizado, pero, al menos, sabemos que tenemos posibilidades de ser competitivos. En realidad, esta carrera podría ser la mitad de un sándwich de mierda para nosotros, ya que la siguiente es Monza, que podría ser tan mala como Spa. En fin, ya veremos.

Lo que le han hecho a Zandvoort en los últimos años es increíble. Créeme, ¡es una puta metamorfosis! A pesar de ser bastante legendario, el circuito había adquirido fama de anticuado, de esos que seguro que no visitarías a menos que tuvieras que hacerlo. En los años setenta y ochenta, era espectacular. Me acuerdo de haberlo visto por televisión cuando era niño. ¡Joder, si hasta tenías que conducir a lo largo de una playa para llegar! Recuerdo que pensé: «Uau, esto es increíble». Pero ahí se quedó —en las décadas de 1970 y 1980— y el último Gran Premio que se celebró aquí antes del año pasado fue en 1985.

En lugar de crear un circuito nuevo por completo, han modernizado el existente y, gracias a ello, han conseguido conservar gran parte de su carácter original. También es muy sostenible, sobre todo en lo que respecta al transporte. Hoy en día, en lugar de conducir un coche por la playa para llegar a Zandvoort, puedes ir en bicicleta o coger un tren desde Ámsterdam y luego caminar un trecho. No se me ocurre ningún otro circuito en el que eso sea posible. ¿Cómo no va a gustarme? Creo que este fin de semana la asistencia será de unos 350 000 espectadores y la única razón por la que no es mayor es porque no hay más aforo.

A menudo, hay mucha resistencia a modernizar circuitos clásicos como Zandvoort y uno de los argumentos es porque se da por sentado que la pista también tendrá que cambiarse. Que yo sepa, lo único que han hecho aquí para adaptarlo a los estándares de la Fórmula 1 es añadir algunos peraltes aquí y allá, pero, aparte de eso, es la misma pista que llevan utilizando desde 1999. Dios mío, ¡empiezo a parecer un empollón! Me voy a trabajar un poco.

Viernes, 2 de septiembre de 2022 - Circuito de Zandvoort, Zandvoort (Países Bajos)

10:00

Anoche salí a cenar y se me acercaron dos neoyorquinos.

—Hola, Guenther —me dijeron—. ¿Podemos sacarnos un *selfie* contigo?

—Claro, chicos —les respondí—. Supongo que estáis aquí por el Gran Premio.

—¡No, joder, qué va! Hemos venido por el sexo y las drogas.

Por lo menos, eran sinceros.

17:00

No ha sido un mal día en la pista. La primera tanda de entrenamientos libres fue productiva para ambos pilotos y dieron muchas vueltas. Fue buena en especial para Kevin, ya que es su primera vez en Zandvoort con un coche de Fórmula 1. No pudimos repetir esa actuación en la segunda tanda, pero sí completar nuestro recorrido por todos los compuestos de neumáticos. Queda trabajo por hacer, como siempre, pero ha sido un buen comienzo de fin de semana.

Bueno, ¡ahora Mattia y yo vamos a ver si encontramos a aquellos dos chicos de Nueva York…!

Sábado, 3 de septiembre de 2022 - Circuito de Zandvoort, Zandvoort (Países Bajos)

10:00

Dios mío. No me decido sobre qué aficionados están más locos: si los australianos o los holandeses. Dado el ruido que hacían cuando salí del circuito anoche y la cantidad de zombis que se arrastraban allí esta mañana, me decantaría por los holandeses. Un tipo estaba tirado boca abajo en la hierba fuera del *paddock*. Bueno, al menos se lo están pasando bien.

Drive to Survive debe de ser muy popular por aquí, porque me han hecho muchos comentarios. En realidad, ¿qué digo? Claro que lo es. ¡El puto campeón del mundo es holandés! Ayer, un grupo de chicos me gritó:

—¡Eh, Guenther, parecemos una panda de pringados!

Y yo les dije:

—¡Tenéis toda la puta razón!

Este fin de semana hay un ambiente muy bueno.

En algunos países, apenas me hacen comentarios ni me piden *selfies* y, para ser sincero, a veces es bastante agradable. En Brasil, por ejemplo, la mayoría no tiene ni puñetera idea de quién soy, así que, por lo general, me dejan en paz. Recibo una o dos peticiones, pero nada parecido a lo que ocurre aquí o en Australia. Vale, nos vemos después de la clasificación. Tengo un buen presentimiento.

17:00

Bueno, hasta ahora, ha sido el fin de semana de Mick sin ninguna duda. Kevin tuvo problemas de agarre por alguna razón y no estaba contento con las sensaciones del coche. Es algo que tenemos que mirar. No es el caso de Mick: superó la Q1 con bastante facilidad, pero, honestamente, pensé que no llegaría más lejos. Acabó terminando noveno en la Q2, así que me demostró que estaba equivocado. Incluso recuperó otra posición en la Q3 (gracias a una bandera amarilla), por lo que saldrá octavo. Creo que mañana tiene muchas posibilidades de acabar en los puntos.

Domingo, 4 de septiembre de 2022 - Circuito de Zandvoort, Zandvoort (Países Bajos)

18:00

Bueno, me parece que Doña Fortuna debió de salir anoche a emborracharse con los aficionados holandeses, porque estoy seguro de que hoy no estaba en el garaje de Haas. Mick entró en la vuelta trece a por un juego de neumáticos medios y, por algún motivo, el gato delantero no se soltó.

Esto le costó, al menos, diez segundos y, al reincorporarse a la carrera, estaba muy lejos de los puntos. No fue culpa de nadie, fue un fallo mecánico. Habremos practicado las paradas en boxes, como mínimo, cien veces a lo largo del fin de semana y todas fueron bien. Entonces, llega la carrera y ¿qué pasa? Se estropea un gato. Lo más frustrante es que no hemos podido averiguar qué le pasaba porque vuelve a funcionar bien. Fue literalmente solo esa vez. ¡El momento en el que necesitábamos que funcionara! Cosas como esa juegan un poco con tu mente. ¿Por qué tuvo que ocurrir entonces?

Mick me da un poco de pena en este momento. Ha conducido bien este fin de semana y no ha perjudicado en absoluto sus posibilidades de que le ofrezcan otro contrato. Yo diría que, ahora mismo, está al cincuenta por ciento. Sin lugar a dudas, su conducción ha mejorado y, si es capaz de mantener este rendimiento hasta el final de temporada —y sin destrozar más coches—, podría estar aquí el año que viene. Eso si quiere quedarse con nosotros. También tendrá otras opciones, así que nada está garantizado.

Mi mayor duda sobre Mick en este momento es si es o no un jugador de equipo; ha estado ahí desde el principio. Dice todas las cosas correctas, pero ¿va en serio? A veces, también intenta manipularme, lo cual es bastante divertido. Me pasa con muchas personas, no solo con él, y es porque me gusta reírme y bromear... El bueno de Guenther. Puedo tomarle el pelo muy fácilmente. Si ni se va a enterar... La gente que me conoce bien sabe que es solo una actuación y que, de vez en cuando, hasta puedo utilizarla en mi beneficio. Subestimas a Guenther Steiner por tu cuenta y riesgo.

Bien, próxima parada, Monza. Parece que el sándwich que mencioné antes podría acabar hecho de tres pedazos de mierda. Esperemos que no sea así.

Jueves, 8 de septiembre de 2022 - Autodromo Nazionale di Monza, Monza (Italia)

00:00

Cuando antes recogí mi equipaje en el aeropuerto, una de las ruedas se había desprendido de mi maleta. Al verlo, pensé: «Dios mío. ¡Espero que no sea un presagio!». No me sorprendería si lo fuera. Confío en que no me haya visto nadie de la FIA. De ser así, seguro que me sancionarían con una puta penalización. «Hola, Guenther. Te hemos visto con una sola rueda en la maleta. Tenemos algo para ti. Una preciosa bandera negra y naranja». ¿Pueden ponerme una bandera negra y naranja por cachondearme de ellos? Es posible. En serio, lo último que necesito es un encontronazo con la FIA este fin de semana. Ya tengo bastante mierda de la que preocuparme.

Viernes, 9 de septiembre de 2022 - Autodromo Nazionale di Monza, Monza (Italia)

11:00

Hay muchísima gente aquí este fin de semana. Stefano cree que podrían llegar a 350 000 personas. Es una cifra de locos, pero estamos en Italia y los italianos somos así. A pesar de mi nombre, en realidad soy ciudadano italiano. Crecí en la frontera entre Italia y Austria, así que hablo alemán e italiano con fluidez. Puedo soltar tacos mejor en inglés, pero eso ya lo sabes. Tuve que hacer el servicio militar en Italia (todo varón mayor de dieciocho años tenía que hacer un año hasta 2005) y se puede decir que mi apellido no me hizo ningún favor. No pasaba nada si te llamabas Pasquale o Rossi, pero ¿Steiner? No me acosó nadie, pero todo el mundo pensaba que era un poco raro. ¿Yo, raro?

¿Sabes lo que hice durante mi año de servicio? Absolutamente nada. Es más, se me daba de puta madre. Un día, al principio de ese año, el chófer del coronel se puso enfermo y me pidieron que lo sustituyera. Unos días después, me llamaron para decirme que lo habían despedido y que querían que me dedicara a ello a tiempo completo, así que eso es lo que hice. A veces, llevaba a un coronel italiano y el resto del tiempo me dedicaba a rascarme el culo.

Bien, será mejor que me ponga las pilas. Pronto empezará la primera sesión de entrenamientos libres.

Aquí empieza la diversión. O se acaba, no estoy seguro.

16:00

En realidad, no ha sido tan malo como esperaba. Antonio Giovinazzi sustituyó a Mick en los primeros entrenamientos libres e hizo un buen trabajo, teniendo en cuenta que no se ha subido a un monoplaza desde hacía casi un año. La razón por la que pusimos a Antonio en los primeros libres, en términos sencillos, fue para ayudarnos a ver lo bueno que es de verdad el coche. Si alguien que nunca ha pilotado un coche puede subirse y acercarse a otro que sí lo ha hecho, es una buena señal. Al final, se quedó a solo tres décimas del tiempo de Kevin, lo que fue muy alentador. Hizo un buen trabajo.

Cuando Mick tomó el relevo en la segunda sesión de entrenamientos libres, tuvo un problema electrónico que hizo que solo pudiera dar tres vueltas rápidas. No es lo ideal, pero mañana tenemos una sesión más con él. Las dos sesiones de Kevin transcurrieron sin problemas y dio muchas vueltas. Dos de tres, pues. Nada mal.

Sábado, 10 de septiembre de 2022 - Autodromo Nazionale di Monza, Monza (Italia)

8:00

La *silly season* sigue su curso. Gene y yo estamos hablando cada dos días y es obvio que, en algún momento, tendremos que tomar una decisión. Voy a hacer escala en Los Ángeles de camino a Singapur para reunirme y hablar sobre eso. Bueno, sobre eso y todo lo demás. No he visto a Gene desde Austria y tenemos que ponernos al día como es debido. Los conductores serán —o se intentará— una prioridad. Lo bueno es que no hay prisa por tomar una decisión, hay mucho en qué pensar. Ambos pilotos tienen que encajar en nuestros planes y ambiciones para el futuro, y el factor decisivo es si creemos que pueden ayudarnos a materializarlos o no. No se trata solo de promesa y talento, sino de capacidad y experiencia. El año pasado, tener dos novatos no fue un problema porque no éramos competitivos. Ahora que volvemos a serlo —y espero que lo seamos el año que viene y en el futuro—, tenemos que asegurarnos de que no sea solo el coche el que se ha vuelto competitivo. Creo que antes he dicho que uno de los mayores temores que tenemos es no poder aprovechar todo el potencial del monoplaza. Nada ha cambiado.

13.30

Mick no consiguió salir en la tercera sesión de entrenamientos libres por un problema con el embrague, lo que significa que ha tenido muy poca preparación. No es culpa de nadie, por supuesto, pero eso no lo hace menos frustrante.

Estoy intentando pensar en algo que escribir para que esta parte del libro resulte un poco menos predecible y aburrida. Vale, te contaré qué fue lo último que me hizo mearme en los calzoncillos. Hay una cuenta en Twitter, @BanterSteiner, que es básicamente una parodia sobre mí. Stuart me lo hizo saber hace unos años y, de vez en cuando, echo un vistazo para ver qué dice. De hecho, me he encontrado con él una vez. Vino a verme a una carrera y me preguntó si me importaba que hiciera una parodia.

—Te puedes despachar a gusto —le dije—. Mientras no ofendas a nadie, no me importa.

Algunas de las cosas que se le ocurren son divertidas de cojones, y también ingeniosas. La que he visto hoy tenía una foto de Otmar en la rueda de prensa del Gran Premio de los Países Bajos con las palabras: «Aquí está mi colega Otmar durante la rueda de prensa de esta mañana calentando la silla en la que me sentaré más tarde. Juro que su culo crea más calor que un puto calentador de neumáticos». No sé qué pensará él al respecto, pero me hizo gracia. Y sí, la silla estaba bastante caliente cuando me senté en ella. Gracias, Otmar.

18:00

Kevin y Mick se clasificaron decimonoveno y vigésimo, pero, debido a unas penalizaciones técnicas en parrilla que se aplicaron después, Kevin saldrá decimosexto, y Mick, decimoséptimo. Vale, no es tan malo como esperábamos. Aun así, los dos mejores tiempos de Kevin en la Q1 se eliminaron por exceder los límites de la pista y, de no haber sido así, habría pasado a la Q2. Y, quién sabe, si Mick hubiera tenido la posibilidad de dar algunas vueltas más, también podría haber estado allí. Sigue siendo una mierda, pero podría haber sido una mierda peor. También hay muchos pilotos fuera de posición mañana, así que nunca se sabe. Es posible que incluso lleguemos a oler algunos puntos.

Domingo, 11 de septiembre de 2022 - Autodromo Nazionale di Monza, Monza (Italia)

11:00

Este ha sido el Gran Premio más concurrido de la temporada hasta ahora. Puede que aquí no haya tanta gente como en Silverstone o Zandvoort, pero es un circuito mucho más pequeño. A veces ha sido difícil moverse, sobre todo cuando hay gente pidiéndote *selfies*. No me quejo; vale, quizá sí un poco. En ocasiones, es frustrante. Al fin y al cabo, estoy aquí para hacer un trabajo y tardo diez o quince minutos en recorrer los cuatro o cinco metros que separan la recepción del garaje. Sé que debería aprender a decir que no, pero me resulta difícil. Siempre me lo piden con amabilidad, así que todas las veces acabo diciendo que sí. ¿Qué puedo decir? Me pirra la cortesía.

18:00

¡Otra vez nos han matado los comisarios! Jesús bendito, esto ya no es una puta sorpresa para nadie. Y, esta vez, lo que han hecho no tiene el más mínimo sentido. Bottas embistió por detrás a Kevin en la primera chicane de la vuelta inaugural. No solo dañó su difusor —lo que mermó su rendimiento—, sino que los comisarios decidieron sancionarlo con cinco segundos por salirse de la pista y adelantar a otro piloto. No penalizaron a Bottas, que era quien le había dado el puto empujón. Al parecer, eso fue un incidente de carrera, mientras que lo que hizo Kevin —o, debería decir, lo que le hicieron hacer— no lo fue. ¿Conque el tipo al que le destrozan la carrera sin que él tenga la culpa recibe una sanción de cinco segundos y el que choca con él y lo provoca se va de rositas?

Hablamos con los comisarios después de la carrera y nos dijeron que la razón por la que habían penalizado a Kevin era que había conseguido una ventaja. ¡Pero él no la buscaba! Es como si encontraras un coche robado delante de la casa de alguien y luego lo acusaras de haberlo robado, aunque supieras que él no ha sido. ¡Es del todo irracional! Cuando les preguntamos la razón por la que no penalizaron a Bottas, nos dijeron que porque había sido un incidente de la primera vuelta. ¿Entonces qué fue lo nuestro? ¿Es que acaso fue en la puta décima vuelta? Incluso, por si acaso, pregunté a miembros del equipo si me estaba perdiendo algo. Lo que da miedo es que hay cuatro comisarios en el panel y, por tanto, cuatro personas pensaron que era una decisión correcta. ¡Increíble, joder! Después de eso, creo que Kevin se desmotivó un poco y no pudo encontrar un buen equilibrio.

Mick lo ha hecho muy bien hoy, pero también ha tenido mala suerte. Consiguió hacer una primera tanda de vueltas muy larga antes de entrar en la vuelta treinta y tres para cambiar los neumáticos blandos. Salió decimoctavo, pero, poco tiempo después, ya era duodécimo. En serio, exprimió el coche como un demonio. Además, sus neumáticos estaban en buen estado, mientras que los de los coches que lo rodeaban estaban en las últimas. Iba camino de los puntos, sin duda. Entonces, en la vuelta cuarenta y siete, Ricciardo tuvo un fallo en el motor, lo que provocó una bandera amarilla. La carrera no se reanudó y eso fue todo. A pesar de ello, Mick ha pilotado muy bien este fin de semana y sin apenas rodar antes. Me alegro por él y debería estar orgulloso de sí mismo.

El único otro aspecto positivo, supongo, es que seguimos un punto por delante de AlphaTauri. Hace unas semanas, hablaba de acabar séptimos en el Campeonato Mundial de Constructores y, ahora, nos planteamos acabar octavos. Si no lo conseguimos, sería una gran decepción. Quedan seis carreras y tenemos que hacer que cuenten. Debemos hacer una carrera limpia en Japón y también en Brasil, son las dos en las que deberíamos sumar puntos, sobre todo en Japón. Allí hay muchas curvas rápidas y es donde nuestro coche da lo mejor de sí. Las otras cuatro carreras deberían estar bien, pero esas dos son las que presentan la mejor oportunidad. No podemos cometer errores.

Ahora tengo dos fines de semana libres y te diré una cosa, estoy preparado de la hostia para ello. No suele ser el caso, pero es que los últimos seis meses han sido muy duros. ¿Quizá me estoy haciendo demasiado viejo para esto? ¡Y quizá eso sea una chorrada! Un poco de descanso y recuperación, y volveré a estar en forma para luchar y listo para cualquier cosa. Peleas con la FIA, sanciones, invasiones ilegales de países soberanos, peleas con la FIA, multimillonarios malcriados, medios de comunicación alemanes, peleas con la FIA. Ya sabes, todo eso. El tipo de cosas con las que tengo que lidiar cada puto día. Lo diré otra vez, ¡quién querría mi vida!

Martes, 27 de septiembre de 2022 - Haas F1, Kannapolis, Carolina del Norte (Estados Unidos)

14:00

Estoy sentado en mi despacho de la sede central de Haas en Kannapolis y, aparte de una persona de contabilidad, soy el único que está aquí. Desde la pandemia, todo el mundo ha empezado a teletrabajar. Entonces, ¿por qué estamos pagando el alquiler de este lugar? Eso es lo que me gustaría saber. Reduzcamos la escala. El único problema que tenemos es que Gene es el propietario privado del edificio y le pagamos un alquiler. No creo que le hiciera mucha gracia si le mando preaviso de que nos vamos. En ese caso, sería yo quien trabajaría desde casa. ¡De forma permanente! Creo que voy a aparcar este problema y pasar a otra cosa.

Cuando llegué a casa después de Monza, llevaba fuera casi tres meses y, aunque mi intención era descansar y recuperarme, al final he pasado el rato apagando putos fuegos y poniéndome al día con mierdas varias. Ya sabes, facturas y trabajos que hay que hacer. A veces, te olvidas de la cantidad de cosas que hay que hacer y, cuando estás falto de práctica como yo, tardas todo el día solo en resolver pequeñas cosas. La parte que me resulta más difícil es pasar del modo Fórmula 1 al modo doméstico. El modo Fórmula 1 es en el que estoy la mayor parte del tiempo y, por mucho que lo intente, sigue tirando de mí. Por eso, todo en casa me lleva tanto puto tiempo, es exasperante. ¿Por qué no vivimos en una caravana o algo así?

En realidad, no debería quejarme, porque, en las últimas dos o tres semanas, he podido pasar algún tiempo con Greta, lo que ha sido estupendo. La llevo a la escuela de alemán los fines de semana cuando estoy en casa y, luego, vamos a comer juntos. Solo por eso, ya merece la pena una semana de estar sentado y rascarme el culo. ¿Cómo reza el dicho? Lo más importante son las pequeñas cosas. En mi caso, sí.

Por mucho que me guste pasar tiempo con Greta y Gertie, siempre siento alivio cuando vuelvo a la Fórmula 1. No porque la eche de menos necesariamente, aunque a veces lo hago. Es porque, cuando estoy lejos de la Fórmula 1, dejo ciertas cosas al azar, así que, cuando vuelvo a controlarlas, me siento algo aliviado. Conozco a mucha gente que experimenta algo parecido y no todos son obsesos del control. Es solo que les apasiona lo que hacen o lo que les gusta. Puede que Gene sea el dueño del equipo, pero yo lo vivo y, junto con Gertie y Greta, lo es todo para mí. Es verdad. Son lo último en lo que pienso cuando me acuesto, y lo primero cuando me levanto. Gertie, Greta y un equipo de Fórmula 1 de doscientas personas repartidas por todo el mundo.

¿Qué ha pasado este último tiempo en el mundo de Haas? ¿Quieres decir aparte de decepciones, penalizaciones y el sándwich de mierda? Bueno, cada vez estamos más cerca de resolver lo del patrocinador principal. De hecho, estoy seguro al noventa y nueve por ciento de que lo tendremos resuelto a tiempo para Austin, lo que significa que podremos celebrarlo y anunciarlo allí. Pensaréis que soy raro por emocionarme tanto con un patrocinio, pero, si se hace realidad, ayudará a asegurar el futuro de Haas durante muchos años. Además, encaja a la perfección con nosotros, cosa que ya he mencionado que es vital. Y cotiza en el Nasdaq. El otro día me enteré de que han estado hablando con otros equipos, tienen todo el derecho a hacerlo y han sido muy honestos al respecto. Que se fueran con otro equipo sería lo único que podría estropearlo ahora, creo yo, me sentiría muy decepcionado si eso ocurriera.

La otra cosa que hay que mencionar es la *silly season,* que está en curso. Gene y yo todavía no hemos tomado una decisión sobre Mick y es probable que no lo hagamos hasta el final de la temporada. Los rumores se han disparado: según los medios de comunicación, he estado hablando con Daniel Ricciardo. ¿Sobre qué? ¿Sobre quién tiene la puta nariz más grande? Sabemos que dejará McLaren al final de la temporada, así que entiendo las especulaciones, pero ¡es que hay algunas cosas que...! Parece ser que nos hemos estado enviando mensajes de WhatsApp. Vaya por Dios, gracias por avisarme, chicos, ¡porque no había visto ninguno! Creo que, hasta ahora, he hablado con cuatro o cinco pilotos. Si lo de Mick acaba bien, nadie —aparte de él— será más feliz que yo y quiero que eso ocurra. En parte, porque creo que es un buen tipo y tiene talento, pero también porque me resulta un coñazo pasar por la pesadez de hablar con los representantes y contratar a un nuevo piloto. Ya está, ya lo he dicho. Todos me ponen de los nervios, la verdad. Si Mick empieza a puntuar —aunque sea de forma semirregular— y no vuelve a destrozar ningún coche, estaré encantado de pedirle que firme un nuevo contrato. Puede que hasta incluso le dé una pequeña prima por evitarme tener que hablar con más pilotos y sus representantes.

Bien, pronto cogeré un vuelo hacia Los Ángeles para mi reunión con Gene y la junta directiva. Después, rumbo a Singapur.

Sábado, 1 de octubre de 2022 - Circuito urbano de Marina Bay, Marina Bay (Singapur)

18:00

Teniendo en cuenta cómo nos han ido las cosas últimamente, si te dijera que hemos tenido un fin de semana bastante limpio hasta ahora, seguro que pensarás que me he metido algo. Bueno, puedes hacerme un test si quieres, porque no lo he hecho y sí lo hemos tenido. Un fin de semana limpio hasta ahora, quiero decir. No nos hemos drogado. Los entrenamientos libres de ayer fueron bien. Mick no había pilotado aquí antes y Kevin no lo hacía desde 2019, así que era importante que diéramos vueltas, y lo hicimos. De hecho, diría que ambas sesiones fueron prácticamente perfectas. No es una palabra que se utilice mucho en la Fórmula 1, aunque podría acostumbrarme a ella.

Y llegamos a hoy.

Los entrenamientos libres se cancelaron por lluvia, lo que significaba que la pista seguía siendo cambiante para la Q1. Ambos pilotos se las arreglaron para beneficiarse de ello, así que fue «Hola Q2». Kevin terminó séptimo y Mick, decimocuarto. Por desgracia, Mick no pasó a la Q2, pero, dado que nunca había pilotado aquí, ha tenido un buen debut hasta ahora. Kevin hizo lo mismo que Mick en la Q1 y lo consiguió por los pelos. Acabó la sesión en décima posición y recuperó un puesto en la Q3, lo que lo sitúa noveno en la parrilla de mañana. No quiero gafar lo que hemos conseguido hasta ahora este fin de semana, pero, dada la posición en la que estamos, deberíamos sumar algunos puntos mañana. No lo hemos conseguido en las últimas cinco carreras y estar seis sin puntuar sería una mala noticia. Bueno, eso es todo lo que puedo contar. Tal como he dicho, hasta ahora ha sido un fin de semana impecable. Esperemos que continúe así.

Domingo, 2 de octubre de 2022 - Circuito urbano de Marina Bay, Marina Bay (Singapur)

18:00

¡Yo y mi puta bocaza! Digo que espero no gafar las cosas declarando que este fin de semana ha sido impecable hasta ahora, y ¿qué pasa? Todo se vuelve una mierda. Kevin chocó con Verstappen, lo que, en esencia, acabó con su carrera. Ya van tres veces: dos veces con Hamilton y una con Verstappen. Tío, ¿por qué no puedes buscar pelea con algún coche que no sea más rápido que el nuestro? Recuerdo que le dije a Ayao:

—Lo único que podría empeorar las cosas ahora es que sacaran una bandera negra y naranja.

—No lo harán —me dijo—. Los daños en el alerón delantero son mínimos. No cuelga nada y no hay problemas de seguridad.

—¿Y qué más da? —le contesté—. La mayoría del tiempo estos tipos no usan el sentido común.

Estaba bromeando, ya que yo tampoco creía que fueran a sacar una. Sin embargo, cinco minutos más tarde, nos dijeron que habían colocado una bandera negra y naranja. ¡Me cago en la puta! La parte dañada era la placa final, por el amor de Dios, y está unida al puto coche. No tiene sentido. Terminó la carrera en duodécima posición, que no estaba tan mal, pero imagina lo que podría haber pasado si no hubiera tenido contacto con Verstappen.

Por desgracia, Mick no corrió mejor suerte. Él también chocó con otro piloto, Russell, que le provocó un pinchazo. En ese momento, rodaba décimo y se encontraba en una buena posición para los puntos. Después de entrar, perdió algunos puestos y acabó una posición por detrás de Kevin, en la decimotercera. Así que ya van seis carreras seguidas sin puntuar. Ahora mismo estoy muy cabreado y no solo con los comisarios de carrera. Me voy antes de decir algo de lo que me arrepienta.

Jueves, 6 de octubre de 2022 - Hotel del equipo, Suzuka (Japón)

00:00

He aterrizado hace unas tres horas y, al subir a la parte trasera del coche que me llevaba al hotel, he tenido un gran *flashback* de 2002. Acababa de llegar a Osaka con Niki Lauda para el Gran Premio de Japón. Era la última carrera de una temporada bastante pésima y los dos estábamos un poco irritables. En realidad, ¿por qué no lo digo tal cual? ¡Los dos estábamos de muy mala hostia! Debían de ser las once de la noche cuando aterrizamos y llovía a cántaros. Joder, estábamos fatal.

El tipo que nos llevó al hotel era muy formal y respetuoso. Llevaba guantes y gorro y, cuando nos vio a Niki y a mí, hizo una reverencia e insistió en llevarnos el equipaje.

—No hace falta —dijo Niki, poniendo ambas manos sobre su maleta.

El tipo no hablaba inglés, así que fue a cogerla y, durante unos segundos, se produjo un forcejeo, pero solo iba a haber un ganador.

—He dicho que no hace falta —repitió Niki, agarrando su maleta como si su vida dependiera de ello—. Solo llévanos al coche.

A mí me pareció fantástico que el conductor llevara mi maleta: había sido un vuelo de mierda y estaba agotado. Teniendo en cuenta cómo había ido el resto de la temporada (el único punto positivo fue el extraño podio de Monza, que conseguimos dos años seguidos), nos sentíamos como un grupo de convictos camino de la puñetera silla eléctrica. Para ser justos, ¡seguro que también teníamos el aspecto de un par de convictos camino de la silla eléctrica!

Niki Lauda odiaba que otras personas lo llevaran en coche y, si querías evitar un incidente, siempre era mejor llevarlo a donde quería lo más rápido posible. En otras palabras, no des por culo. Por desgracia, el conductor tenía una medalla olímpica en ello. Además de mantenerse en el carril lento a toda costa, pisaba el freno cada cinco o diez segundos, y pisaba y soltaba el acelerador todo el tiempo. La verdad es que era muy incómodo.

Por si fuera poco, nos adelantaban todos los camiones de la autopista y, al hacerlo, unos cuantos cientos de litros de agua de lluvia rociaban el coche. Niki había elegido sentarse en el lado derecho del asiento trasero, detrás del conductor, lo que significaba que, cuando esto ocurría, él se llevaba la peor parte. Al cabo de un rato, empezó a marcar cada rociada cerrando los ojos y apretando los puños. Recuerdo que pensé: «¡Joder, este hombre va a explotar de un momento a otro!».

Al cabo de un rato, me di cuenta de que la razón por la que el tipo conducía así no era porque fuera cuidadoso y precavido, solo era un conductor de mierda y tenía cero puta confianza en sí mismo. ¡Saber esto fue muy reconfortante! Sin embargo, no le dije nada a Niki, ya que eso podría haberlo hecho saltar.

Al cabo de unos veinte minutos, él empezó a expresar en voz alta su desaprobación hacia este tipo y había llegado justo a la misma conclusión que yo.

—Este puto idiota no sabe conducir, Guenther. Es ridículo. A este paso, no llegaremos nunca.

Niki siguió así los minutos siguientes hasta que salimos de la autopista y llegamos a un peaje. En cuanto vio la oportunidad, Niki saltó del coche, abrió la puerta del conductor y ordenó al hombre que saliera.

—Yo conduciré el resto del camino. Eres un incompetente. Vamos, ¡levanta!

Le hizo un gesto para que moviera el culo del asiento del conductor, pero el hombre no iba a ninguna parte.

—Vamos —repitió Niki—. Sal de una puta vez. Yo nos llevaré al hotel, no eres capaz de hacer esto.

En un acto de desafío, el conductor agarró el volante con las dos manos, se inclinó hacia delante y ¡empezó a abrazarse a él! Pensé: «¿Qué coño está pasando aquí?».

A Niki no lo impresionó.

—Vamos —dijo, dándole un golpecito en el hombro—. No seas estúpido. Apártate del volante y siéntate atrás con Guenther. Hoy ya no vas a conducir.

En otro acto de rebeldía, el conductor cerró los ojos, giró la cabeza y miró hacia otro lado. Lo mismo le habría dado insultar a la madre de Niki, porque no estaba contento. Mierda, ¡estaba hecho un basilisco!

Mientras todo esto ocurría, se había formado una cola detrás de nosotros. Tal como resulta obvio, Niki era bastante reconocible, así que, mientras reprendía al conductor e intentaba trasladarlo al asiento de atrás, la gente de la cola empezó a salir de sus coches para mirar. Menos mal que no era hoy en día, porque todo el mundo lo habría grabado con los móviles. ¡Seguro que el conductor incluido! El enfrentamiento duró unos cinco minutos hasta que al final decidí mover el culo e intentar empeorar las cosas. Ya no era divertido y quería moverme.

—Vamos, Niki —le dije—. Toda esa gente nos está mirando. Subámonos atrás y dejémoslo conducir.

—¿Dejarlo conducir? ¡Joder, pero si no sabe! Ya lo ha demostrado.

Niki hizo un último intento para que el conductor cambiara de asiento.

—Vamos, tonto del culo —dijo, intentando apartar sus manos del volante—. ¡Sube atrás, payaso!

Yo le insistí:

—No va a funcionar, Niki. Es evidente que el conductor prefiere morir antes que soltar el puto volante.

Podría parecer que Niki no tenía nada que hacer, pero iba a tener la última palabra.

—Míralo —dijo, señalando al conductor—. Se agarra al volante como un niño a un puto osito de peluche. No es un comportamiento normal.

—Hombre, ¡tampoco lo es plantarse ahí y decirle que se suba atrás! Venga, Niki. Parecemos un par de pringados.

—No soy un pringado, Guenther. Él es el puto pringado.

Viernes, 7 de octubre de 2022 - Circuito Internacional de Suzuka, Suzuka (Japón)

18:00

Menudo comienzo de fin de semana… Mick ha estrellado su coche antes, durante la primera sesión de entrenamientos libres, y los daños ascienden a unos 700 000 dólares. Sí: el alerón y el morro destrozados. Los bajos también. ¡Y el chasis! Deberías ver cómo ha quedado el coche, es un puto desastre. Peor aún, ocurrió en la puta vuelta de entrada a boxes. ¡En la vuelta de entrada a boxes! Sí, la pista estaba muy mojada, pero nadie más destrozó un coche mientras conducía con cuidado de vuelta a boxes. ¿Qué he dicho antes? Tenemos que hacer una carrera limpia en Japón. ¿Y qué ocurre? Perdemos un coche a los cinco minutos y, ahora, tenemos que construir otro. Además de afectar al presupuesto, esto también perjudica la confianza del equipo, ya que empezaremos el fin de semana desde una posición mermada. Mick nunca ha corrido aquí y, ahora, se perderá una sesión completa. No puedo contar con un piloto de quien no esté seguro que pueda llevar un coche con seguridad en una vuelta lenta. Es ridículo de cojones.

Intento no ser demasiado duro con él, pero ahora mismo estoy muy cabreado. ¿A cuántas personas podríamos contratar con 700 000 dólares? Y ahora tengo que sacar ese dinero de algún sitio, no se materializa así como así. Todavía no se lo he dicho a Gene. Va a ser una conversación interesante. Ya sé lo que dirá: «¿Por qué le has hecho salir si llovía?». No me hace ninguna gracia tener esa charla.

Con Kevin, las cosas fueron un poco mejor en tanto en cuanto consiguió terminar las dos sesiones de una pieza. También hizo algunas pruebas que nos proporcionaron algunos datos interesantes y útiles. Intento encontrar algo positivo, pero, de momento, no hay mucho donde rascar. De hecho, y creo que esto va a sonar polémico, diría que, en estos momentos, el único eslabón débil que tenemos en Haas F1 son los pilotos. El resto del equipo está funcionando muy bien y no comete errores; no digo que sean perfectos —y yo, desde luego, no lo soy—, pero todos han hecho bien su trabajo y lo mejor que han podido. Ahora bien, el problema no es solo destrozar coches y chocar con otros. La forma de los pilotos, en general, ha empeorado de un tiempo a esta parte y no hay excusa para ello. Después de dos años de mierda, por fin tenemos un buen coche. Es frustrante.

La gente me pregunta ahora si tengo que tener una bronca con Kevin y Mick por esto. ¿Qué, igual que hice con Kevin y Romain aquella vez? Lo único para lo que sirvió aquello fue para que Netflix tuviera más espectadores y para adjudicarme a mí otra coletilla. «¿Quién coño se cree que es para romper mi puerta?». Me lo llevaré a la puñetera tumba. Incluso podría ponerlo como epitafio en mi lápida. «Llegué, vi y él rompió mi puerta». Joooder.

En esta situación, gritarles no va a solucionar nada, seguro, pero tampoco lo hará hablar con ellos. He probado a pasarles el brazo por el hombro y eso, en todo caso, solo empeora las cosas. Hace que se crean que te compadeces de ellos y casi puede crear una especie de mentalidad de víctima. Para mejorar, tienen que llegar por sus propios medios a la conclusión de que son ellos —y no el equipo— quienes nos separan de los puntos. Puede parecer que estoy siendo duro con ellos, pero los resultados no engañan y no estamos donde deberíamos estar. En Monza, dije que, para ser un piloto de primera, necesitas compromiso, talento, habilidad y experiencia. Echando la vista atrás, creo que me faltó añadir dos cosas, porque también hace falta dedicación y la actitud adecuada. En mi opinión, a nuestros pilotos les falta un poco de ambas; en realidad, no creo que sea intencionado. Son lo que separa a los buenos pilotos de los mejores. Mira a Alonso: es más viejo que Dios, pero, cada semana, da el cien por cien y siempre está motivado. Incluso si una situación es una mierda, sacará algo bueno de ella y siempre empujará a su equipo a mejorar. Es un talismán, a veces muy gruñón, pero un talismán al fin y al cabo. Y no tiene por qué hacerlo. Seguro que tiene, al menos, mil euros en el banco y podría irse a vivir a una isla, pero no es eso lo que quiere. Es evidente que cree que aún no ha terminado y, a juzgar por sus actuaciones este año, ¡tiene razón! Para mí, es el referente de lo que se necesita para ser un piloto completo. Es implacable.

Mira, estoy seguro de que esto es solo temporal con Mick y Kevin, pero está empezando a salir caro y, en este momento, estoy bastante inquieto. Si no conseguimos nada este fin de semana, serán siete carreras seguidas sin puntuar. Eso es casi un tercio de toda la temporada. En tal caso, creo que podemos despedirnos del séptimo puesto en la clasificación de Constructores, sobre todo si Aston Martin puntúa.

En fin, ¡feliz puto viernes a todos!

Sábado, 8 de octubre de 2022 - Circuito Internacional de Suzuka, Suzuka (Japón)

18:00

Una palabra para la actuación de hoy: mediocre. Kevin quedó fuera de la Q1, cosa que fue muy decepcionante, y, aunque Mick pasó a la Q2, acabó último. Se clasificaron decimoctavo y decimoquinto, respectivamente, lo cual es una mierda. Si esto hubiera ocurrido a principios de temporada, podría haber utilizado un lenguaje más positivo, pero, ahora mismo, no puedo. Japón es una de nuestras mejores oportunidades de puntuar y, por ahora, la estamos jodiendo. De verdad que no sé qué más añadir. Quizá este sea mi primer momento bajo de la temporada. Los árboles no me dejan ver el bosque.

Antes he tenido una conversación con Gene sobre lo que pasó ayer en la pista. Estaba muy callado, incluso más que de costumbre. Pero ¿qué se puede decir? Al menos, no me echó la bronca por hacer salir a Mick en mojado. Está de acuerdo en que un piloto de Fórmula 1 debería ser capaz de llevar un coche a boxes en una vuelta lenta con seguridad con independencia de las condiciones. Hasta yo me quedé sin palabras. Normalmente, soy un maestro rellenando vacíos y evitando largos silencios, pero hoy no. No nos ha salido bien nada. Tenemos que volver a poner las cosas en su sitio. ¡A ser posible, mañana mismo!

Domingo, 9 de octubre de 2022 - Circuito Internacional de Suzuka, Suzuka (Japón)

SE REANUDA LA TEMPORADA

20:00

Ha sido una auténtica mierda. Esta vez, por lo menos, no ha sido culpa de los pilotos; de hecho, si alguien tiene la culpa de lo que ha pasado hoy, ese soy yo. Soy el responsable del equipo y hoy no ha funcionado. Nuestra toma de decisiones fue lenta y demasiado prudente. Es más, ni siquiera fuimos lo bastante inteligentes como para hacer lo que hicieron el resto de equipos. Lo debatimos, pero no lo hicimos. ¿Y cuál es la peor decisión que puedes tomar en la vida? No tomar ninguna. Si hubiéramos entrado cuando lo hicieron Vettel y Latifi, habríamos volado. No fuimos lo bastante valientes y, cuando nos dimos cuenta, ya era demasiado tarde. ¿Quizá esto también sea una resaca de la temporada pasada? No lo sé. Lo que sí sé es que nos hemos decepcionado a nosotros mismos. Después de la carrera, ni siquiera estaba enfadado, solo decepcionado; con ellos, pero, sobre todo, conmigo mismo. Pensé en convocar una reunión de equipo, pero habría sido un bajón demasiado grande y he decidido que ya está bien. Va a haber cambios a raíz de esto y ya he enviado un mensaje a Ayao para que se ponga manos a la obra. Me temo que no puedo dar más detalles, pero algo así no volverá a ocurrir en Haas. De ninguna manera.

El único punto positivo en este momento es que la próxima carrera es Austin, el Gran Premio que corremos en casa. En circunstancias normales, me haría mucha ilusión, pero, ahora mismo, estoy un poco decaído. Tengo que reponerme porque, con un poco de suerte, presentaremos allí a nuestro nuevo patrocinador principal. En realidad, incluso el mero hecho de escribir estas palabras ya me anima un poco. Me recuerda que el resultado de este fin de semana no nos define y que de verdad tenemos futuro. Nos esperan buenos tiempos, estoy seguro de ello.

Me cago en… En este momento, parezco y sueno como un esquizofrénico. Un minuto estoy cabreado y al siguiente, superpositivo. Joder, ¿podría el verdadero Guenther Steiner ponerse de pie, por favor?

A veces, en la vida tienes que ser tu propio mejor amigo y, con los años, he aprendido a ser bastante bueno en eso. Si nadie te abre los ojos, ¿por qué no lo haces tú mismo? Sabes, empiezo a sentirme un poco más como el de antes. Todavía nos quedan cuatro carreras hasta el final de la temporada, lo que supone cuatro oportunidades de sumar algunos puntos y tener algo que celebrar. Una de las cosas que más me gusta de la Fórmula 1 es que nunca sabes lo que va a pasar. Claro que, en ocasiones, te da una patada en el culo. ¡Joder, si lo sabré yo!, pero eso también es parte de lo que nos hace seguir soñando.

En fin, ahora mismo lo único que quiero es volver a casa y ver a mi familia. ¡Ojalá no estuvieran a 11 000 kilómetros de distancia!

Lunes, 17 de octubre de 2022 - Rancho Steiner, Carolina del Norte (Estados Unidos)

9:00

Hay algo que olvidé contarte sobre Japón; ocurrió el día de la carrera. Estaba sentado en el muro de boxes viendo la previa cuando, de repente, las cámaras se adentraron en la multitud y encontraron a una mujer que sostenía un cartel que decía: «Guenther, ¿quieres casarte conmigo?». Un cámara estaba a mi lado en ese momento y captó mi reacción. ¡Me apuesto lo que sea a que David Croft y Martin Brundle se estaban burlando de mí! Ella estaba sentada junto a un tipo que llevaba una máscara con mi cara, así que ¿qué quería? ¿Dos Guenthers? Eso es enfermizo. ¿De qué puto psiquiátrico se ha escapado?

Deja que te aclare un pequeño mito. La gente cree que la vida en el muro de boxes es todo datos, estrategia y concentración. Lo que veis no es concentración, ¡es aburrimiento! Ayao y Pete Crolla tienen la capacidad de atención de un puto niño de tres años, así que, al cabo de unas vueltas, empezarán a hablar sobre qué van a cenar o a qué bar irán. Lo mismo ocurre en todo el *pit lane.* Fred habla de Francia todo el puto tiempo, y Toto, de cuánto dinero ha ganado desde que se sentó. Y no te dejes engañar por todas las caras serias y preocupadas: si alguien allí tiene ese aspecto, es porque necesita ir al baño y está intentando aguantarse.

Desde que volvimos de Japón, casi todo el tiempo que hemos pasado despiertos lo hemos dedicado a conseguir cerrar el nuevo patrocinador principal. Se trata de mucho dinero (casi nueve cifras en total), así que, aunque está llevando un poco más de lo que esperaba, tenemos que sentarnos y ser pacientes. Lo bueno es que, como se trata de una empresa estadounidense con sede en Texas, todos estamos deseando anunciar la colaboración en Austin y hemos convocado una rueda de prensa para el jueves. Eso nos da solo tres días para firmar los contratos, pero todo irá bien. Estamos en la fase de ajustes menores, así que prácticamente está hecho. Gene y la junta están muy contentos y, si ellos lo están, yo también.

14:00

Desde que anunciamos la comparecencia para el jueves, la prensa y los medios de comunicación se han vuelto locos de la hostia intentando adivinar lo que vamos a decir. Creen que tiene algo que ver con los pilotos y, de momento, me alegra que así sea. Debería hacer correr el rumor de que estamos pensando en sustituir a los dos. ¡Eso les daría que pensar!

Todas las páginas web de referencia han caído en la trampa, incluso PlanetF1. Decían: «La rueda de prensa tendrá lugar el 20 de octubre y PlanetF1 informa de que Haas todavía no ha confirmado quién estará allí, lo que sugiere que el equipo podría estar preparado para revelar si Schumacher seguirá siendo o no compañero de Kevin Magnussen la próxima temporada».

¡Esta vez no, mamones! Si buscas «Haas F1» en Google en este momento, casi todas las noticias tratan sobre la situación de los pilotos. Hay literalmente cientos de ellas y eso es justo lo que son: ¡noticias! Todo son especulaciones. ¿Sabes qué? Está bien tener el control para variar. Si supieran la verdad sobre la situación de los pilotos en Haas, estarían acampando ante mi puto despacho, porque ya he hablado con suficientes como para llenar un autobús.

Espero que, debido a toda la mierda con Uralkali al principio de la temporada, la prensa siga interesada cuando se entere de lo que queremos contarles. Es el mayor acuerdo de patrocinio de la Fórmula 1 este año, así que eso debería servir para algo. No puedo decírselo a la prensa ni entrar en detalles, pero otro equipo nos lo ha intentado arrebatar ofreciéndoles cobrar un tercio menos. ¡Serán descarados esos cabrones! Sin embargo, el patrocinador no estaba interesado. Saben que somos el equipo adecuado para ellos.

Vale, vuelo a Austin dentro de unas horas, así que será mejor que me organice. Va a ser una semana interesante.

Miércoles, 19 de octubre de 2022 - Circuito de las Américas, Austin, Texas (Estados Unidos)

Se acaban de firmar los contratos, así que todo está listo. Puedo anunciar que nuestro nuevo patrocinador principal es MoneyGram. Son bastante conocidos en todo el mundo, pero, en Estados Unidos, son toda una institución. Tampoco son muy corporativos y el tío que manda es fantástico. Vamos a divertirnos con ellos y esperamos cosechar algún éxito.

¡Más buenas noticias! El tío de Mick ha vuelto a meter más mierda. Según él, todo el mundo en Haas está haciendo un buen trabajo excepto Gene y yo. Así es. A pesar de que su sobrino ya se ha cargado él solito dos coches esta temporada y todavía no ha puntuado, Guenther Steiner y Gene Haas son los eslabones más débiles. Es evidente que el hombre es un genio.

Seguro que lo más sensato para él en esta situación sería ver si puede ayudar a su sobrino y aportar algo en lugar de estar todo el rato metiendo cizaña para conseguir titulares.

Jueves, 20 de octubre de 2022 - Circuito de las Américas, Austin, Texas (Estados Unidos)

Cuando la prensa y los medios de comunicación preguntaron a Stuart de qué iba la rueda de prensa de la mañana, pensamos que algunos de ellos no vendrían. Al fin y al cabo, no estaban obligados a cubrirla. Pueden escribir sobre lo que quieran. Entonces, cuando me presenté en el lugar con Stuart, Greg y Alex, de MoneyGram, no me lo podía creer. ¡El sitio estaba lleno! Los chicos también se interesaron por lo que teníamos que decir y parecían contentos de verdad de que nosotros —el equipo más pequeño de la parrilla— hubiéramos encontrado un nuevo y creíble patrocinador principal.

Creo que esto ya ha rehabilitado nuestra reputación tras lo de Uralkali. Puede que la invasión no fuera culpa nuestra, pero asociaciones de mierda como aquella se te pegan y nos mantuvieron en los titulares por las peores razones. Ahora, contamos con un patrocinador principal que es estadounidense de cabo a rabo, cotiza en el Nasdaq y se toma en serio ayudarnos a tener éxito. Si yo fuera una persona de *marketing,* sin duda habría dicho: «Nos tomamos en serio unirnos a Haas en su camino hacia el éxito», pero a tomar por culo. En cualquier caso, se acabaron los rusos.

Viernes, 21 de octubre de 2022 - Hotel del equipo, Austin, Texas (Estados Unidos)

7:00

Anoche recibí una noticia trágica: Harvey Cook, un mecánico que llevaba mucho tiempo con Haas, falleció ayer tras una larga batalla contra el cáncer. Harvey se unió a nosotros hace unos cinco años y era uno de esos chicos que harían cualquier cosa por el equipo. Nunca tenía un «no» por respuesta ni un día de mal humor. Tan solo le encantaba su trabajo y era de Haas hasta la médula.

Solía llamarlo la Cabra porque podía saltar por encima de mesas y barreras de tensores sin coger carrerilla, y también trepar por las paredes. En serio, igual que Spiderman. No debía de pesar más de cincuenta kilos y era solo piel, huesos y músculo. Era un completo fenómeno de la naturaleza y nos tenía a todos asombrados.

Recuerdo que tuvo algunos problemas de salud en sus comienzos en Haas, pero, hace unos dos años, me dijeron que tenía cáncer y que solo le quedaban seis meses de vida. Fue una noticia horrible que afectó mucho a todo el mundo. Aparte de apoyar de forma económica a Harvey, pensamos: «¿Qué podemos hacer por su familia y por él?». Su mujer, que por entonces era su novia, era una gran aficionada a la Fórmula 1 —como Harvey—, así que los llevamos a los dos a Silverstone y les hicimos pasar un buen día. Creo que, a esas alturas, Harvey ya había superado el pronóstico del médico y estaba muy animado.

—Bueno, todavía sigo aquí —dijo—. Sigo respirando.

De manera sorprendente, Harvey siguió desafiando los pronósticos del médico y, con la ayuda de algunos medicamentos nuevos, creo que empezó a mejorar.

—Por Dios, ¡se supone que estás muerto, cabrón! —le dije un día.

—Lo sé —respondió—, pero no te vas a librar de mí tan fácilmente.

Luego, el año pasado, fuera de temporada, nos sorprendió aún más al preguntarnos si podía volver a trabajar.

—¿Lo dices en serio?

Sinceramente, no dábamos crédito, pero, por supuesto, dijimos que sí. Una cosa que nunca, nunca debes hacer es dar una patada a un hombre cuando está en el suelo. Para mí, ese es un principio importante en la vida. Aunque Harvey solo hubiera estado lo bastante bien como para hacer el té durante la carrera, habría sido bienvenido entre nosotros, pero hizo mucho más que eso. Cumplió con creces y siempre fue una baza para el equipo.

Entonces, hace unas tres semanas, me informaron de que había tenido un ataque muy grave. Incluso en ese momento, no me lo tomé demasiado en serio, porque, hasta la fecha, Harvey se había vuelto casi invencible a mis ojos. La muerte continuaba retándolo y él seguía ganando. ¡Chúpate esa, cabrona! Harvey siempre mejoraba. Unos días después, tuvo otro ataque que lo dejó sin poder hablar y ayer falleció. Solo tenía treinta y un años.

Como homenaje a Harvey, vamos a llevar su nombre en los dos coches este fin de semana y, en algún momento, reuniré al equipo y le dedicaremos un aplauso de un minuto. Algunas personas hacen un minuto de silencio, pero estoy seguro de que Harvey no querría eso. ¡Le gustaba el ruido!

No hay nada más de lo que hablar hoy. Esta entrada es solo para Harvey.

Sábado, 22 de octubre de 2022 - Circuito de las Américas, Austin, Texas (Estados Unidos)

10:00

Sé que Miami nos impresionó a todos este año, pero si lo de hoy y lo de ayer sirven de guía, Austin podría ser aún más impresionante. El ambiente es como el de un festival y me han dicho que esperan hasta 450 000 aficionados durante el fin de semana, eso es incluso más que en Melbourne y Silverstone. Creo que también tocarán Green Day y Ed Sheeran. Yo preferiría a ABBA, pero, por lo visto, no estaban disponibles. También parece que hay más expectación por el hecho de que somos el único equipo norteamericano este año. ¡Más, por favor! Es una de nuestras propuestas de valor que más nos enorgullece y, para ser brutalmente honesto, es algo que no hemos disfrutado ni explotado lo suficiente a lo largo de los años. Considero que la asociación con MoneyGram contribuirá a ello y, este año, nos hemos volcado en la decoración de los coches —que tienen una pinta increíble— y en las sesiones de fotos. Hicieron fotografías a los pilotos con sombreros de vaquero y sus trajes de carreras de nuevo diseño. Fue muy chulo y se divirtieron. Creo que a Kevin también le habría gustado llevar unas botas de *cowboy* para ser un poco más alto. Esta es nuestra identidad y hay que celebrarla siempre que sea posible, seguro que habrá más ocasiones. Incluso yo tengo ahora doble nacionalidad. ¡Somos estadounidenses y orgullosos de ello!

13:00

Fred, de Alfa, y Mario Isola, de Pirelli, me tendieron una emboscada durante la rueda de prensa. ¡Llevaban camisetas con mi puta cara estampada ellas! Camisetas que, por cierto, según Stuart, están disponibles en la página web de Haas. Creo que algunas personas del público también las tenían ayer, así que Fred y Mario decidieron seguir la moda. Además, vienen escritos eslóganes con palabras malsonantes que, supuestamente, he dicho yo. La verdad es que tenían una pintaza… Me impresionaron. No sé si es verdad o no, pero me han dicho que, cuando las empezamos a vender, la página web se cayó durante cuatro horas. ¿Eso es bueno o malo? No lo sé. Es el estilo de gestión.

18:00

El fin de semana ha sido un poco raro hasta ahora. Antonio Giovinazzi salió ayer en la primera sesión de entrenamientos libres en lugar de Kevin y se estrelló tras cuatro vueltas. Le golpeó una extraña ráfaga de viento, y, a pesar de que consiguió llevar el coche de vuelta al garaje, quemó el embrague en el proceso. Esto supuso que Kevin no pudo probar los nuevos prototipos de compuestos en la segunda sesión de libres, cosa no muy positiva. La verdad es que no fue un buen día y la clasificación de hoy no ha ido mucho mejor; parecía que, al menos, podríamos llegar a la Q2, pero no fue el caso. Ambos quedaron fuera en la Q1. Kevin sale decimoquinto y Mick, decimoctavo. A nadie le gusta que lo eliminen en la Q1, pero, esta vez, no estoy demasiado descontento. De hecho, tenemos muchas posibilidades de remontar y no me sorprendería si sumamos algunos puntos.

¿Qué es esto?, debes de estar pensando, ¿Guenther positivo? Seguro que es un impostor. Bueno, no hay nada como un Gran Premio local, un coche rápido, un nuevo patrocinador principal y unos cuantos cientos de miles de compatriotas para evitar que seas negativo. También quiero hacer esto por Harvey; todos queremos y podemos.

Domingo, 23 de octubre de 2022 - Circuito de las Américas, Austin, Texas (Estados Unidos)

10:00

Tenía razón sobre las multitudes. Según Stefano, la asistencia este fin de semana es de unos 440 000 espectadores, la mayor del año. Sé que quedan algunas carreras, pero nadie va a superar esto ni de lejos. Los chicos de Money-Gram han quedado muy impresionados hasta ahora, aunque debería decirles que no todos los Grandes Premios serán así. Bueno, ya si eso, otro día.

17:00

¿Recuerdas lo que pasó en Miami cuando Kevin quiso cambiar neumáticos y no funcionó? Pues hoy ha ocurrido todo lo contrario. Kevin estaba en una buena posición para sumar puntos y, a unas diez vueltas del final, pensamos que sería una buena idea que entrara y cambiara los medios por los blandos.

—Creo que los que llevo están bien, chicos —dijo.

Recuerdo que miré a Ayao. Mi instinto fue decirle que entrara, ya que no creía que los neumáticos fueran a aguantar, y, en ese caso, existía la posibilidad de que no pudiera terminar.

—En serio, están bien —dijo—. Dejadme seguir.

Lo más probable es que hubiera conservado su posición, pero nunca se sabe lo que va a pasar con una parada en boxes. La gran mayoría transcurren sin problemas, pero esto es Haas, recuérdalo. ¡Y a aquel puto gato! En cualquier caso, dejarlo seguir resultó ser lo correcto, ya que los neumáticos estaban bien y, al final, acabó noveno. Ya ves, te dije que tenía razón al ser positivo.

La última vuelta fue una de las mejores que he visto en toda la temporada en términos de carrera. Kevin y Vettel se disputaban la octava posición y la batalla entre ambos fue increíble. A pesar de que Vettel consiguió adelantar a Kevin en la última curva *(Scheisse!)*, después dijo que había sido una de las mejores carreras en las que había participado. No conozco muy bien a Sebastian, pero ha sido un gran embajador de este deporte y, obviamente, un gran campeón. La Fórmula 1 lo echará de menos, seguro. Además, por lo visto, me imita muy bien. Todavía no lo he oído, pero espero hacerlo algún día. Será caradura ese maldito alemán.

En comparación, el pobre Mick tuvo una carrera desafortunada y está disgustado, y con razón. Pasó por encima de unos escombros en pista que dañaron su coche y perdió unos cuarenta puntos de carga aerodinámica. No se puede hacer nada cuando ocurre eso, así que el resto de la carrera no hizo más que derrapar. Pobre chico.

Estoy siendo positivo y comprensivo. ¿Qué coño me pasa?

22.15

¡Noticias de última hora!

Por Dios, han pasado más cosas desde el final de la carrera que durante. Unos cinco minutos después de la bandera a cuadros, me dijeron que Alonso —que acabó séptimo—, condujo las últimas vueltas sin el retrovisor derecho. Eso no es legal y los comisarios deberían haberlo detectado. He perdido la cuenta del número de veces que hemos recibido banderas negras y naranjas por cosas como esa. ¿Qué puedo decir? Algunos pilotos parecen tener más «suerte» que nosotros. Ahora en serio, Haas tiene la puta fama de sancionado, así que, cuando se anunció que los comisarios habían «pasado por alto» lo de Alonso, decidimos presentar una protesta oficial. Seguro que Otmar —el director del Alpine— se cagó en mis muertos al enterarse, pero eso no me importa. ¿Recuerdas esas batallitas que ocurren dentro de la Fórmula 1 de las que te hablé? Aquí tienes un ejemplo.

En circunstancias normales, Pete Crolla, nuestro jefe de equipo, presentaría una protesta como esta en nombre de Haas, pero no estaba disponible. Así que tuve que hacerlo yo y digamos que protestar con calma y claridad ¡no es uno de mis puntos fuertes! Ya lo he hecho en otras ocasiones ante los comisarios y siempre me han multado por perder los nervios e insultar.

Al final, me llevé a Ayao, que es muy tranquilo y zen. En realidad, es como una pastilla de Valium andante y, cada vez que me agitaba, sentía su influencia tranquilizadora a mi lado. En fin, el veredicto llegará en cualquier momento.

22.35

Acabamos de recibir la resolución escrita, que dice que los comisarios estaban muy preocupados porque al Coche 14 [Alonso] no se le hubiera mostrado la bandera negra y naranja, o, al menos, hecho una llamada por radio para rectificar la situación a pesar de que Control de Carrera recibió dos al respecto. «No obstante lo anterior», dice el veredicto, «el artículo 3.2 del Reglamento Deportivo de la Fórmula 1 es claro: un coche debe estar en condiciones seguras durante toda la carrera y, en este caso, el Coche 14 no lo estaba. Esto es responsabilidad del equipo Alpine».

Alonso ha pasado de la séptima a la decimoquinta posición, de forma que Kevin sube a la octava. A pesar de los dos puntos extra, para mí esto tiene más que ver con la regularidad. Tres veces nos han convertido en los putos cabezas de turco con banderas negras y naranjas, y no es justo. No intento ganar ventaja. Mientras se me trate con justicia, puedo luchar por mi cuenta. No necesito ayuda.

Jueves, 27 de octubre de 2022 - Hotel del equipo, Ciudad de México (México)

8:00

Ayer tuve una reunión muy larga con Gene sobre la situación de los pilotos. Sinceramente, todavía estamos indecisos, aunque hay que decir que Mick no se hizo ningún favor en Austin. Ya van ocho carreras sin puntuar. No veo que eso vaya a cambiar aquí. No se trata solo de pesimismo, es realismo basado en lo que acabo de decir y en el hecho de que, por alguna razón, siempre nos ha ido como el culo en este circuito. Desde 2016, solo hemos puntuado una vez aquí y con un piloto, y ese fue Kevin en 2017.

Una cosa que he notado es que todo el mundo está bastante cansado ahora. A medida que avanza la temporada, tu piel se vuelve más fina de forma natural y tus niveles de estrés empiezan a aumentar. Aunque este año, debido a todo lo que ha ocurrido en nuestro mundo, ha sido a un nivel algo distinto para nosotros. A estas alturas, hasta yo lo estoy sintiendo y, por lo general, soy el último en caer. Creo que un factor que también ha contribuido ha sido el crecimiento de la Fórmula 1. No solo Haas está cansado, sino todo el mundo: los equipos y los medios de comunicación. Todos los que viajan con este circo nuestro se encuentran agotados. En fin, será mejor que me ponga las pilas y vaya al circuito. Tengo que hacer unas diez entrevistas y un par de sesiones de preguntas y respuestas.

Ah, casi se me olvida. ¿A que no adivinas qué? Mañana habrá una reunión en la que participarán los equipos, la FIA y la Fórmula 1 sobre —lo has adivinado— las putas banderas negras y naranjas. La situación ha llegado a un punto crítico y no estaré contento a menos que me digan después (van los jefes de equipo y no los directores) que algo ha cambiado y que tanto la FIA como nosotros vamos a mantener una discusión seria sobre el daño que ya se ha producido. No obstante, espero que el debate sea constructivo. Todo el mundo sabe que algo tiene que cambiar, igual que sabe que a Haas ya lo han jodido de forma injusta tres veces. Permanece atento a este tema.

Viernes 28 de octubre de 2022 - Autódromo Hermanos Rodríguez, Ciudad de México (México)

9:30

De verdad que no sé cómo decir esto sin que parezca que me estoy dando aires, pero, desde que llegué a México, no he podido ir a ningún sitio sin que me acorrale la gente. ¡Ahora incluso me persiguen cuando quiero ir al baño! Eso nunca me había pasado. El crecimiento de la Fórmula 1 ha sido bastante brutal y supongo que cosas como esta son el resultado. Está llegando a un punto en el que, a veces, no es tan agradable e incluso da un poco de miedo y, para ser sincero, también es agotador. Verte rodeado de cientos de personas varias veces al día que compiten por tu atención y quieren un *selfie* te deja planchado no solo física, sino también mentalmente. Incluso ahora en el *paddock* pasa lo mismo. Tal como ya he dicho, ir al baño si eres piloto o hasta un Guenther puede ser un asunto peliagudo y requiere una planificación casi militar. Esperas un momento tranquilo y luego corres por tu puta vida y rezas para que no haya que hacer cola.

Dependiendo del circuito en el que te encuentres, los aseos pueden estar a veces incluso a cien metros de distancia, por lo que, en algunos casos, no tienes ninguna posibilidad de llegar a ellos de manera discreta y eso es lo que no me gusta. Ya nada es natural. Hoy en día, tienes que pensar cada movimiento que haces. Seguro que me acabaré acostumbrando, pero, de momento, me resulta extraño. Lo bueno es que casi todos los que se me acercan, con independencia del país o la situación, son educados. A veces, un poquito demasiado entusiastas, pero no pasa nada. Hay que estar por encima de estas cosas. Desde luego, no podemos empezar a pedir a la gente que nos trate con más calma solo porque llevemos veinte carreras de la temporada y estemos cansados.

¿Te lo imaginas? «Por favor, México, no seas duro con el pobre Guenther, que está un poco fatigado». Cada Gran Premio es especial para la gente del país donde se celebra.

Exhaustos o no, tenemos que darles a todos el mismo trato y la misma experiencia. Y así lo haremos.

Por cierto, he hablado antes con Stefano y, al parecer, esperan unas cuatrocientas mil personas este fin de semana. ¡Cuatrocientos mil mexicanos locos! ¡Que alguien me pase el tequila!

12:00

Antes estuve charlando con Pete Crolla sobre nuestra historia en México y me recordó que una de las razones por las que siempre lo hemos hecho como el culo aquí tiene que ver con la altitud. El circuito está muy alto, así que, a veces durante una carrera, hemos tenido que abrir nuestro sistema de refrigeración. Y, cuando haces eso en un coche de Fórmula 1, pierdes carga aerodinámica; intento explicarlo en términos sencillos para que tenga sentido para todos. Este año, los coches tienen sistemas de refrigeración más grandes, así que no debería pasar nada. Quién sabe, ¡puede que incluso no tengamos una actuación de mierda!

18:00

Los entrenamientos libres han ido bien, supongo. Pietro salió en lugar de Kevin en la primera tanda, el turbo le dio problemas, así que, después de tres vueltas, tuvo que entrar. Sin embargo, fue un buen día para Mick y consiguió realizar todo su programa de pruebas. Debería estar listo para mañana. A pesar de un cambio de motor, Kevin pudo completar la mayor parte del suyo en la segunda sesión de entrenamientos libres, aunque no hubo tiempo suficiente para que saliera con los neumáticos de carrera puestos. Podemos vivir con ello.

Si bien hemos resuelto el problema del sistema de refrigeración, todavía no estamos donde deberíamos y no sabemos el motivo. Estamos bastante seguros de que sigue teniendo que ver con la altitud, pero tenemos que trabajar en ello y solucionarlo, lo que me recuerda que tengo que hablar sobre eso con el equipo en Italia. Están trabajando en el monoplaza del año que viene y lo que me comentan que sale de allí en este momento es bastante positivo. No hay pánico ni paranoia. ¿Qué coño está pasando? Faltan menos de cuatro meses para las pruebas. ¿Qué es esta locura?

De todos modos, a través de la puerta de mi despacho, veo a unas doscientas personas merodeando fuera de nuestra oficina y mirando hacia aquí, todas con un puto teléfono en la mano. Y yo necesito ir al baño. ¡Mierda!

22:00

Vale, ahora que estoy de vuelta en el hotel del equipo, puedo hablaros de la reunión que ha tenido lugar antes sobre las banderas negras y naranjas. La FIA explicó que los errores se debían a dos motivos: las dificultades para evaluar el nivel de daños y para hacer un seguimiento constante del estado de veinte coches. Esto, dijeron, había provocado una distribución desigual de las banderas —¡no me jodas, no me había dado cuenta!—, lo que había llevado a que coches que eran seguros no se consideraran como tal.

El resultado de esta fue que, con efecto inmediato, la FIA limitaría el uso de las banderas negras y naranjas a los casos en los que un coche hubiera sufrido daños importantes en un componente estructural. A continuación, dieron varios ejemplos de situaciones en las que no se consideraría adecuado mostrarla, a saber: una placa del extremo frontal del alerón rota, un componente menor de la carrocería defectuoso —como una aleta del conducto de los frenos o un retrovisor dañado (esto no fue una gran sorpresa)— o un retrovisor que haya salido volando.

Terminaron la reunión diciendo que se pondrían de acuerdo con los equipos para debatir cómo perfeccionar los criterios para la próxima temporada y esperaban que, mientras tanto, estas medidas bastaran para solucionar el problema a corto plazo.

Sí y no.

Resulta obvio que el hecho de que no vuelva a ocurrir lo que nos pasó es alentador, pero, desde nuestro punto de vista, ahora tenemos que construir un argumento sobre el daño que ya se ha producido. No voy a dejar que esto se quede así; una cagada ya es bastante mala, pero, con tres, estás pidiendo guerra. Para poner las cosas en marcha, Pete ha pedido a Faïssal, nuestro jefe de estrategia, que examine las respectivas estrategias de carrera y proporcione una estimación de las posiciones finales si no se hubieran mostrado las banderas negra y naranja. Seguro que no probará nada, pero formará parte de nuestro alegato. Volveré con los resultados.

Sábado, 29 de octubre de 2022 - Autódromo Hermanos Rodríguez, Ciudad de México (México)

10:00

Creo que, si no hubiéramos ganado esos puntos en Austin, al equipo le resultaría muy difícil salir adelante. Cuando acudimos allí, me preocupaba un poco que no pudieran llegar hasta el final de la temporada. No quiero decir que temiera que empezaran a derrumbarse. Cuando estás cansado y piensas en casa, se pueden empezar a cometer errores, sobre todo si has tenido una temporada como la nuestra. Sé que es probable que me esté repitiendo, pero es cierto. Necesitábamos algo que nos llevara a la meta y, por suerte, sucedió.

De todos modos, antes tardé casi media hora en pasar por la entrada al *paddock*. Menos mal que soy bastante alto, porque, si hubiera sido bajito como la mayoría de los pilotos, me habrían pisoteado hasta matarme. ¿Cómo demonios se las arregla Yuki Tsunoda?

18:00

Creo que las dos frases siguientes que resumen los entrenamientos libres también valen para nuestra temporada hasta ahora. Kevin pasó a la Q2, la primera vez para Haas en México. Luego, tuvo una penalización y acabó decimonoveno. Lo mismo le ocurrió a Mick: iba camino de la Q2 como mínimo (joder, qué rápido iba), pero cortó una curva y su tiempo quedó descalificado. Lo comido por lo servido, como siempre. Decir que estoy decepcionado sería quedarse corto, pero estoy demasiado cansado para seguir quejándome. Ahora voy a caminar hasta mi coche, lo que me llevará unas cuatro horas, y luego conduciré de vuelta al hotel, me meteré en la cama y me iré a dormir. Buenas noches.

Domingo, 30 de octubre de 2022 - Autódromo Hermanos Rodríguez, Ciudad de México (México)

18:00

No hemos tenido ritmo de carrera. ¿Altitud? ¿Quién sabe? Mick, decimosexto; Kevin, decimoséptimo. ¡Vaya mierda! Adiós.

Viernes, 4 de noviembre de 2022 - Aeropuerto Internacional Charlotte-Douglas, Carolina del Norte (Estados Unidos)

Mañana es el acto oficial de lanzamiento del Gran Premio de Las Vegas y esperan que acudan unas cuarenta mil personas. ¡Cuarenta mil! No está mal para un deporte menor. No sé todo lo que han planeado, pero, la semana pasada, Stefano me preguntó si quería hacer acto de presencia y acepté. Gertie vendrá conmigo, pero Greta, no. ¿De verdad crees que me llevaría a mi hija a Las Vegas? También voy a rodar allí un cortometraje promocional del Gran Premio junto con Kevin. Bueno, en realidad no. Vamos a rodar nuestras partes por separado y, por lo que sé, él ya ha hecho la suya.

Por el momento, todo lo que sé del evento es que Lewis Hamilton, George Russell y Sergio Pérez conducirán sus coches por la Franja de Las Vegas durante un rato y, luego, Naomi Schiff y David Croft los entrevistarán en el escenario principal. Todo esto es para preparar el evento principal, que soy yo, por supuesto. Después, habrá un concierto de un grupo llamado The Killers. No tengo ni puñetera idea de quiénes son, pero, por lo visto, son bastante buenos. En fin, será divertido y Gertie lo está deseando.

Sábado, 5 de noviembre de 2022 - Caesars Palace, Las Vegas, Nevada (Estados Unidos)

14:00

Acabo de terminar de hacer unas entrevistas en una *suite* del Caesars Palace y es bastante impresionante. Me pareció reconocerla de *Resacón en Las Vegas,* pero, al parecer, la recrearon en algún lugar de Hollywood para la película. Teniendo en cuenta el argumento, ¡no me sorprende, joder! También grabé aquí mi parte para el vídeo promocional. No mentían sobre las cifras, ya hay gente por todas partes. Es una puta locura. Más tarde, tendremos los coches, y luego, las entrevistas en el escenario principal. Primero necesito descansar y, después, un jodido gran trago. Creo que me lo he ganado.

19:00

¡La hostia! No sé bien lo que esperaba, pero realmente se ha desmadrado. El único problema que veo para los pilotos en el Gran Premio del año que viene será centrarse en la carrera. Tendrán muchas distracciones, entre ellas ¡mil millones de luces y varios cientos de miles de personas borrachas como cubas! El evento fue increíble. Había drones por todas partes lanzando fuegos artificiales y los coches rugieron por La Franja como un león. No sé cómo me las voy a arreglar el año que viene con todos los *selfies.* Me acosaron al salir del hotel y tardé casi noventa minutos en terminar. ¡Fue una puta locura! Agradable, pero una locura. Luego, cuando me presentaron sobre el escenario, todo el mundo enloqueció, fue como volver a Australia. Soy un italiano pringado con una nariz grande, un acento raro y un nombre alemán. ¿Qué demonios ve esta gente en mí?

Hace un par de años, alguien me sugirió que me pusiera un guardaespaldas en las carreras y, al principio, me opuse de forma rotunda.

—¿Para qué necesito un puto guardaespaldas? —dije—. ¡No soy Lewis Hamilton!

Entonces, me dijeron que, en algunas partes del mundo, hay peligro de secuestros. Yo ya lo sabía, pero ni por un momento pensé que me pasaría a mí. ¿Te imaginas a una banda de secuestradores volviendo con su jefe después de un duro día en la carretera?

—¿Qué habéis conseguido hoy, chicos?

—Tenemos un Guenther.

—¿Cuánto vale?

—¡Por la pinta que tiene, ni un puto céntimo!

El año pasado en Brasil tuve un guardaespaldas. Sin embargo, no era precisamente un genio y se le acabó cayendo la pistola en mi coche. Le dije:

—¿Qué coño haces, tío? ¿Intentas matarnos a los dos?

Eso me desanimó y ahora solo tengo uno en México, y porque me obligan.

Vale, Gertie y yo vamos a cenar ahora al restaurante de Gordon Ramsay, creo que se llama Hell's Kitchen. He visto a Gordon unas cuantas veces y es un buen tipo. Dice demasiadas palabrotas, pero, joder, nadie es perfecto. Te diré una cosa, ¡no me importaría estar un dólar por detrás de ese cabrón rubio escocés!

Jueves, 10 de noviembre de 2022 - Interlagos, São Paulo (Brasil)

11:00

Esta mañana, he aterrizado en São Paulo a las 6:30 de la mañana después de un vuelo nocturno de mierda. He tardado más de una hora en pasar el control de inmigración y dos horas en llegar del aeropuerto al circuito. ¿Me estoy quejando? Claro que sí, coño. Estoy agotado. Eso sí, ¿qué puedes esperar de una ciudad con una población de unos mil millones de habitantes? Esto es una locura, pero me encanta. Los brasileños tienen auténtica afición por la

Fórmula 1, que conocen muy bien, y siempre son muy cálidos y acogedores. Va a ser un buen fin de semana; bueno, eso espero. Ya lo he dicho algunas veces.

Viernes, 11 de noviembre de 2022 - Interlagos, São Paulo (Brasil)

7:50

Siempre conduzco yo mismo hasta el circuito en Brasil, lo que significa que puedo ir y venir a mi antojo. El único problema es el tráfico. Aunque solo hay unos trece kilómetros desde el hotel del equipo hasta Interlagos, a veces se tarda más de una hora, sobre todo entre semana. Como hoy es viernes, me temo lo peor, pero nunca se sabe. ¿Quizá tenga suerte por una vez?

9:45

¡Me cago en la leche! Ha sido el peor viaje hasta la fecha. ¡Una hora y tres cuartos! Para echarle más sal a mi puta herida, durante el atasco, unos vendedores ambulantes intentaron venderme gorras de Mercedes. ¿Me tomas el pelo? Les dije:

—¡No, gracias, chicos! Y, por cierto, ¿dónde está la imitación de las gorras de Haas?

Parece que *Drive to Survive* se ha hecho un poco más popular aquí, ya que, cuando llegué a la entrada, algunas personas rodearon el coche y empezaron a corear mi nombre. Al principio, pensé que podría tratarse de un linchamiento, pero luego recordé que ya no trabajo para Red Bull. ¡Es broma!

Al llegar a Interlagos, hay unas escaleras que te llevan desde el aparcamiento hasta el *paddock* y cada año me cuesta más subirlas, necesito un salvaescaleras de esos para ancianos. En fin, por suerte, no había demasiados cazadores de *selfies* en la entrada, así que, en pocos minutos, llegué a mi oficina. ¿Qué me espera hoy? No tengo ni idea, la verdad. Si nos guiamos por nuestra historia, no mucho. Dobles puntos en 2018 y, aparte de eso, nada. Deberíamos ser bastante rápidos, pero hace un tiempo tan impredecible que ¿quién sabe? Ahora mismo, estamos luchando por la octava posición en el Campeonato Mundial de Constructores con AlphaTauri, así que nuestro principal objetivo es hacerlo mejor que ellos. Por ponerlo en perspectiva, la diferencia de premio entre el octavo y el noveno puesto en el Campeonato Mundial de Constructores es de diez millones de dólares.

22:00

¡¡TENEMOS LA PUTA *POLE!!*

Cuando antes dije que podía pasar cualquier cosa, me refería a que podíamos acabar eliminados en la Q1 o llegar a la Q3. Pues bien, hoy lo hemos superado. ¡Estamos en la cima del mundo, nena! Todavía se me hace raro decirlo, y más aún escribirlo. Llamé a Gene enseguida y se puso como un puto loco de contento. A su forma tranquila, claro, pero estaba muy contento. Después llamé a Gertie. Es evidente que ha estado conmigo en todo momento desde que empezamos con Haas y, por asociación, ha pasado por todas mis emociones. Quizá en menor grado, pero todo lo que yo siento, ella también lo hace. Hasta hoy, nuestra mejor clasificación había sido en Imola este año cuando Kevin quedó cuarto. Aquello fue increíble, aunque esto es otro puto nivel. Cuando consigues la *pole,* ves las cosas con otros ojos. Existes en un mundo diferente y, siempre que estás ahí, se abren nuevos sueños.

No es el primer gran éxito que cosecho al frente de un equipo de Fórmula 1. ¿Te acuerdas de Jaguar, el equipo que dirigí con Niki Lauda? Bueno, en 2003, nuestro piloto Eddie Irvine acabó tercero en Monza. Puede que no lo sepas, ya que el coche era la mayor mierda jamás fabricada. Se construyó antes de que llegáramos Niki y yo, así que, básicamente, nos dedicamos a correr. Recuerdo estar con Niki y Eddie después de la carrera. Todos dijimos:

—¿Cómo coño lo hemos hecho?

Lo único que el coche tenía a su favor —y créeme cuando lo digo— era que casi no tenía carga aerodinámica, así que, en circuitos de alta velocidad como Monza, iba bien, siempre y cuando no se averiase, claro. En aquel momento, nuestro único objetivo era terminar la carrera, así que, ¿subir al podio? En las otras dieciséis de la temporada, Eddie acabó seis veces y se retiró diez. Ese fue siempre el problema de Jaguar, aparte de todas las demás mierdas. En cinco temporadas, tuvieron sesenta y nueve abandonos. Para ponerlo en perspectiva, en siete temporadas en Haas, hemos sufrido cincuenta y cinco hasta la fecha y con muchas más carreras.

Recuerdo la presentación de aquel coche como si fuera ayer. En aquella época, eso era siempre muy espectacular sin importar lo mierda que fuese el monoplaza. Nosotros lo lanzamos en la base de investigación y desarrollo de Jaguar en Whiteley. También fuimos los primeros en hacerlo, así que la prensa y los medios de comunicación estaban por todas partes. Justo antes de la presentación, Niki se reunió con los técnicos y, cuando salió, estaba que echaba espumarajos por la boca.

—Sabes que el coche del año pasado era una mierda, ¿no? —dijo—. Pues parece que este será aún peor.

Nunca había visto a alguien tan cabreado en toda mi vida. ¡Niki quería sangre! No era solo el hecho de que el equipo hubiera dado un paso atrás lo que lo enfadaba, aunque eso era, más o menos, el noventa y cinco por ciento. Estaba a punto de salir delante de un centenar de periodistas y decirles a todos lo bueno de cojones que era el coche, ¡cuando en realidad era un montón de mierda! Recuerdo que Niki me preguntó:

—Oye, Guenther, ¿qué demonios les digo?

—Pues que es una mierda —propuse—, pero que mejorará.

—No quiero decirles que el coche es una mierda —replicó—. ¡Eso sería estropearles la puta sorpresa! No, ya está. Que lo descubran por sí mismos.

Sigo olvidando que, cuando se publique este libro, todo el mundo ya sabrá lo que pasó. Lo que voy a intentar, entonces, es repasarlo desde mi punto de vista, y luego, explicar lo que significa algo así para un equipo como Haas.

Bien, lo primero es la clasificación. Había llovido entre los entrenamientos libres y la Q1, así que ambos pilotos salieron con intermedios. Creo que Gasly fue el primero en cambiar a blandos y pronto todos siguieron su ejemplo. La primera vuelta de Kevin quedó eliminada al exceder los límites de la pista, pero, cuando salió con blandos, consiguió hacer un tiempo de 1:13.954, lo que le permitió pasar a la Q2. Por desgracia, Mick se quedó casi tres segundos por detrás de él y acabó en la vigésima posición. Pensó que la pista estaba más mojada y creo que subestimó el agarre. Era obvio que estaba frustrado, y yo también.

Las condiciones meteorológicas para la Q2 seguían siendo variables, pero, tras entrar a mitad de la sesión para cambiar los neumáticos blandos, Kevin marcó un tiempo de 1:11.40 que lo situó séptimo. ¡Con eso pasamos a la Q3! Hasta ahora, todo iba bien.

El efecto que este tipo de tiempo y de situación tienen en la parrilla de Fórmula 1 es fascinante. Con el tiempo en constante cambio, el orden natural de las cosas se ve amenazado, así que todos los cabrones ricos de la parte alta de la parrilla empiezan a ponerse nerviosos, y todos los pobres, a frotarse las manos. En efecto, cuando empezó la Q3, el cielo se oscureció y, en el momento en el que todo el mundo empezó a mojarse los calzoncillos, tuvimos que tomar una decisión: o mandábamos salir a Kevin con blandos o lo hacíamos con intermedios.

Debido a nuestra posición en el *pit lane,* estamos más cerca de su salida y, por una vez, eso nos vino bien. Ponerle los blandos, enviarlo primero y esperar que hiciera una buena vuelta antes de que lloviera: ese era el plan. Recuerdo ver la cola que se formó detrás de Kevin desde el muro de boxes. Estuvieron allí más de un minuto y el ruido era ensordecedor de narices. Sin embargo, la temperatura de los neumáticos no dejaba de bajar.

—¡Déjalos ir! —recuerdo que solté.

Unos segundos después, el semáforo se puso en verde.

—Vale, tienes vía libre, colega —dijo Mark, que es el nuevo ingeniero de Kevin.

Y eso fue todo. Salió a correr. Nos habíamos arriesgado y solo nos quedaba rezar para que funcionara.

Kevin acabó marcando un tiempo de 1:11.674.

—¿Dónde me coloca eso? —preguntó a Mark.

—Eres primero, colega.

—¿Me tomas el pelo? ¡No me jodas! —respondió.

Pensé sin decirlo: «¡No os dejéis llevar, tíos! ¡Todavía puede que nos pongan una bandera negra y naranja por cualquier chorrada!».

—Ayao —dije—. Bájate del taburete y haz la puta danza de la lluvia.

Vamos, ¡rápido! Necesitamos un poco de ayuda.

—No hace falta —dijo—. Mira.

Me di la vuelta en la silla y vi que caía una lluvia torrencial sobre el *pit lane.* ¡Sincronización perfecta! Los pilotos acababan de empezar sus segundas vueltas y Pérez había ido rápido en el primer sector. En este caso, ¡gracias, Dios!

—¿Cuánto tiempo va a llover? —le pregunté a Pete.

—Una media hora —dijo.

Lo siguiente que recuerdo es oír que George Russell se había salido en la curva cuatro.

—Hay bandera roja —dijo Pete—. Quedan ocho minutos y diez segundos. Kevin sigue primero.

Durante unos segundos, los tres estuvimos sentados en el muro de boxes intentando imaginar qué podía ir mal. Nos habíamos pillado los dedos muchas veces esta puta temporada y, sinceramente, esperábamos que nos la quitaran por alguna razón. Al cabo de un minuto, a nadie se le había ocurrido nada, así que había sucedido de verdad. ¡La *pole* era nuestra!

Eso es lo que ocurrió tal como yo lo recuerdo.

El único miembro del equipo que no ha podido participar en las celebraciones es Mick. Ha sido muy gentil al respecto y ha felicitado a todo el mundo, pero es obvio que está dolido. Ahora bien, a fin de cuentas, la parrilla no miente y él está en el extremo opuesto a Kevin. Para mí, es fácil decirlo, pero tiene que intentar sacar algo positivo de todo esto; algo que lo ayude a mejorar y a hacerse más fuerte. Si tuviera la misma edad y experiencia que Kevin, seguro que le resultaría mucho más difícil asimilarlo. Sin embargo, es joven y vivirá para luchar otro día. Lo mejor que puede hacer es volver mañana y hacer la carrera de su puta vida. Espero que así sea.

Bien, ¿qué significa esto para el equipo Haas? En primer lugar, es una recompensa por todo el duro trabajo que los chicos realizan semana tras semana. No importa si nos clasificamos vigésimos o en la *pole* como hemos hecho hoy, estos chicos siempre hacen lo mismo y con el mismo esfuerzo y atención al detalle. En la inmensa mayoría de los casos, lo que ocurre después no está en sus manos, así que mantener ese nivel de calidad a pesar de todo es una prueba de su profesionalidad.

Hay quien puede pensar que trabajar para un equipo de Fórmula 1 es un mero trámite. Al fin y al cabo, nos pagan por ello —igual que a todo el mundo— y eso nos ayuda a mantener un techo sobre nuestras cabezas, pero no estamos aquí por eso. Las personas que trabajan para nosotros quieren formar parte de un equipo y que este progrese todo lo posible y consiga cosas. Esa es otra casilla que hemos tachado juntos. Hemos conseguido puntos, vueltas rápidas y, ahora, tenemos una *pole position*. Próxima parada: un podio. Supongo que puede sonar un poco cursi, pero trabajar para un equipo pequeño como Haas es una forma de vida y todo lo que ocurre aquí importa, ya sea un pinchazo que te saca de los puntos o una bandera negra y naranja que te hace querer matar a alguien y casi te da un puto infarto, o una *pole position* como la de hoy. Como lo vives día a día, sientes todo de forma muy intensa y la *pole* de Kevin es un recordatorio de por qué hacemos esto. Uno muy oportuno.

Para equipos como Red Bull y Mercedes, las *poles* son rutinarias, así que, aunque tengas más éxito, se convierte en algo esperado. ¿Qué dije antes? Cuando siempre hay galletas en la puta lata, ¿dónde está la gracia de las galletas? No digo que esto o ganar una carrera no signifique nada para ellos, pero seguro que el nivel de éxito que siente un miembro del equipo se medirá, en parte, por su contribución. Así, cuanto más pequeño sea el equipo, mayor es tu contribución y de forma más intensa vas a sentir tanto si las cosas van bien como si no. Por cierto, esto es solo una teoría, así que, si trabajas para Red Bull o Mercedes, no vengas al *paddock* a patearme el culo. Si lo haces, ¡tráeme uno de tus putos trofeos!

Antes dije que estar en la *pole* significaba que existes en un mundo diferente y que creas nuevos sueños, aunque también reacciones no solo por parte de los aficionados y de la gente que te rodea, sino del deporte en general. Cuando se confirmó que Kevin estaba en la *pole position,* hubo un rugido de la multitud, como el que solo se suele oír cuando un piloto local gana un Gran Premio o uno gana un campeonato. Fue increíble. Yo estaba en el muro de boxes con Pete y Ayao y, cuando me volví, toda la puta grada estaba de pie enloquecida. Volviéndose locos por nosotros, por Haas. Luego, miré hacia el garaje y, por supuesto, allí todos se estaban desmadrando todavía más. Más tarde, vi que algunos estaban llorando. Durante unos instantes, me quedé sentado y lo asimilé todo. Es evidente que no tengo ni idea de si algo así volverá a ocurrirle a Haas, aunque espero que sí, pero quería saborear cada segundo. Cuando por fin crucé el *pit lane* para reunirme con los chicos en el garaje, el rugido de las gradas comenzó de nuevo y recuerdo que levanté las manos para celebrarlo con ellos. Sí, ¡lo hemos conseguido, joder!

Las dos horas siguientes fueron un poco confusas, la verdad. Me habrán felicitado, por lo menos, mil personas diferentes y todos lo decían en serio y se alegraban por nosotros.

Todos los aficionados, los periodistas, los pilotos y los directores de equipo. Esto no solo es bueno para Haas, también para la Fórmula 1. Todo el deporte celebraba algo juntos. No se me ocurre otro en el que pueda ocurrir algo así.

Cuando Kevin volvió al garaje, salió del coche de un salto, se subió encima del monoplaza y lo celebró como si se le hubiese ido la puta cabeza, y, entonces, empezaron los abrazos. Todos los miembros del equipo estaban allí y todos querían felicitarlo. Me alegro mucho por el pequeño vikingo. Ha pasado por todas las emociones conocidas hasta ahora en su carrera en la Fórmula 1, excepto la que sientes cuando consigues una *pole* o ganas una carrera. En otras palabras, la emoción de ser el primero. En realidad, a todos nos pasa lo mismo: sentimos una versión de eso en este momento y es increíble de verdad. Ya he visto el vídeo en el que Kevin sale del puto coche unas diez veces. ¡Por muy vikingo que sea, como lo haya estropeado, le daré una patada en el culo que lo va a mandar de aquí a Copenhague!

Después de conseguir, por fin, quitarme a Kevin de la pierna, Stuart me llevó al *paddock* para hablar con los medios de comunicación, pero no solo con algunos, ¡con todos! Todos los periodistas y todas las cadenas de televisión del circuito querían hablar conmigo y con Kevin. Y ¿sabes qué? ¡Nosotros queríamos hablar con ellos! En el momento en el que salí del garaje para empezar a hablar con ellos, empezaron de nuevo los vítores, solo que, ahora, los que vitoreaban estaban justo delante de mí. Joder, ¡cómo atronaban! A todo el mundo le gusta ver caras sonrientes, pero cuando es por algo que tu equipo ha conseguido… Bueno, eso es muy especial.

Si pudiera embotellar una parte de hoy, sería el momento en el que me di cuenta de que la *pole* era nuestra. En el *pit lane,* teníamos todos los tiempos por vuelta delante y recuerdo haber visto el nombre de Kevin en lo más alto. Y entonces empezó a llover.

—Ayao, Pete —dije—. Ya está. Tenemos la *pole.* ¡Tenemos la puta *pole!*

Creo que ambos se quedaron sin habla, allí sentados con una sonrisa de oreja a oreja. Ha sido un momento con el que he soñado y por el que he luchado desde que fundé el equipo con Gene hace tantos años y que me acompañará el resto de mi vida. Tal como le dije a Kevin después de la sesión, pase lo que pase mañana, nadie podrá arrebatarnos esto.

Sábado, 12 de noviembre de 2022 - Interlagos, São Paulo (Brasil)

10:00

No estoy seguro de si la población de todo Brasil ha recibido de repente la orden de ver *Drive to Survive,* pero el número de personas que quieren una foto hoy en comparación con ayer y el jueves es del todo ridículo. Debo de haber posado ya para unos trescientos aficionados. Empezó cuando estaba a unos ochocientos metros de Interlagos en un semáforo. Alguien gritó «¡GUENTHEEEEEER!» y, antes de que me diera cuenta, un motón de brasileños locos rodearon de nuevo mi coche. Por suerte, vinieron un par de policías y me salvaron; de lo contrario, todavía estaría allí.

Cuando por fin llegué a la entrada, comenzó otra vez. El tráfico era una mierda, así que no había por dónde cogerlo. No hablo portugués, por lo que no tengo ni idea de lo que me decían, aparte de «¡GUENTHEEEEEEER!». Espero que fueran cumplidos. No me dejé a nadie: todo el mundo se hizo un *selfie* conmigo, ¡lo quisiera o no! En su defensa diré que es mucho más rápido que firmar putos autógrafos.

La parte que más tiempo me llevó fue llegar a la entrada del *paddock*. Después de subir todas esas escaleras, estaba jodido y no en condiciones de oponer resistencia.

«¡GUENTHEEEEEEER! ¡TE QUEREMOS!». Por lo menos, debí de hacerme un par de cientos de *selfies* más allí y, al final, uno de los guardias de seguridad tuvo que tirar de mí a través de las barreras y empujarme hacia los tornos.

Todo el mundo sigue muy animado por lo de ayer. Contamos otra vez con los chicos de MoneyGram International, que están teniendo un gran fin de semana. Desde que anunciamos el patrocinio justo antes de Austin, hemos conseguido puntuar con los dos coches y una *pole position*, ¡así que ha sido un buen comienzo! Es evidente que nos traen suerte, así que deberían venir a todas las carreras. Más tarde, iremos a cenar juntos a un restaurante llamado Barbacoa en el que ya he estado antes y es excelente. Allí hacen la mejor carne del mundo y, como preparación para el festín, no he comido carne en los dos últimos días. No tengo ni idea de por qué te cuento esto, son tonterías aburridas. Tenemos una carrera dentro de unas horas.

13:00

Siguen llegando mensajes de felicitación tanto en persona como por el teléfono. Solo ahora hemos podido calibrar la verdadera respuesta a lo ocurrido y, para ser sincero, creo que nos ha pillado por sorpresa. Todo el mundo parece ser fan de Haas en este momento y supongo que es porque a la mayoría de la gente le encanta que a un equipo pequeño le vaya bien. A mí me parece estupendo. Según Stuart, nos hemos salido en las redes sociales. Una de las publicaciones de ayer en Instagram ha tenido más de un millón de «me gusta». Eso no significa nada para mí, pero su equipo y él dicen que está muy bien. Es obvio que este tipo de cobertura e implicación supone una oportunidad para nosotros y Stuart y los demás se han dejado la piel para asegurarse de que la aprovechamos. Es un momento emocionante para el Haas F1 Team.

¿Qué espero de la carrera de hoy? Bueno, me alegro mucho de haberme hecho esa pregunta, porque es relevante para la carrera y para lo que está ocurriendo en general. A pesar de estar contentos por la *pole,* nuestra reacción ha tenido que ser bastante profesional. Solo estamos a mitad del fin de semana y tenemos por delante una carrera al *sprint* y un Gran Premio. En otras palabras, el trabajo está a medio hacer. Lo mismo ocurre con la carrera: por muy increíble que haya sido la clasificación, a menos que volvamos a casa con algunos puntos, no será tan bueno y sé que Kevin se decepcionará. También somos realistas en cuanto a nuestras posibilidades. Un elemento de suerte contribuyó a que la consiguiéramos y nadie piensa ni por un instante que ahora vayamos a arrasar en la carrera y a llevarnos la victoria. Sería la puta cosa más asombrosa en caso de conseguirlo, pero no es muy probable. Seguro que hay seis coches más rápidos que el nuestro y otros cuatro iguales. Un podio siempre es posible, pero tendría que haber alguna sorpresa. Estar en los puntos: ese es nuestro objetivo.

18:00

Kevin ha terminado octavo, y Mick, duodécimo, así que tenemos un punto en el bolsillo y Mick ha mejorado mucho su rendimiento. Es curioso, aunque hemos gestionado nuestras expectativas con bastante éxito desde ayer, hubo un momento al principio de la carrera en el que comencé a soñar un poco. Kevin hizo una salida muy buena y, después de una vuelta, tenía un segundo de ventaja sobre Verstappen; ahí fue cuando empecé a hacerlo. Hubo un par de batallas por detrás de Kevin, pero, cuando las cosas empezaron a calmarse, poco a poco lo atraparon y bajó posiciones. Sin embargo, hizo justo lo que tenía que hacer y ese punto extra nos coloca dos por delante de AlphaTauri a falta de dos carreras.

Mick ha remontado ocho puestos y creo que eso le ha ayudado a recuperar un poco de confianza. El día de ayer le afectó mucho, así que volver de esa manera y hacer una buena carrera demuestra carácter. También lo coloca en una buena posición para mañana.

Domingo, 13 de noviembre de 2022 - Interlagos, São Paulo (Brasil)

8:00

No sé de dónde ha salido, pero, de repente, tengo una puñetera tos de aúpa. ¡Me siento como una mierda y sueno como si me estuviera muriendo! Anoche salí con los chicos de MoneyGram, pero me encontraba bien. Solo me tomé dos copitas de vino, aunque comí un poco de más. De todos modos, eso no tiene nada que ver con esta puta tos. Lo único a lo que puedo achacarlo es al cambio brusco de temperatura de ayer. Si sigue así, puede que tenga que ir al médico de la Fórmula 1. Pobre Guenther.

13:00

El médico dice que puede ser por el cambio de temperatura y que tengo que beber mucha agua. ¿Cómo? ¿Quiere decir que beba agua en lugar de *whisky*? Al menos, no me ha dicho que intente descansar mucho. ¡Dormiré cuando me muera!

21.30

Llevaba un cabreo tan grande que no he podido escribir una puta línea hasta ahora. Desde luego, al menos nada que no me metiera en un buen follón con la FIA. La verdad, ya casi no me importa. Sin embargo, admiro su constancia. Si fuéramos tan buenos y de forma constante como ellos son malos, ahora mismo estaríamos entre los tres mejores equipos. Por desgracia, somos, con diferencia, el que más parece sufrir sus errores y estoy hasta aquí de ellos.

Déjame que te cuente la última debacle de la FIA. Ricciardo embistió a Kevin en la curva ocho en la primera vuelta de la carrera y Kevin tuvo que retirarse. Eso, en sí mismo, está claro que es una mierda, ¡pero luego lo dejaron allí en medio de la pista de carreras durante más de dos putas horas! Nadie fue a por él. Cuando te sacan así tan pronto, lo único que quieres es volver al garaje, calmarte y estar con tu equipo. En lugar de eso, Kevin se quedó en medio de Interlagos en compañía de unos cuantos miles de aficionados. Imagina que hubiera sido Lewis Hamilton, ¡lo habrían hecho putas trizas! Y Kevin estaba cabreado, mucho. Por lo general, es un tipo bastante sereno, pero hoy no. Quería cabezas, a poder ser la de Ricciardo y la de la FIA.

Hablando de McLaren, ¿sabes qué más ha pasado? Al parecer, intentaron echarle la culpa a Kevin delante de los putos comisarios. Yo había recibido antes un mensaje de texto de Zak Brown, su presidente, en el que me pedía disculpas, pero luego ¡su equipo intentó cargarnos el muerto a nosotros! Zak tiene que hablar con ellos y yo le escribí antes un mensaje de texto diciéndoselo. Por cierto, Mick acabó decimotercero, así que todos los felices resultados que nos prometíamos se fueron al traste. Al menos,

AlphaTauri no sumó ninguno. Hubo un momento en que parecía que Gasly iba a hacerlo, pero, entonces, recibió una penalización de cinco segundos por exceso de velocidad en el *pit lane*. Y ya solo queda una carrera.

De vuelta al hotel, llamé a Ronan Morgan de la FIA y luego a Mohammed Ben Sulayem. Ronan fue copiloto de Mohammed en sus días de *rallies* y ahora es su mano derecha. No me contuve con ninguno de los dos. A fin de cuentas, los errores que han cometido los empleados de la FIA, además de dejar a un piloto atrapado en medio de una puta pista de carreras durante dos horas entre miles de aficionados, podrían haberle supuesto a Haas millones de dólares. Además, si AlphaTauri suma puntos en la última carrera y nosotros no, podría acabar costándonos otros diez millones. Es así de grave. La debacle de las banderas negras y naranjas ha sido una tomadura de pelo durante toda la temporada y, cada vez que me he quejado ante ellos, ni una sola persona de la FIA ha sido capaz de defender lo que había sucedido. Y lo mismo ocurrió hace un rato. Ni Ronan ni Mohammed pudieron sostener las acciones de sus empleados en ninguno de los casos que mencioné. ¿Qué te dice eso? Esto es Fórmula 1, por el amor de Dios, no Fórmula Regional. De todos modos, les he dicho que quiero sentarme con los dos en Abu Dabi y hacer algo al respecto, porque se va a quedar así, de ninguna manera.

Déjame darte un ejemplo de lo incoherentes que se han vuelto las cosas. ¿Te acuerdas de la sanción que recibió Alonso cuando nos quejamos de su espejo, la que nos hizo subir un puesto y nos dio puntos extra? Bueno, Alonso y Alpine recurrieron esa decisión y los comisarios capitularon, fue increíble de cojones. Cuando presentamos la reclamación original, entendimos que el director de carrera había dicho que teníamos una hora para presentarla de forma oficial y así lo hicimos. El reglamento establece que hay que hacerlo en un plazo de treinta minutos a partir del final de la carrera (que era la base del recurso de Alpine), pero, si el director de carrera dice que tienes una hora, te fías de su palabra. Lo que de verdad me molesta es que, cuando tuvimos una reunión al respecto, este negó haber dicho aquello y ni siquiera se disculpó. Y es el director de carrera, ¡por el amor de Dios! Nos habría valido con un: «Vale, chicos, mirad, me temo que metí la pata». Habríamos seguido molestos, aunque, al final, nos hubiéramos conformado, pero no fue el caso. Vale, dentro de treinta minutos llega el coche que me llevará al aeropuerto para coger el vuelo a Dubai (desde allí cogemos un autobús a Abu Dabi), así que será mejor que me tranquilice. Por cierto, sigo tosiendo.

Vaya fin de semana. De verdad que ha sido completito.

FINAL DE TEMPORADA

Martes, 15 de noviembre de 2022 - Circuito de Yas Marina, isla de Yas (Abu Dabi)

17:00

Sabes, creo que me ha podido pasar algo parecido a lo que tuve hace unas semanas, pero ni de lejos tan malo, por supuesto. Cuando subí al avión, dormí todo el trayecto hasta Dubai (diez horas), luego, hasta Abu Dabi, y después, otras seis horas al llegar al hotel. Ahora me encuentro bien, pero, sin duda, he tenido algún tipo de virus.

La gran noticia de Haas es que Gene y yo hemos decidido no retener a Mick para la próxima temporada y las siguientes. En su lugar, vamos a ir con Nico Hülkenberg. Sé que va a ser una decisión muy impopular en algunos sectores, pero, como he dicho antes, tengo que hacer lo que creo que es mejor para el equipo y, en este momento —sobre todo, si queremos avanzar la próxima temporada—, él es un piloto con más experiencia. Creo que Mick ya sabe que va a ser así y, por lo que sé, ya se están haciendo preparativos para que sea piloto reserva de Mercedes el año que viene. A falta de otros puestos a tiempo completo en la Fórmula 1, esa es la segunda mejor opción. Espero que lo consiga.

A pesar de lo que mucha gente pueda pensar, Mick me cae bien y sigo sosteniendo que lo hemos apoyado durante toda su etapa en Haas. ¿Podríamos haber hecho las cosas mejor a veces? Por supuesto que sí, nadie es perfecto. ¡Parece que estoy redactando una puta nota de prensa!, pero es verdad, y espero que Mick esté de acuerdo en ello. Ha sido una situación difícil para todos y también bastante política en algunos momentos —sobre todo, hacia el final— y los medios de comunicación no han ayudado.

Seguro que las consecuencias cuando lo anunciemos serán una porquería, pero estoy preparado para ello. He tenido que tomar decisiones mucho más difíciles que esta a lo largo de mi carrera y aguantar mucha más mierda que la que puedan echarme encima los medios de comunicación alemanes o el tío de Mick. Creo que mi imagen de bromista da a la gente una impresión equivocada de mí, como si pensasen que no hay nada debajo y que solo soy una especie de payaso. Llevo más de treinta años trabajando en el mundo del motor y sé un par de putas cosas. Lo he dicho antes y lo repito: este equipo es mi vida y, cuando se trata de protegerlo, estoy dispuesto a enfrentarme a todos los que vengan. No me hagas enfadar, eso es todo. No te gustaría verme enfadado.

Hablando de Hulks.

Las conversaciones con Nico empezaron hace un tiempo. Una de las cosas que nos ha faltado, creo, es alguien que tenga experiencia en pilotar para más de un equipo y él, como es obvio, la tiene. También es un buen calificador y un piloto muy sólido. Habrá gente que diga que es demasiado viejo y que no ha corrido a tiempo completo en tres años, pero a mí eso me importa una mierda. Si no creyera que está a la altura, no habría hablado con él. Lo digo por él, ha estado muy interesado. Ser piloto reserva, igual que lo ha sido en Aston Martin, puede darte una vida muy buena. Suele estar bien pagado —a menos que trabajes para mí y para Gene— y, al final, no tienes que hacer gran cosa. Quería ver hasta qué punto Nico tenía ganas de volver a trabajar a tiempo completo y por eso, tras nuestra conversación inicial, no volví a llamarlo. Pensé: «Si tantas ganas tiene, se pondrá en contacto conmigo». Durante la semana siguiente, debió de llamarme unas diez veces y llegué a un punto en que casi lo mando a la mierda. ¡Vale, ya he captado el mensaje!

En fin, vuelvo al hotel del equipo para acostarme temprano.

Mañana va a ser un gran día.

Miércoles, 16 de noviembre de 2022 - Circuito de Yas Marina, isla de Yas (Abu Dabi)

17:00

Antes he tenido mi charla con Mick. No ha sido una conversación fácil, pero le he explicado nuestra postura y he hecho todo lo posible para ayudarlo a entender nuestras razones para no retenerlo. En realidad, es bastante maduro para ser tan joven y se mostró tranquilo y respetuoso en todo momento. Creo que uno de los motivos por los que se siente tan decepcionado es porque tiene la sensación de haber progresado algo esta temporada. Por desgracia, no ha sido lo bastante rápido ni constante como para que nos arriesguemos a retenerlo. Ojalá pudiera decir otra cosa, pero no puedo. A pesar de que algunos pensarán que hemos tomado esta decisión solo por los choques, eso no es cierto, aunque, sin duda, han sido un factor. Esos accidentes también se deben a la falta de experiencia y, lamentándolo mucho, no podemos permitirnos darle a Mick el tiempo que necesita para progresar. Tuve que mantener una conversación similar con Kevin y Romain hace un par de años, pero por motivos distintos. Tampoco fue fácil, pero había que hacerlo.

Lo haremos público mañana, así que, ahora, todo el mundo tiene tiempo para prepararse.

Jueves, 17 de noviembre de 2022 - Circuito de Yas Marina, isla de Yas (Abu Dabi)

16:00

Bueno, por fin vuelvo a ser el de antes y justo a tiempo, joder. Cuando Stuart soltó la bomba hace un rato, de repente todo el mundo se volvió loco y no he parado de hacer entrevistas desde entonces. Por lo visto, las redes sociales no son un buen lugar para visitar en estos momentos, sobre todo si eres partidario de Haas o de Guenther Steiner. Algunas personas parecen haber olvidado que el contrato de Mick ha llegado a su fin y nuestro único delito ha sido decidir no prorrogarlo. No le debemos una campaña para el año que viene. En nuestra opinión, no ha hecho lo suficiente como para merecer que le ofrezcamos un nuevo contrato, así que se acabó. Las cosas cambian y se sigue adelante.

En los dos últimos años, las cosas han empeorado mucho en lo que respecta a los abusos por redes sociales. Supongo que eso también podría deberse a *Drive to Survive*, o al menos en parte. Algunas de las mierdas que soltaron tras el episodio de Uralkali y Mazepin fueron simplemente horribles. Por suerte, no las miro muy a menudo, pero, según Stuart y su equipo, lleva un tiempo empeorando. En mi opinión, los verdaderos aficionados a la Fórmula 1 no se comportan así. Claro que a veces les gusta quejarse, todos lo hacemos cuando las cosas no van como queremos, pero lo hacen con respeto. Espero llevar razón en esto porque, si los verdaderos aficionados a la Fórmula 1 se vuelven abusivos como estos idiotas del teclado, será un día triste para este deporte.

En cuanto a las entrevistas hasta ahora, la mayoría de la gente parece entender nuestras razones. Por desgracia, eso no te da una buena historia como la del asqueroso y horrible viejo Guenther que maltrata a Mick. No pasa nada, sé cómo funciona el juego. Si no se apellidara Schumacher, a nadie le importaría esto, pero es así y por eso les importa. No me malinterpretes: tener como padre a un siete veces campeón del mundo conlleva mucha presión y, en general, creo que Mick lo ha gestionado muy bien. Su entorno y sus seguidores, quizá no tanto. Tampoco es culpa suya que nos ataquen de la forma en la que lo hacen. Una vez más, eso viene con el apellido. Si eres un Schumacher, la gente te va a apoyar pase lo que pase.

En general, los representantes de los pilotos me parecen bastante frustrantes hoy en día. Puede que me meta en un lío por decir esto, pero es cierto. No es más que una opinión, así que no empieces a subirte por las putas paredes. En mi experiencia, en lugar de gestionar a los conductores y hacer lo mejor para ellos, a menudo tienden a hacer lo que se les pide. Y eso son dos cosas distintas, mucho. Es casi como si hubieran olvidado cómo hacer esa parte del trabajo. ¿O tal vez no quieren hacerla? Quizá tengan miedo.

He hablado de esto con un amigo mío de Fórmula 1 cuyo nombre no puedo desvelar, pero te diré que habla inglés mucho mejor que yo, y él lo llama el camino de menor resistencia. Te pondré un ejemplo; no uno específico, sino general. Si un piloto dice que quiere un mono de un color que no es el adecuado para el equipo en el que está, algunas de estas personas le pedirían al equipo que cambiara sus colores antes que al conductor.

No quiero parecer un viejo cascarrabias que dice que los viejos tiempos siempre fueron mejores —¡joder, no lo fueron en absoluto!—, pero, cuando yo empecé en la Fórmula 1, los representantes eran como una prolongación de los pilotos. Y, en lugar de ser meros «hombres que dicen "sí"», siempre velaban por sus intereses. No les importaba regañarlo y decirles que no. Hoy en día, si un conductor no está contento, un representante vendrá y te dirá: «Mi conductor no está contento», mientras que lo que solían hacer era averiguar el motivo y solucionarlo. A veces, eso implicaba al equipo, y otras, no. La cuestión es que era responsabilidad suya hacer que el piloto volviera a estar contento, no del equipo.

Mira, entiendo que las cosas han cambiado en la actualidad y que ya no puedes tener a una sola persona cuidando de un piloto. Lo que sí puedes tener son varias, o un equipo de personas, que de verdad se ocupen de él en lugar de limitarse a decir que sí todo el tiempo.

El número de gente que interviene en la carrera de un piloto también ha influido en la relación que tienen con un director de equipo. Te acuerdas de Michael Schumacher y Jean Todt, ¿verdad? Ese tipo de dinámica ya no existe y, para empezar, solo lo hacía porque él tenía un éxito acojonante. Creo que cuando Mick llegó a Haas, algunos esperaban que la historia se repitiera. Los tiempos han cambiado, pero, en la ecuación, también faltaban varios campeonatos del mundo.

Otra cosa que se les da muy bien a los representantes de hoy en día es culpar al equipo cuando algo va mal. Son expertos en ello y, una vez más, es el camino de menor resistencia. También hace creer al conductor que velan por sus intereses. Si yo fracaso en algo, no puedo echar la culpa a Ayao, a Pete o a Gene Haas. Me culpo a mí y tengo que asumir toda la responsabilidad.

Lo que a veces me da risa es el lenguaje que utiliza un piloto. De nuevo, he tenido muchas discusiones sobre esto a lo largo de los años con mis colegas y compañeros directores de equipo. Si un piloto tiene un buen resultado, usará «yo» en las entrevistas posteriores, pero «nosotros» si es una mierda. No estoy seguro de si eso se enseña o es natural, aunque es inteligente. ¿Quién es ese maldito «nosotros»? Recuerdo que un director de equipo me dijo un día, «¿es que hay alguien más en el puto coche?».

He oído y leído muchas citas en los medios de comunicación afirmando que Mick merece un asiento en la Fórmula 1. ¡Vaya pedazo de puta chorrada! Nadie merece un asiento en la Fórmula 1, pero es que tampoco es un derecho. Si eres lo bastante bueno y luchas por él, puede que tengas la suerte de conseguir uno, pero no lo mereces. Si lo logras es que simplemente te lo has ganado.

Si nosotros, como equipo, queremos hacer algo diferente, ¿por qué tenemos que pedir permiso a nadie? La respuesta es que no tenemos por qué hacerlo y, cuanto antes despierte la gente y se dé cuenta de que lo único que hemos hecho es tan solo ejercer nuestro derecho a no renovar un contrato, mejor.

Todavía no sé nada del tío de Mick. Hace un par de días, volvió a hablar de mí con la prensa. Esta vez dijo, y cito textualmente: «Creo que Guenther Steiner no puede soportar que la atención se centre en otro miembro del equipo. Le gusta mucho ser la persona que está en primer plano». ¡Me cago en la puta! Pero ¿quién se cree este tío? ¿Que me «inventaron» para *Drive to Survive* y antes no existía? No es culpa mía que la gente sepa quién soy, no lo hice a propósito. De verdad, ¿cómo puede la gente ser tan estúpida?

Uno de los periodistas con los que hablé antes me repitió lo que el tío de Mick había declarado a la prensa y luego me ofreció un derecho de réplica. Menuda pérdida de tiempo para todos, es acojonante. Me importa una mierda si el centro de atención es Mick, soy yo o son los putos sobacos de Martin Brundle. Lo único que me importa es si la gente que conduce para Haas puede o no cumplir con nosotros en la pista. En serio, si eso es lo mejor que se le ha ocurrido al tío de Mick, mejor que se haga repartidor de periódicos, porque, como periodista, no tiene futuro. Por cierto, esto no tiene nada que ver con Mick. Él y yo estamos bien.

Con respecto a Nico, algunos de los periodistas con los que hablé antes sacaron a colación una discusión que Kevin y él tuvieron en 2017, creo que fue en Hungría. Si se odiaran, me lo habría pensado dos veces antes de traer a Nico, pero, por lo que sé, ahora se llevan bien. No importa si no son los mejores amigos mientras sean respetuosos el uno con el otro y con el equipo. Son pilotos que creo que están a un nivel similar en cuanto a capacidad y tienen una experiencia parecida. Va a ser interesante ver qué pasa el año que viene. Estoy impaciente.

Viernes, 18 de noviembre de 2022 - Circuito de Yas Marina, isla de Yas (Abu Dabi)

8:00

Hoy se celebra una reunión de la Comisión de la Fórmula 1. Si pudieras verme la cara ahora, sabrías que apenas puedo contener mi emoción. Ahora mismo, no estoy de humor para esto. ¿Sabes cuánto duran? Unas cuatro putas horas, cuatro horas de tu vida que nunca vas a recuperar. Estoy tratando de encontrarle algún aspecto positivo, aparte de una botella de agua gratis y una silla cómoda, pero no se me ocurre ninguno, al menos por el momento.

Mierda, hay mucha gente aquí este fin de semana. Sé que ya lo he repetido hasta la saciedad en el libro, pero, debido a todo lo que ha pasado con Mick y Nico, no he reparado en ellos hasta ahora. Si las cosas siguen por el mismo camino que en los dos últimos años, me imagino que, algún día, todos los Grandes Premios serán tan ajetreados e intensos como el de México. Sin embargo, va a ser necesario reflexionar sobre estas cosas. Por mucho que disfrutemos interactuando con los aficionados —y lo hacemos, créeme—, eso no debe ir en detrimento del trabajo por el que estamos aquí. No puedo permitirme sacrificar veinte minutos de mi agenda cada vez que salgo del garaje o de mi despacho. Quizá debería intentar plantearlo en la reunión de la Comisión de la Fórmula 1, tal vez eso me ayude a mantenerme despierto.

9:30

Las consecuencias de lo de ayer siguen su curso, pero, en cualquier caso, algunas de las preguntas han sido interesantes. Un periodista me preguntó si creía que Mick podía llegar a ser un piloto de Fórmula 1 que estuviese por encima de la media y le respondí que sí. Entonces repetí mi explicación de que la próxima temporada tenemos que intentar dar dos pasos adelante y que, si esperamos a que Mick madure y mejore, podríamos estar dando dos hacia atrás. ¿Y si nunca ocurre? No se lo dije al periodista, pero también creo que Kevin ha estado un poco en una zona de confort. Ya sabes, las cosas van bien aquí, yo estoy bien. No digo que haya bajado su nivel como tal, pero, al mismo tiempo, no ha mirado por encima del hombro lo suficiente. Si descuentas los abandonos y el Gran Premio de Arabia Saudí en el que Mick no tomó la salida, en realidad Mick ha terminado por delante de Kevin en doce de diecisiete carreras; de forma secundaria, pero por delante. Sin embargo, lo que no ha hecho es clasificarse ni de lejos tan bien como Kevin ni sumar tantos puntos y me temo que no puedo obviar los accidentes. Ojalá pudiera, pero es imposible. Grosjean podía ser parecido, a veces. Ya sabes, era un poco imprevisible. Aunque era rápido y, en uno de sus días buenos, podía enfrentarse a cualquier rival. Mick tiene la primera parte, pero no la segunda, al menos, por el momento. Creo que el coste de los accidentes de Mick este año ascendió a más de 2 millones de dólares, pero resulta que los malos somos nosotros.

Puede que yo sea el director del equipo, pero los que lo impulsan de verdad son los pilotos. Les damos las herramientas para hacerlo, pero ellos son los que consiguen los puntos, nos mantienen —con suerte— competitivos y hacen que queramos volver y hacerlo de nuevo. Sin ellos, no somos nada y Gene y yo debemos a todos quienes trabajan en Haas F1 el asegurarnos de que contamos con los mejores pilotos que podemos permitirnos. Nico presionará a Kevin y viceversa. Recuerda lo que te digo. Verás a un Kevin Magnussen diferente la próxima temporada.

En fin, será mejor que me arrastre a esta reunión.

21:00

¡Uau! He conseguido mantenerme despierto durante toda la reunión y no he tenido que drogarme ni sostenerme los ojos abiertos con cerillas. Primero, Mohammed Ben

Sulayem, el presidente de la FIA, pronunció un discurso felicitando a todo el mundo por una gran temporada, luego Stefano hizo lo mismo y, después, entramos en harina. Los temas tratados hoy han sido la estrategia de las mantas de neumáticos (la FIA quiere eliminarlas a partir de 2024, pero la decisión se ha retrasado debido a las preocupaciones y los comentarios de los pilotos); la activación del DRS tras la salida después de la reanudación de la carrera o tras el coche de seguridad (la Comisión aprobó una propuesta para evaluar un método con el objetivo de mantener el campo más unido y fomentar carreras más reñidas mediante el adelantamiento de una vuelta tras la activación del DRS al inicio de una carrera o sesión de *sprint*, o tras la reanudación de la carrera con un coche de seguridad); un parque cerrado para los eventos que incluyen una sesión al *sprint* (en esencia, discutimos formas de simplificarlo todo); la indemnización por daños causados por accidentes (ahora han simplificado el sistema establecido para gestionar el impacto de los daños causados por accidentes durante un *sprint),* y reglamentos técnicos y financieros. Esto se refería a la introducción de arcos antivuelco más resistentes que aparecerán en 2024. Si hubieras tenido la temporada que yo acabo de tener, ¿podrías haber aguantado despierto todo eso? Claro que no, debo de ser un puto superhombre.

Con toda esa emoción, casi se me olvida hablarte antes de los entrenamientos libres. Hoy no ha sido la más fácil de las sesiones: Kevin sufrió daños en el suelo las dos veces y el ritmo de carrera no fue el que debería. Pietro hizo un buen trabajo en la primera sesión de entrenamientos libres. La última vez que salió, tuvo unos cuantos problemas, pero, ahora, dio veintiséis vueltas y terminó decimoquinto en la tabla de tiempos. También va a hacer algunas pruebas con Nico aquí el próximo martes, así que lo ayudará a prepararse para ello. Mick volvió para la segunda sesión de entrenamientos libres y solo necesitó unas vueltas para acostumbrarse a la pista. Él también sufrió la falta de ritmo de carrera, así que es algo en lo que estamos trabajando.

Ala, hasta aquí, joder, que estoy cansado.

Domingo, 20 de noviembre de 2022 - Circuito de Yas Marina, isla de Yas (Abu Dabi)

18:00

Bueno, hemos conseguido asegurarnos el octavo puesto en la clasificación de Constructores. Ese ha sido nuestro objetivo durante bastante tiempo, así que supone una pequeña y bonita victoria con la que terminar la temporada. Sin embargo, no fue una experiencia agradable. Seré sincero contigo. Lo que más me molestó fue el hecho de que no tuviéramos ninguna influencia sobre lo que ocurrió. No poder defenderte con tus propias armas es una sensación de mierda. Lo único que pudimos hacer fue sentarnos en el muro de boxes y en el garaje a esperar que no se produjera un accidente que permitiera a Tsunoda entrar en los puntos. Si lo único que quieres es esperanza, ¡ve a la iglesia! No quiero volver a encontrarme en esa situación nunca más.

22:00

Tenía la opción de volar desde Abu Dabi mañana a las 3 de la madrugada o a media tarde, y elegí mañana de madrugada. No es lo más saludable, pero quiero volver a casa lo antes posible. Aunque escucha, ¡tengo que hacer escala en Fráncfort de los cojones! ¿Te lo puedes creer? Será mejor que me cubra las espaldas. En este momento, soy el enemigo público número uno en Alemania.

En fin, ahora voy a llamar a Gertie y a Greta. Luego, me daré una ducha, recogeré mis cosas y pensaré qué voy a hacer allí.

Martes, 22 de noviembre de 2022 - Rancho Steiner, Carolina del Norte (Estados Unidos)

11:00

Esto te va a hacer reír. Puede que pensaras que cuando dije que en el aeropuerto de Fráncfort iban a ir a por mí bromeara, pues todo lo contrario. Es evidente que allí Michael es como un dios y, como su hijo, a Mick se lo considera del mismo modo. Para ellos, no volver a contratarlo ¡era como si se lo hiciese a Jesucristo!

Me aseguré de no viajar con ropa oficial del equipo y no me quité las gafas de sol. Aun así, unos treinta segundos después de bajar del avión, se me acercó un grupo de cuatro hombres, además, de aspecto bastante severo. Pensé: «Madre mía, ya estamos. Otro montón de gente que cree que le debo la vida a Mick, joder». ¿Sabes lo que hicieron? Me estrecharon la mano y me felicitaron por la *pole position* en Brasil. No mencionaron a Mick en absoluto.

Les dije a los editores que intentaría terminar el libro hoy y me preguntaron si podía escribir lo que creo que los próximos cinco años depararán para Haas y la Fórmula 1. Les dije:

—Tenéis que estar de puta broma, ¿verdad? No he acertado ninguna de mis predicciones anteriores. Creedme, no voy a dar ni una.

Me respondieron:

—Tú solo escribe lo que te parezca.

Bien, empecemos por la Fórmula 1. Para serte sincero, no creo que hayan cambiado muchas cosas. La necesidad de que el deporte se detenga un momento, examine, depure lo que ha sucedido y gestione el crecimiento es obvia, pero eso no va a suceder de la noche a la mañana. Puede que se añadan una o dos carreras más al calendario y que uno o dos de los equipos cambien de manos. Por otra parte, aunque dije que la forma más fácil de entrar en la Fórmula 1 era comprando un equipo, ¿qué pasará si nadie vende? Si ese es el caso, creo que la Fórmula 1 empezará a recibir pronto solicitudes de licencia de algunas personas de muy alto perfil con mucho dinero y mucha influencia, además de recursos a sus espaldas. Lo oíste aquí primero. O lo leíste.

Entonces, ¿dónde creo que estará Haas dentro de cinco años? Bueno, seguro que me habrán criogenizado para que deje de decir gilipolleces todo el tiempo. Conor McGregor habrá comprado el equipo a Gene por mil millones de dólares y «nuestros coches serán excepcionales». El tío de Mick será el director del equipo, Mick y Nikita, los pilotos, Fred, la mascota, Mattia suministrará el vino y Toto se encargará del patrocinio. Ese es el escenario ideal, por lo menos, desde el punto de vista de la prensa.

Ahora déjame que te diga lo que pienso de verdad.

Para empezar, creo que Haas tiene un futuro brillantísimo por delante (igual que los demás equipos de la parrilla, ahora que lo pienso) y que, dentro de cinco años, seremos una organización exitosa y rentable. Si es así, ¿por qué no seguir con todo como hasta ahora? Cuando empecé a hablar con diferentes personas sobre la creación de un equipo de Fórmula 1 hace tantos años, esta competición era básicamente una plutocracia y, por eso, siempre había tantos cambios en las partes media y trasera de la parrilla. A menos que estuvieras en lo más alto, tenías casi garantizado perder un montón de dinero, por lo que la pasión por estos equipos solía acabarse muy pronto. ¿Te acuerdas de lo que te dije sobre que nadie quiso comprar Manor Racing por una libra? Era un negocio muy cerrado. Los grandes equipos se hacían más ricos y los pobres cambiaban de manos o se iban a la mierda. Incluso si hubiéramos contado con la infraestructura necesaria para ser autosuficientes por completo, con suerte, habríamos durado dos temporadas. Así que, al menos para nosotros, el único camino era de la mano de Ferrari.

Aunque ya llevamos casi diez años de existencia —ocho en la parrilla—, seguimos siendo el equipo más joven de la Fórmula 1, lo que significa que se ha cerrado el círculo. A diferencia de hace diez o veinte años, tenemos diez equipos que parece que sobrevivirán a largo plazo. Sin embargo, ese no es el objetivo, no para mí. No lo haría en mi vida. Lo repito: yo estoy aquí para competir.

Cuando Gene y yo empezamos a trabajar juntos, teníamos un plan a cinco años, pero, en realidad, se trataba solo de llegar a la Fórmula 1 y, luego, estabilizarnos. Una vez que estás aquí, ya no tienen sentido los planes quinquenales porque las cosas evolucionan de forma constante. Fíjate en la Fórmula 1 de hoy. ¿Quién podría haber imaginado hace cinco años que, en 2023, incluso uno de los equipos más pequeños podría valer 500 millones de dólares? Cualquiera se habría reído en tu puta cara si lo hubieras sugerido hace cinco años. Hace diez, te habrían denunciado a las autoridades. Y recuerda, ¡ha habido una pandemia de por medio en esos cinco años! ¿Cómo coño ha pasado todo esto?

Un día, seré demasiado viejo y tendré que dejar de hacer esto, y mi sueño es que, cuando me marche, Haas

F1 sea un éxito tanto dentro como fuera de la pista. De nuevo, ¿quién dice que duraré tanto? Gene podría darse la vuelta mañana y decidir que quiere vender el equipo y, si eso ocurre, yo tendría que buscar otro trabajo. Y no lo culparía, ¿sabes? Fue él quien asumió todo el riesgo, ¿por qué no iba entonces a aceptar la recompensa también?

Yo, en realidad, no quiero que lo haga, así que, si estás leyendo esto, Gene, ¡no hagas ninguna estupidez! Si Haas F1 vale 500 millones ahora, imagínate cuánto podría valer cuando yo haya acabado con él. En realidad, no lo hagas. Ahora en serio, cuando yo ya no esté o Gene lo venda, querremos asegurarnos no solo de que todos los empleados de Haas F1 formen parte de un equipo de éxito, sino también de que tengan seguridad laboral.

Si mañana Ferrari nos diera tres años de preaviso en nuestro contrato y nos dijera que, después de eso, tendríamos que valernos por nosotros mismos, no estaría muy contento, pero creo que sobreviviríamos. Evidentemente, tendríamos que tener mucho cuidado. Los dos cambios principales serían diseñar y fabricar nuestras propias cajas de cambios y suspensiones. No parece mucho, pero créeme, lo es. Me gustaría quedarme en la escudería, al menos, a medio plazo. Si algo no está estropeado, no hay que tratar de arreglarlo.

Con independencia de lo que pueda valer el equipo ahora mismo, acabamos de capear una pandemia, una temporada que nos hizo retroceder y otra que tuvo más drama que mil episodios de un puto culebrón mexicano. Haas, al igual que la Fórmula 1, necesita estabilizarse y tratar de tener un par de temporadas en las que podamos concentrarnos únicamente en intentar mejorar en la pista. Solo queremos correr, ¡por los clavos de Cristo! Sin duda, habrá algunos dramas aquí y allá, pero espero que no tengan forma de pandemia ni impliquen a enormes países que empiecen por la letra R.

En fin, creo que ha llegado el momento de terminar este libro. Seguro que ya estás hasta los huevos de mis quejas. ¡Joder, hasta yo lo estoy de oírme! Fue del todo involuntario, pero no podría haber elegido una temporada mejor para hacer un diario como este. El hecho de que volviéramos con un coche nuevo tras un par de años de mierda siempre iba a resultar interesante. Sin embargo, nunca habría imaginado que sería tan dramático. ¡Qué suerte tenéis, cabrones! Debería cobraros el doble.

Bien, déjame resumirte todo lo que ha ocurrido.

Tuvimos que deshacernos de un piloto y de un patrocinador principal antes de que la temporada hubiera siquiera empezado, cosa que fue una puta maravilla; contratamos a un vikingo en miniatura que ya conocíamos bastante bien para que ocupara el lugar del susodicho piloto; puntuamos en nuestra primera y segunda carreras; nos peleamos con los medios de comunicación alemanes en muchas ocasiones; nos clasificamos en cuarta posición en la carrera al *sprint* de Imola; nos hicimos amigos de Miami; conocimos a Conor McGregor en Mónaco, que es un puto fan de Haas; puntuamos con los dos coches en dos carreras seguidas, entre ellas, Silverstone; coleccionamos suficientes banderas negras y naranjas para cubrir los Estados Unidos; me cabreé muchísimo con la FIA; bebí un poco de vino con Mattia, de Ferrari; le tomé el pelo a Fred, de Alfa; fumé puros con un amigo; conseguí un nuevo y asombroso patrocinador principal; puntué en nuestro Gran Premio de casa; no me comí un rosco en México otra vez; ayudé a poner en marcha el Gran Premio de Las Vegas; enseñé a Gordon Ramsay a decir palabrotas; me volví esquizofrénico en Japón y ¡conseguí una *pole position* en Interlagos! Seguro que me he dejado muchas cosas, pero incluso solo esto es una buena lista.

Se ha hablado mucho de mi estilo de dirección, sobre todo desde que decidimos no renovar el contrato de Mick. Desde luego, ahora me preguntan mucho al respecto. Más que nada, la gente quiere saber si creo que mi estilo ha cambiado a lo largo de los años, pero no lo creo. Siempre he sido bastante directo y he animado a la gente a que me diga la verdad y no solo lo que yo quiero oír. Sin importar lo que pienses, ahora ya soy demasiado viejo para cambiar, al menos en gran medida. ¿Me imaginas yendo a un puto curso de Dirección y Administración de Empresas? No, claro. Yo tampoco.

Este año, también hemos perdido a uno de los nuestros, lo que lo pone todo en perspectiva. Harvey amaba la Fórmula 1 tanto como nadie que yo haya conocido y el hecho de que su equipo haya progresado este año le habría hecho muy feliz. Saber eso nos hace sonreír a todos en Haas F1. Por cierto, este libro está dedicado a él. Es para nuestro amigo y colega Harvey Cook.

Vale, ahora tengo que irme. Tengo dos horas libres antes de empezar a preparar la nueva temporada. ¿Crees que estoy de broma? Venga ya. A estas alturas, ya sabes que nunca paro. Ha sido muy divertido y espero que lo hayas disfrutado. ¿Y quién sabe?, quizá vuelva a hacerlo. En realidad, no ha sido tanto trabajo. Solo escribo cosas de vez en cuando, las envío a los editores, que a su vez las mandan a los abogados, que se cagan encima, y, luego, alguien corrige la ortografía, lo arregla un poco e intenta quitar todas las palabrotas. ¡Ni de puta coña lo va a conseguir!

Cuidaos, panda de pringados. ¡Nos vemos al otro lado!

AGRADECIMIENTOS

En primer lugar, me gustaría dar las gracias a James Hogg por plantearme la idea de escribir este libro y por ayudarme a ponerlo en marcha. Las cosas que la gente hará para salir de Leeds durante unas semanas, ¿eh, Hoggy? En fin, gracias.

También me gustaría dar las gracias a Tim Bates, de Peters Frasers + Dunlop, y a Henry Vines, de Transworld, que también han trabajado muy duro en mi nombre.

Sin *Drive to Survive,* nunca me habrían pedido que escribiera un libro. Tampoco existirían miles de camisetas con mi fea cara estampada en ellas. ¿Habéis visto lo que habéis hecho, chicos? Son buena gente y siempre nos lo pasamos muy bien, así que gracias.

Cuando trabajas en equipo, eres tan bueno como la gente que tienes a tu alrededor, y en Haas tenemos la suerte de contar con algunos de los mejores. Este libro no trata solo de mi año, sino de nuestro año y de la aventura que hemos vivido juntos. Nunca dejasteis de luchar y nunca lo olvidaré. Brindo por nosotros.

Hay una persona en Haas que ha tenido que mantenerme a raya durante todo este proceso y es nuestro director de comunicaciones, Stuart Morrison. No podría haber hecho esto sin ti, Stuart, así que gracias.

A continuación, me gustaría rendir homenaje a mi jefe, Gene Haas, por darme permiso para escribir este libro, ¡y por no pedirme leerlo antes que nadie! Gracias, Gene.

Por último, pero no por ello menos importante, me gustaría dar las gracias de todo corazón a mi mujer, Gertie, y a mi hija, Greta. Por mucho que me guste lo que hago para ganarme la vida, saber que las dos estáis ahí es lo que me hace seguir adelante.

CRÉDITOS DE LAS IMÁGENES

SOBRE EL AUTOR

Guenther Steiner es un ingeniero de automovilismo y director de equipo italiano. Es el actual director del equipo Haas F1, y antes lo fue del Jaguar Racing, así como director de operaciones técnicas de Red Bull Racing, su reencarnación posterior. En 2014, Guenther convenció a Gene Haas, propietario de Haas Automation y del equipo ganador del campeonato de NASCAR Stewart-Haas Racing, para entrar en la Fórmula 1.

Con su participación en la temporada 2016, Haas se convirtió en el primer constructor estadounidense en competir en Fórmula 1 en treinta años. El equipo consiguió ocho puntos en el Gran Premio de Australia de 2016 gracias a un sexto puesto, lo que lo convirtió en el primer equipo estadounidense y el primer constructor desde Toyota Racing en 2002 en puntuar en su carrera de debut. Además, Steiner es una figura destacada en el reparto de la exitosa serie de Netflix *Drive to Survive*.

Principal de los Libros le agradece la atención
dedicada a *Sobrevivir a toda velocidad,*
de Guenther Steiner.
Esperamos que haya disfrutado de la lectura
y le invitamos a visitarnos
en www.principaldeloslibros.com,
donde encontrará más información
sobre nuestras publicaciones.

Si lo desea, también puede seguirnos
a través de Facebook, Twitter o Instagram
utilizando su teléfono móvil
para leer los siguientes códigos QR: